時代を超えた経営者たち

井奥成彦【編著】

日本経済評論社

序

　本書は、日本の歴史上の経営者を取り上げ、そこから何が学べるかを考えてもらおうという、経営史を学ぶ学生や経営史に関心を持つ一般の読者向けの書である。取り上げた経営者は幕末から現代までの14名（中には複数の代に跨る場合もある）で、おおよそ時代順に並べた。

　これまでこの種の書は数々刊行されているが、いずれも先進的、革新的な経営の事例を抽出し、いかにして成功に至ったかというサクセス・ストーリーが語られることが多かった。そのような経営事例を取り上げること自体、十分に意義あることであり、本書でもそういった面を継承したという一面はある。例えば、幕末維新期、西洋の技術を積極的に導入して有田陶磁器業の近代化を果たした深川栄左衛門（第3章）、丁稚奉公から身を起こし、文字通り音響機器メーカーのパイオニアとなった松本望（第10章）、市場情報を的確に捉え、ITを活用し、消費者一人一人の需要に応じて原料糸から最終製品までの一貫生産を行うという繊維産業の非常識を実現した川田達男（第14章）らはその典型であろう。だが一方、本書では、従来この種の書で取り上げられなかったタイプの経営者たち、例えばヤマサ醬油の濱口梧陵（第1章）、萬三商店の10・11・12代小栗三郎（第2章）、清酒大関の9・10・11代長部文治郎（第13章）のように、長年続いてきた家業を継承し、地道に発展させて後に引き継ぐタイプの経営者や、戦後エネルギーが石油・天然ガスへ傾斜する中、唯一の国内資源としての石炭を将来に残すべきと主張した萩原吉太郎（第11章）のように、むしろ時代の流れに抗って活路を見出そうとする経営者なども取り上げた。萩原の場合、最終的に経営が思うようにならなかったわけであるが、そこに至るまでの過程からも、貴重な教訓が得られるだろう。

日本の近代化は、決して一方的に欧米から技術や機械を導入しただけで成し遂げられたわけではない。日本の産業には近代以前からの日本の伝統の職人技を近代以降も生かして経済発展の一翼を担ったという側面もあるのであり、本書は経営者というフィルターを通して、そういった面をも描いたわけである。本書のタイトルにある「時代を超えた」には、「時代を先取りした」「どの時代でも（現代でも）通用する」という意味以外に、「（近世、近代、現代と）時代を超えて長く継続してきた家業を受け継ぎ、後に引き継いだ」といった意味も込められているのである。

　本書ではまた、各人物の本業、経営者としての側面以外に、趣味や学問、社会貢献活動といった、いわば「第二の顔」にも目を向けた。趣味や学問に勤しみ、社会に普及、教化した例としては、漢文の振興、普及に協力した福本元之助（第4章）、大原美術館を設立し文化芸術を育成した大原孫三郎（第5章）、交響楽団を設立して西洋音楽の振興、普及を図り、成蹊学園を創立、静嘉堂文庫を設立した岩崎小弥太（第6章）、民俗学という戦前の日本が見落としてきた学問のパトロンとなり、学術支援をした渋沢敬三（第8章）らがその典型である。また、地域貢献、社会貢献活動という点では、安政大地震後の地域の復興に莫大な資金を投じた濱口梧陵、仏教思想や福沢諭吉の教えをバックボーンに、貧窮者への救恤や濃尾大震災をはじめ全国各地における災害義援活動を支援した小栗家代々当主、パリ万博で得た売上金を地元の学校設立のために寄付した深川栄左衛門、労働者や弱者に温かい目を向け、地域に開かれた病院を設立した大原孫三郎らに典型例を見ることができよう。こうしてみると、利益を社会に還元するという考え方は、早い時代の経営者ほど強いと言えそうであるが、それはなぜだろうか？　考えてみてほしい。ヒントを一つ言えば、個人の思想によるという面もあるかもしれないが、その時代の国の制度や社会のシステムの問題も関わっていそうである。読者はこのように、本書を通して個別経営者の勉強をすると同時に、彼らが生きた時代や社会にも目を向けてもらいたい。

ところで、人間誰しも長い人生の中で、程度の差こそあれ苦難の時期というものがあるものであるが、本書では経営者のそういった面をも照射し、困難にどう対処したか、どのように立ち向かい乗り越えたのか、といった記述にも力を入れた。自ら役員を務め自社尼崎紡績への金融を拡大していた逸身銀行が破綻した責任を取って、尼崎紡績社長を辞任した福本元之助が、尼崎紡績に復帰できたのはなぜだろうか？　青年時代、浪費癖があって堅実さを欠いた大原孫三郎は、倉敷紡績の舵取りを担うようになって、どのように自己を変革したのだろうか？　幾度も訪れる困難を、松本望はどのように乗り越えていったのだろうか？　左遷の憂き目にあった川田達男は、そこからどのように這い上がったのだろうか？　本書を読んで、それらの答を見つけてほしい。

　「苦難」と言えば、戦前から戦後を跨いで活動した経営者にとって共通の苦難の時期は、何と言っても戦中と戦後混乱期であろう。本書の中では、岩崎小弥太、石山賢吉、渋沢敬三、梁瀬長太郎、松本望、10代長部文治郎といった人たちが経営者としてその時期を経験している。梁瀬長太郎は、戦時体制下で自動車の輸入ができなくなると、国産車の修理や代用燃料使用装置の開発に活路を見出した（第9章）。石山賢吉は、自社（ダイヤモンド社）の社屋が空襲で灰燼に帰すという苦難に、一時は再起をあきらめかけたが、社員の熱意もあって、それを乗り越えることができた（第7章）。10代長部文治郎の経営する大関も、同じく全社一丸となって復興を成し遂げた。岩崎小弥太は財閥の解体とともに生涯を終え、この時期を通り過ぎることはなかったが、渋沢敬三は自ら渋沢財閥を解体、公職追放に遭って以後は、民俗学への支援に人生の意味を見出すこととなる。そのほか萩原吉太郎、山本卓眞、9代・11代長部文治郎も、経営者としてではないが戦中・戦後を経験し、その経験をその後の経営や自らの人生に生かしている。その中で後に富士通の社長となった山本卓眞は、陸軍航空士官学校での軍人教育で部下を統率するための組織作りを学んだことを、後のビジネスで役立てている（第12章）。

以上、本書は15人の経営史研究者が自分の専門とする分野の中から注目する経営者を選んで熱く語ったものであり、これらの事例から、経営面のみならず、生き方の面でも学べることは多いであろう。成功する企業は成功しない企業とどこが違うのか？　企業は社会とどう向き合うべきか？　悩み、困難、挫折に直面したとき、力になるものは何か？　本書を読んで、考えてほしい。

編　者

目　次

序　i

1 ヤマサ醬油7代目店主・濱口梧陵
　　——家業経営と社会貢献——……………………井奥　成彦　1

2 萬三商店店主・10代・11代・12代小栗三郎
　　——仏教思想に基づく家業継承と地域貢献——
　　………………………………………………………伊藤　敏雄　19

3 香蘭社創業者・8代深川栄左衛門
　　——近代陶磁器業の創始と貿易発展——………山田　雄久　47

4 尼崎紡績第3代社長・福本元之助
　　——経綸の人——…………………………………中西　聡　75

5 倉敷紡績株式会社2代目社長・大原孫三郎
　　——チャレンジと慈善のリーダー——…………橋口　勝利　91

6 三菱財閥4代目社長・岩崎小弥太
　　——財閥の成長と解体とともに——……………石井　里枝　109

7 ダイヤモンド社創業者・石山賢吉
　　——経済ジャーナリストの雑誌経営——………中村　宗悦　131

8 政財学界の架け橋・渋沢敬三
　　——経営者における学術と実業の往来—— ‥‥ 島田　昌和　157

9 株式会社ヤナセ創業者・梁瀬長太郎
　　——クルマ社会の礎を築いた企業家—— …… 四宮　正親　183

10 パイオニア株式会社創業者・松本望
　　——徒手空拳からオーディオ産業のリーダーへ——
　　　　　　　　　　　　　　　　　　　　　　　中島　裕喜　207

11 北海道炭礦汽船株式会社社長・萩原吉太郎
　　——石炭産業衰退の流れに抗って—— ……… 牛島　利明　233

12 富士通第9代社長・山本卓眞
　　——しなやかで強い「信じて任せる」リーダーシップ——
　　　　　　　　　　　　　　　　　　　　　　　宇田　　理　259

13 大関・長部文治郎の系譜
　　——伝統を醸す—— …………………………… 寺地　孝之　285

14 セーレンの経営革命・川田達男
　　——繊維産業の「非常識」への挑戦——
　　　　　　　　　　　　　　　　　　　橋野知子・中村尚史　311

凡　例

1　出所の表記については、章末の「参考文献」に対応させて、本文中に「（著者名［刊行年］頁）」の形式で示した。なお、「参考文献」欄は、日本文のものは編著者の50音順、欧文のものはその後にアルファベット順で示してある。
2　本文及び史料引用では、初学者でも読みやすいよう、原則的に新字体、新かな遣い、読み下し形式とした。但し、旧字体で定着していると思われる固有名詞は、あえて新字体に変換はしていない。
3　年代の表記は、「西暦（和暦）年」の形式で示し、近いところに同じ元号の年がある場合、後の方の和暦は省略した。
4　本文・注において単に章・節番号のみ表記してある場合は、本書の章・節を示す。

1 ヤマサ醬油7代目店主・濱口梧陵――家業経営と社会貢献――

井奥 成彦

はじめに

　醬油は日本の代表的な調味料であり、日本食が世界的に評価を高めるにつれて海外へも浸透し、今やグローバルな調味料となっている。それに伴って、大手メーカーは海外に工場を設けるに至り、例えば業界最大手のキッコーマンは、アメリカに2カ所、中国に2カ所、台湾、シンガポール、オランダにそれぞれ1カ所ずつの計7カ所の海外工場を設け、海外での売り上げは、今や国内での売り上げを上回るようになっている（キッコーマンホームページ「海外における事業展開」のページ）。業界第2位のヤマサなども海外に工場を持っている。

　醬油の起源は、たどれば中国に行き着くとも言われるし、そもそも原初的な魚醬や穀醬は特にどこということなく世界に広く存在するが、現在最も一般に用いられている濃口醬油の製法は日本で独自に発達したものである。等量の大豆と小麦をそれぞれ蒸し、炒って混ぜ合わせ、麹菌を植え付け、それを塩水に漬けて長期間醗酵、熟成させるその製法は、史料的には室町末期の『多聞院日記』の記述にまで遡ることができる（辻編［1967］第1巻、402頁、421頁、460頁、第2巻、81頁、82頁）。その作業は複雑で、繊細さと忍耐力を要し、これほど手間暇かけて造られる調味料は世界に類を見ない。また、「醬油」という語の初見も同じような時代で、当時の辞書である易林本『節用集』に見られる（中田［2009］531頁）。

　そして醬油醸造業は江戸時代に入ると大規模化、産業化した。例えばヒゲ

タの源流である田中玄蕃家は1616（元和2）年、ヤマサの源流である濱口家は1645（正保2）年、キッコーマンの源流の一つである高梨家は1661（寛文元）年にそれぞれ醤油醸造業を創業したと言われ（油井［1983］176頁）、それぞれ順調に発展を遂げた。また、醤油は鎖国下の長崎でのオランダ貿易を通してヨーロッパにも広まっていった（田中［1999］15-21頁）。

　江戸時代の間に発展を見せた醤油醸造業は、在来産業として近代に引き継がれていった。在来産業は近代産業とともに、近代日本の経済発展を支えたとしてその評価が定着した感があるが（中村［1985］）、醤油醸造業はその一翼を担ったのである。例えば「明治七年府県物産表」（明治文献資料刊行会編［1959］）によると、この頃の日本は全生産物の生産額中、農林水産物の比率が7割を占めるという農業社会であったが、工業部門の中で醤油は、酒類・綿織物に次いで第3位の産品であった。醤油醸造業は当時の日本の工業部門の中で、主要産業の一つであったと言えよう。ちなみに同表では5位に味噌が入っており、工業部門の1・3・5位を醸造製品が占めていたことになる。醸造業と言えば微生物の力を利用して飲料や調味料を造るいわばバイオ産業であるが、現在世界をリードする日本のバイオ産業の素地がすでにこの頃できていたのである（浜野・井奥ほか［2009］78-80頁）。

　現在、日本全国でざっと80万キロリットルの醤油が造られ、醤油メーカーは約1,300存在する（しょうゆ情報センターホームページ「しょうゆデータ」のページ、矢野経済研究所［2016］902頁）。すべての都道府県に醤油メーカーが存在しているのであるが、中でも千葉県は全国の醤油の3分の1以上を造る日本最大の醤油生産県である（しょうゆ情報センターホームページ「しょうゆデータ」のページ）。千葉県には野田と銚子という日本の二大醤油産地があり、いずれも近世以来多くの造家が櫛比していたが、キッコーマンとヤマサはそれぞれを代表するメーカーであり、現在日本の1・2位の醤油メーカーとなっている（矢野経済研究所［2016］902頁）。キッコーマンは1918（大正7）年に野田の有力8家の合同により成立した会社（当時「野田醤油株式

会社」）だが（公益財団法人高梨本家上花輪歴史館監修、井奥・中西編著［2016］）、ヤマサは近世以来濱口家が、本籍のある紀州有田郡広村（現・和歌山県有田郡広川町）と銚子の間を行き来しながら、家業として経営してきた。明治末から大正期にかけて、経営難から一時期同族による合名会社となる時期があるが、1914年に同家が買い戻してからは再び個人商店となり、1928（昭和3）年以降は株式会社形態をとってはいるが、社長は一貫して濱口家の当主である。

　本章では、本業である醬油醸造業ばかりでなく、安政大地震の際に本籍地で人々を津波の被害から救い、その後同地の復興に貢献し、また近代医学発展のために多大な援助をし、明治政府に入っては郵便制度の創設にも貢献した、この業界の歴史の中でも異彩を放った経営者である濱口梧陵（7代目濱口儀兵衛）を取り上げてみたい。なお、本章で対象とする時代のヤマサは商標の名称であり、経営体としては「広屋儀兵衛店」と称すべきであるが、ここでは便宜上、時代を超えて「ヤマサ」と称することとする。また、「梧陵」の名は1870（明治3）年に名乗るようになったのであり、それまでは正しくは「7代目濱口儀兵衛」とするべきであるが、ここでは便宜上「濱口梧陵」で通すこととする。

1　濱口家と醬油醸造業

　濱口梧陵の話に入る前に、濱口家とその醬油醸造業について述べておこう。先に醬油の製法について簡単に述べたが、醬油を商品として大規模に生産しようと思えば、相当な資本を必要とする。例えば1,000石仕込もうと思えば30石入る大桶なら30本余、20石入る桶なら50本余並べられる広い敷地と大きな蔵が必要となる。2,000石となれば、その倍である。実際には時期をずらしながら仕込んでいくからもっと多くの桶が必要だし、そのほか麹室、圧搾器など、さらに多くの設備が必要であった。また、原料となる大豆や小麦の価格は、近世期においては米の価格に迫るほど高い。さらに、仕込んでから

製品になるまで標準的には1年かかるから、最初に投資してから販売収入が得られるまでの期間が長い。このように、相当な固定資本と流動資本を必要としたから、醤油の商業的生産ができるのは、地主などの資産家に限られるということになる（谷本［1990］259-270頁、井奥［1990］）。

濱口家もまさにそのような存在であった。ヤマサは19世紀初頭の文化期以降、仕込石高2,000石規模であり、谷本雅之によれば、それだけ仕込むのに要した資金は、上記のような固定資本、流動資本含め、8,500両に及んだとされているが、それらをすべて自己資金でまかなっていた。そしてその基となったのは江戸、紀州などでの貸金業収入と地代家賃収入であった。すなわち、濱口家では、醤油での蓄積を貸金や土地貸付に振り向け、それを通して資本が増大すると、それを醤油醸造につぎ込むという循環がなされていたのであった。この時期のヤマサの収益が正確にわかる決算史料はないが、濱口家の貸金利子、地代・家賃収入は、ヤマサの醤油醸造業の利益を上回っていたと考えられる。このように、この頃の濱口家にあっては、醤油醸造業という家業を経営していくに当たって、資産の安定的運用がなされ、総じて保守的、堅実な経営を行っていた（谷本［1990］259-270頁）。

ただ、この家の特異なところは、当初から紀州に本籍を置きつつ、醤油醸造業は銚子という遠隔地で行ったことであった。そのような形態を取るようになった理由は、古い時代のことゆえ定かではないが、近世初期には紀州から房総方面への出稼ぎや移住が盛んであったことから、濱口家はそういった出稼ぎ者や移住者のために諸物資を調達、供給する商売を行ううちに、江戸市場の膨張を目の当たりにして、銚子の温暖湿潤な気候に適した醤油の製造、販売を始めるに至ったのではないかと思われる（井奥［1989］7の212-217頁）。実際、ヤマサに残る古い帳簿には、同家が諸々の商品を商う商売を行っていた痕跡が残されている[1]。しかし同家は、銚子での醤油醸造が本格化しても、あくまでも本籍は紀州に置きつつ、現場の差配は支配人や杜氏に任せ、当主が紀州と銚子の間を往き来しながら醤油醸造経営を行っていたのであった。

このような形態は、広村では珍しいことではなかったという（杉村［1920］90頁）。

銚子の醬油醸造業に関する基本的な数値がわかるのは18世紀後期の宝暦期以降であるが、それ以降江戸時代の間は、銚子造醬油仲間の造家の軒数は十数軒から20軒、造石高は宝暦期の約5,000石から次第に増加して、1888（明治21）年時点で1万7,600石となっている（金［1909］36-47頁、荒居［1959］101頁、林［1982］87頁など）。

先に述べたように、ヤマサの創業は1645年とされるが、醬油醸造を本格化させたのは元禄頃（1700年頃）と思われ、

濱口梧陵（杉村広太郎『濱口梧陵伝』より転載）

宝暦期にはすでに700〜800石と、銚子でトップ・クラスの造石高を記録し、その後19世紀に入って、文化年間には2,000石を、1881年には3,000石を、20世紀に入って、明治30年代後半に1万石をそれぞれ超えている。19世紀に入る頃から、ヤマサはヒゲタとともに銚子の醬油醸造業者の中でも抜きんでた存在となっていたのである（谷本［1990］251-253頁）。また、江戸時代に全国統計というものはないが、ヤマサが少なくとも近世後期以降、日本全体の中でもトップ・クラスの生産量を誇っていたことはまちがいない。ちなみに、現在のヤマサの国内生産量は、国内での醬油の総生産量の1割強の約10万キロリットル、石高で言えば約55万石である（矢野経済研究所［2016］902頁）。

2　濱口梧陵とその時代

濱口梧陵は1820（文政3）年、5代目儀兵衛の次男（分家を継いでいた）の長男として生まれ、6代目に男子が遅かったので、1853（嘉永6）年、養

濱口梧陵関係略年表

年	事　項
1820（文政3）	紀州有田郡広村に生まれる
1831（天保2）	本家の養嗣子となる
1850（嘉永3）	佐久間象山の門に出入する
1852（嘉永5）	広村に稽古場（教育機関）設立（のちの耐久社、現耐久中学・高等学校）
1853（嘉永6）	家督を相続し、7代目儀兵衛を称す
1854（安政1）	安政大地震、広村大被害、これより復興事業を始める
1857（安政4）	ヤマサ、過去最高の生産高2,447石を記録
1859（安政6）	種痘館火災に際し、金300両を寄付（その後も400両を寄付）
1868（明治1）	和歌山藩勘定奉行となる
1870（明治3）	家業を嗣子幸三郎に譲り、これより梧陵を称す、松坂民政局長となる、和歌山藩権大参事となる
1871（明治4）	駅逓正（頭）となるも3週間で辞す、和歌山県大参事となる
1880（明治13）	和歌山県会開設とともに和歌山県会議長となる
1884（明治17）	横浜出帆、世界旅行に出る
1885（明治18）	ニューヨークにて客死

　子として7代目を継ぐこととなった。その前の1850年には佐久間象山の門に出入りして、洋学、兵学を学んでいる（杉村［1920］33-45頁）。その後1870（明治3）年まで17年間にわたってヤマサ醬油の店主を務めた。そして1885年に没したのであるが（ヤマサ醬油株式会社［1977］105-131頁）、この時代は、先に述べたように、工業部門の中で醬油が第3位の産品で、醬油醸造業が当時の日本の主要産業の一つであった時代である。濱口梧陵はそういう時代にヤマサの店主を務めていたのである。

　梧陵が生きた時代は幕末維新のまさに激動の時代であったが、彼はこの時代の鍵を握ったさまざまな人物と交友関係を持っていた。勝海舟との交際は、佐久間象山の門に出入りするようになってから間もなくのことであったようである。下級武士の家に生まれ育った海舟は、梧陵より3歳年下であったが、「頼りになる人」として知人から梧陵を紹介され、その後梧陵から洋書購入費など経済的援助をずいぶん受けていたという。梧陵は梧陵で、海舟の実務面の能力を尊敬し、互いに信頼関係にあった。海舟は1860（安政7）年、咸

臨丸で渡米する際、かねてから海外視察の希望を持っていた梧陵に同行を勧めたが、梧陵には「渡米する能はざる事情」があり、結局同行できなかった（杉村［1920］46-54頁、405-411頁）。

　梧陵は福澤諭吉とも交流があった。梧陵が初めて福澤と出会ったのは、1868（明治元）年、福澤がアメリカから帰国した頃であった。梧陵は以前から福澤の人物と識見とに敬服し、会ってみたいとは思っていたが、福澤は1860年以降外国に行くことが多く、梧陵は梧陵で当時忙しかったので、なかなかその機会が得られなかった。だが1868年、福澤門下の松山棟庵の紹介で、築地の料理屋で初対面となった。その際福澤はロンドンへ行ったときの話などし、ロンドンはりっぱな町である、東京ももっとりっぱにならないと、これが日本の首都とあっては心細い、などと話したという。両者はすっかり打ち解け、その交わりは年とともに深まった。後に述べるが、梧陵が和歌山藩の英学校「共立学舎」に福澤を招聘しようとしたのは、そのような縁からである（杉村［1920］429-433頁）。

　濱口梧陵は福澤の師でもある緒方洪庵とも親しくしていた。これも後に述べるが、梧陵が広村に作った教育機関である「稽古場」の教員の推薦を、当時大坂にいた緒方洪庵に求めるなどしている（杉村［1920］77-81頁）。梧陵は、その他にも西洋医学の三宅艮齋や陸奥宗光らとも親交があった。これら彼が見込んだ多くの人物に、何らかの経済的援助をしている。濱口家及びヤマサの収益は、そのような方向にもつぎ込まれていたのである。

　さて、梧陵が店主であった頃のヤマサの醬油醸造経営で特筆すべき点は主に3点ある。第1点はそれまでで最高の造石高を記録したこと、しかもそれが1854年の安政大地震で江戸が大打撃を受けた直後であったこと、第2点は前代に引き続き江戸売よりも関東の在方への販売（「地売」）に力を注いだこと、第3点は安政大地震と大津波で多大な被害を受けた濱口家の本籍地紀州広村の復興のために莫大な援助をしたことである。以下、これらの点について詳述したい。

3 梧陵の時代のヤマサの経営

　先に述べたように、梧陵が当主であった時代は、濱口家の貸金利子や地代・家賃収入を醬油醸造による利益に加えて醬油醸造業経営を行っていくという態勢であったが、ヤマサの醬油生産高は19世紀初頭以降2,000石を少し超えたところで横ばい状態が続いていた。しかし、梧陵が店主であった時代、しかも本籍地広村が安政大地震からの復興の最中であった1857年、2,447石というヤマサ史上最高の醸造高を記録した[2]。梧陵が本籍地の復興のために店の利益を次々と投入する中、経営に危機感を抱いた現場が発奮して、それまでにない醸造高を達成したとのことである（ヤマサ醬油株式会社［1977］108頁）。

　ヤマサで醸造した醬油は、前代に引き続き、大市場江戸への販売よりも、関宿・幸手・安食・本庄などといった利根川筋の中核河岸を中心に「地売」（在方の地域市場への販売）に力が注がれた時期であった。その理由としては、江戸市場で新興の醬油産地野田などに押されるようになってきたことと、近世後期に至って成長してきた在の経済力に目をつけ、江戸向けよりも少し品質の劣る安価な商品をもって、いわばすき間市場に進出したといったことが考えられる（篠田［1990］84-88頁、谷本［1990］262頁）。

　この点については、他の醸造家との関係や、原料の購入先を変えてコストの削減を図ったこととの関連も考えなければならない。つまり、この時期のヤマサ醬油の経営は、製品販売面で、叢生してきた新興の醬油醸造業者の商品と江戸市場で競合することを避けたという側面とともに、コスト面で、相対的に高価に原料を販売していた霞ヶ浦沿岸の穀商人からの購入を減らし、「川通」（利根川沿い）の穀商人からの購入を増やして、より安価に原料を購入したという側面もあったのである（井奥［2006］第5章）。

　梧陵が店主を務めた時期は幕末の物価高騰の時期でもあり、原料費の上昇以上に醬油の価格が上昇した恩恵を蒙って、ヤマサは利益を挙げ得たのであ

る。

4 濱口梧陵と安政大地震

　先に述べたように、濱口家の当主は本籍紀州広村と醬油醸造蔵のある銚子の間を往き来していたのであるが、通常、春から秋にかけて紀州に、秋から翌年春までは銚子にいた。大地震は11月4日から5日（旧暦）にかけて起きたのであるが、梧陵はそのときは広村にいた。5日には地震で家を失った村人たちがさまよっていた中、津波が襲来し、彼は夕刻の暗い中を一刻も早く人々を安全な高台（広八幡社）へ誘導しようと、村の若者とともに八幡社へ向かう道の傍の稲むらに火をつけて回って、道を明るく照らした。そのおかげで、住人のほとんどが死亡した村も多かった中で、逆に広村ではほとんどの村人が難を逃れた（30名の行方不明者が出たが、1,400余名が助かった）。戦前から小学校の国語の教科書に載っている「稲むらの火」の主人公、庄屋五兵衛のモデルになったのは濱口梧陵であり、この話は小泉八雲（Lafcadio Hearn）が実話を小説化し、南部小学校教員の中井常蔵が教材用に短い作品にしたものなのである（杉村［1920］95-110頁、Lafcadio Hearn［1897］）。

　「稲むらの火」と実話との間にはいくつかの相違点がある。まず、「稲むらの火」では、地震が長くゆったりした揺れであったことになっているが、実際には激震であった。また、「稲むらの火」の主人公、庄屋五兵衛は老人の設定になっているが、地震当時濱口梧陵は満34歳の壮年であった。さらに、五兵衛が稲むらに火をつけて自分の家のある高台に村人を導いたことになっているが、実際には濱口家は平地の集落内にあり、梧陵は広八幡社のある高台に通じる道の脇の稲むらに火をつけてまわって、人々を高台へ導いたのであった。そのほか「稲むらの火」では村の人口が実際（千数百人）よりも少ない400人とされていること、地震当日にはなかった宵祭があったことにされているなどの違いはあるが、とっさの判断で稲むらに火をつけて人びとを安全な高台へ誘導し、人命を救ったという根幹部分は違っていない。この話

広村堤防（大正初期、杉村広太郎『濱口梧陵伝』より転載）

は2011（平成23）年の東日本大震災以来、再び注目を浴びている。
　さて、当時銚子の醬油店からは紀州の「本家」へ大金が送金されているが[3]、それらのうちのかなりの部分は、彼がその後広村の復興のために行った大防波堤築造工事などに使われたものと思われる[4]。つまり醬油による利益を震災復興のためにつぎ込んだのである。彼は堤防を築造したほか、家屋50軒を新築し、極貧者に無料で住まわせ、また作業道具を失った農民、漁民にはそれぞれ農具、舟と漁具を買い与え、商人には資本を貸し与えるなどして、産業の復興を図った（杉村［1920］112頁）。
　堤防の修造は、藩による震災対策がままならない中、梧陵が藩に対して次のように上申したことから始まった。「波除内土手、高さ二間半、長さ凡そ五百余間造築御免許蒙り奉り候。右工費は恐れ乍ら私如何様にも勘弁仕り……」（杉村［1920］114頁）と、私財を拋って工費に充てるので堤防工事をすることを許してほしいと上申し、「住民百世の安堵を図る」（杉村［1920］125頁）という長期的視野のもとで行われたものであった。堤防は高さ2間

半（4.5m）、根幅11間（19.8m）、上幅4間（7.6m）で、長さ500余間（約1km）（杉村［1920］115頁）、断面図を描けば裾の広い台形状の安定的な形で、しかも数千本の松や数百本の櫨の木を植えて丈夫にしたものである。毎日400～500人の老若男女を雇って工事を行い、その日当もすべて梧陵が支給した（杉村［1920］118頁）。彼は「たとえ百年の後海嘯（津波）の災あるも、正面怒撃に当るの力十分余りあるは保して証すべきなり」（杉村［1920］126頁）と述べたが、実際、約100年後の1946（昭和21）年にこの地域を再び大地震と津波（昭和南海地震）が襲った際、この堤防はみごとに役立ったのである。

　堤防工事ほか1856（安政3）年までに梧陵が村民救済のために支出した費用は4,665両に及ぶが（杉村［1920］142頁）、銚子の醬油店からの他に、江戸の扇橋店や五島店などからも送金されたものと思われる（ヤマサ醬油株式会社［1977］108頁）。その他に彼個人や濱口家から出した部分もあったのではなかろうか。4,665両と言えば、現在の貨幣に換算すれば、数億円から十数億円といったところであろう。店が傾きかねないと心配した銚子の醬油店の支配人が、送金を抑制するよう梧陵に進言したほどである（ヤマサ醬油株式会社［1977］108頁）。そういう彼を、紀州の地元では「濱口大明神」と、生き神として祀る動きも生じたが、彼はそれを頑なに断った（杉村［1920］145頁）。

　しかし、先にも触れたように、そのような店側の危機感はむしろ奮発心に転化したようで、震災の影響の残る1857年、未だ江戸などの市場が十分に回復していないと思われる中で、ヤマサでは2,447石という過去最高の醸造高を記録したのである。

5　その他の社会貢献

　濱口梧陵は震災復興以外にも数々の社会貢献を行っている。

　1852（嘉永5）年には教育機関である稽古場を広村に設け、人材の育成に

努めている。この稽古場は、安政以降の梧陵の「世務多端」により一時振るわなくなったが、1866（慶応2）年、校舎を移転、増築して「耐久社」と命名し、以後優れた教員を招聘するなどして充実を図った（杉村［1920］309-315頁）。耐久社は現在の広川町立耐久中学校と和歌山県立耐久高等学校に繋がっている。

　その後も彼は、教育や人材育成の重要性を考えて、教育機関の設立や既存の学校の充実を図っているが、その中で、明治期に入ってから西洋文明の研究と移入を図って和歌山藩に設立した英学校「共立学舎」には、福澤諭吉を招聘しようとした。彼はまず、福澤に英学を学んだ松山棟庵を招き、さらに棟庵とともに福澤に書を送って着任を丁重に交渉したが、福澤はそのような学校の設立を讃えつつも、「英書を読むは甚だ六ケ敷（難しき）事業、支那日本の文学すら十分に読めざる人に、俄に横文を勧むるは無理」「先生を雇ふこと難し……江戸に居るものは江戸を好しとし、大阪に居る者は大阪を最上と思ひ、先づ田舎は御免と申す者十中に八九なり」などと、紀州で英学校を営むのは困難であるとし、横文字以前に、まずは日本語により国（紀州）全体の知識、教養レベルを高めること、松山を厚遇して教育のことを頼むよう提言している。結局梧陵は300円もの月俸で英国人サンドルスと、100円の月俸で山内提雲を通訳として雇い、福澤に相談して必要な書籍を購入するなど、初期の費用は3,000円ぐらいかかったという（杉村［1920］299-308頁）。

　福澤を介して購入した書籍に関連して、興味深い史料がある。1869（明治2）年7月9日付の福澤から梧陵に宛てた書簡に「御約束の文典さし上申候。三拾両之御註文百二拾部の処、沢山御用仰せ付けられ候に付、精々相働き、品物にて三割引百五拾六部納め奉り候……右代金三拾両慥（たしか）に請取申候。外に三拾六部は品物にて御まけに差上申候。則定価三割引なり」（杉村［1920］431-432頁）とある。すなわち、福澤に30両で120部の書籍を注文した梧陵に対し、福澤は余分に36部を贈呈、そのことを福澤は、「たくさん注文してくれたから36部をおまけとして差し上げます。つまり3割引です」と、ユーモ

ア混じりに述べているのである。福澤らしい援助のしかたではある。

　また、時代は遡るが、梧陵の西洋医学の発展への貢献も特筆すべきことである。彼が洋学に傾倒していたことは先に述べた通りであるが、彼は銚子の優れた医師関寛斎を経済的に支援し、江戸の種痘館（のちの西洋医学所、東京大学医学部）へ派遣して学ばせたり、長崎へ留学させるなどした。彼は見込んだ者への援助を惜しまなかったのである。また彼は、1859（安政 6）年、火災のあった種痘館に金300両を寄付した。種痘館へはその後、図書・機械類購入のためとさらに400両の寄付を行っている（杉村［1920］160-163頁）。現在、ヤマサ醬油研究所は、醬油に関する研究ばかりでなく、醬油醸造業を通して得たバイオに関する知識と経験を生かした抗がん薬、抗ウィルス薬、脳代謝改善薬などの医薬品の開発でも知られているが、その源流は梧陵の時代にあったと言えるかもしれない。

　一方、彼は、明治に入って和歌山藩の松坂民政局勤務を命じられた際、貧民救済事業として、1870年、養育院の設立を計画した。この計画は翌年、彼が駅逓正として政府入りしたため、後継者に委ねられたが（杉村［1920］275-287頁）、彼の社会問題に対する姿勢を知るには十分な話と言えよう。

6　政府への出仕

　1871年 7 月28日、前年末に和歌山県権大参事になっていた濱口梧陵は、明治政府に駅逓正（のちの逓信大臣）として着任した。彼の政府入りは、大久保利通に見込まれてのことであった。大久保は新政府の陣容を練る中、井上馨宛の書簡で「和歌山藩濱口権大参事は……人物よろしく民部の方適任の由、仍て戸籍之方或は駅逓之正にてもよろしく候はんかと存候」（杉村［1920］261-263頁）と記していたが、結局駅逓正の方に就任したのである（「駅逓正」はまもなく「駅逓頭」と表記されるようになった）。彼は駅逓正・頭として、飛脚制度に代わる日本初の郵便制度の創始に尽力した。しかし、政府の役人は彼の性に合わなかったのか、この役職をわずか 3 週間ほどで辞したため、

濱口梧陵紀徳碑 (2013年3月、筆者撮影)

彼に次ぐ地位（駅逓権頭（ごんのかみ））からその後を継いだ前島密が、日本の郵便制度の創始者と言われるようになったのである。1902年6月の万国郵便連盟加盟25年記念祝賀に際し、当時の新聞は前島密がその功により男爵の位を授けられたことを讃えつつも、「前島氏よりも尚ほ以前に在りて郵便制度に従事し事実上に於ける本邦郵便制度の創始者といふべき故濱口梧陵翁……始めて郵便切手を発行し旧来の飛脚制度に代ふるに郵便制度を以てしたりし……郵便制度の上に於ても翁（梧陵）は創設者にして前島氏は其後を承けたるものなり」5)「前島氏ハ明治三年駅逓権正となり翌四年八月駅逓頭となれりといへり。然れども我国に於て始めて駅逓正なるもの、置かれしハ実に明治四年廃藩置県の発表となりたる後のことなり。前島氏が其以前に駅逓権正となりたりといふハ記憶違ひなる可し。且つ最初前島氏が駅逓権正たりしとすれバ、其上に駅逓正なるものありしハ明かなり。其の駅逓正ハ……故濱口儀兵衛翁（号梧陵）なり。……去れバ郵便創始の名誉ハ前島氏の専有に帰す可からず」6)などとし、郵便制度創設者としての濱口梧陵の功績を忘れてはならないと記している。

駅逓頭を辞した梧陵は和歌山へ戻って直ちに和歌山県大参事となり、1880（明治13）年、初代和歌山県議会議長となるなど、県政のために働いた。彼

は中央で活躍するよりも、地方のために尽くそうという人だったのである。

おわりに

　濱口梧陵は予てからの世界を見てみたいという夢を実現するため、1884年5月、公職を辞して世界一周旅行に出かける。彼は世界を視野に入れて、ものごとを考える人であった。しかし、その途上、1885年4月21日、ニューヨークで客死した。腸の下に瘤ができていたというから、大腸癌か何かであろう。遺骸は同行者のはからいで「防腐剤を施」され、鉄棺にガラスの蓋という、米国大統領用の棺に入れられて帰国の途についた。5月28日、かつてから親交のあった勝海舟や福澤諭吉が横浜港に迎えに出た。勝と福澤は、在京の知友で別離を告げたい人が多かろうと、棺を3日間横浜の松本屋旅館に留め、棺はそののち紀州広村に送られた。広村の葬儀では、彼の死を知った西本願寺が大洲鉄然を導師として派遣し、会葬者の数は4,000余名にのぼったという（杉村［1920］388-398頁）。

　福澤諭吉は当時ニューヨークにいた息子一太郎に宛てて「濱口翁本月二十一日 紐育府（ニューヨーク）にて死去の趣、電信到来。誠ニ言語に絶し、驚入候次第、拙者ハ実ニ悲嘆ニ堪えず。此人ハ壮年之時より人之ためには大ニ尽し、様々功ある人物……」（慶應義塾編［2001］270頁）と手紙を送り、勝海舟は1897年に銚子に建立された「梧陵濱口君紀徳碑」の題額を記し、明治期屈指の漢学者で東京大学教授であった重野安繹（やすつぐ）がその文面を書いた。その碑は現在、銚子のヤマサ醬油の工場の敷地内にある。

　Lafcadio Hearn（小泉八雲）は短編小説集 'Gleanings in Buddha-Fields ― studies of hand and soul in the FAR EAST ―' の中で、梧陵をモデルとして 'A Living God' を書いた（Lafcadio Hearn［1897］）。またジャーナリストとして著名な杉村楚人冠（広太郎）は、上記のような濱口梧陵の数々の功績について「その事蹟のいつしか後昆の間に誤り伝へられんことを虞（おそ）れて」（杉村［1920］巻頭語）『濱口梧陵伝』を著した。この伝記は客観的史料

満載で、ミスも少なく、数ある伝記の中でも秀逸であると私は考える。

　濱口梧陵は、実業家として家業の醬油醸造業を発展させ、銚子の醬油醸造業の発展に寄与したばかりでなく、そこで得た利益を惜しむことなく本籍の紀州広村はじめ社会に還元した人だったのである。

注
1）　ヤマサ醬油本社には18世紀初めの宝永期以降の「万覚帳」（のちの「大福帳」）が残されているが、その初期のものからは、濱口家が諸々の商品を販売する商いを行っていたことがわかる。
2）　ヤマサ醬油株式会社本社所蔵「天保十一庚子年より　年々醬油仕込石高帳」。
3）　ヤマサ醬油株式会社本社所蔵、各年「大福帳」。
4）　ヤマサ醬油株式会社［1977］107-108頁。同書には安政2年818両、同3年700両、同4年500両とあるが、安政2年分については確認できなかった。
5）　明治35年6月22日付『中外商業新報』。
6）　明治35年6月23日付『東京朝日新聞』。

（参考文献）
油井宏子［1983］「醬油」『講座・日本技術の社会史1　農業・農産加工』日本評論社。
荒居英次［1959］「銚子・野田の醬油醸造」地方史研究協議会編『日本産業史大系4　関東地方篇』東京大学出版会。
井奥成彦［1989］「出稼ぎ漁と干鰯」『週刊朝日百科　日本の歴史』73号。
井奥成彦［1990］「醬油原料の仕入先及び取引方法の変遷」林玲子編『醬油醸造業史の研究』吉川弘文館。
井奥成彦［2006］『19世紀日本の商品生産と流通』日本経済評論社。
キッコーマンホームページ「海外における事業展開」のページ（http://www.kikkoman.co.jp/ir/lib/oversea.html：最終アクセス2016年12月17日）。
金兆子［1909］『醬油沿革史』田中直太郎発行。
慶應義塾編［2001］『福澤諭吉書簡集　第四巻』岩波書店。
公益財団法人高梨本家上花輪歴史館監修、井奥成彦・中西聡編著［2016］『醬油醸造業と地域の工業化』慶應義塾大学出版会。
篠田壽夫［1990］「江戸地廻り経済圏とヤマサ醬油」林玲子編『醬油醸造業史の研究』吉川弘文館。

しょうゆ情報センターホームページ「しょうゆデータ」のページ（https://www.soysauce.or.jp/arekore/index.html：最終アクセス2016年12月17日）。
杉村廣太郎（楚人冠）［1920］『濱口梧陵伝』濱口梧陵銅像建設委員会。
田中則雄［1999］『醬油から世界を見る』崙書房。
谷本雅之［1990］「銚子醬油醸造業の経営動向──在来産業と地方資産家──」林玲子編『醬油醸造業史の研究』吉川弘文館。
辻善之助編［1967］『多聞院日記』角川書店。
中田祝夫［2009］『改訂新版　古本節用集六種研究並びに総合索引　影陰篇』勉誠出版。
中村隆英［1985］『明治大正期の経済』東京大学出版会。
浜野潔・井奥成彦ほか［2009］『日本経済史1600-2000──歴史に読む現代──』慶應義塾大学出版会。
林玲子［1982］「醸造町銚子の発展」『歴史公論』79号。
明治文献資料刊行会編［1959］『明治前期産業発達史資料』第一集、明治文献資料刊行会。
矢野経済研究所［2016］『日本マーケットシェア事典　2016年版』矢野経済研究所。
ヤマサ醬油株式会社［1977］『ヤマサ醬油店史』ヤマサ醬油株式会社。
Lafcadio Hearn（小泉八雲）［1897］'A Living God'（'Gleanings in Buddha-Fields ── studies of hand and soul in the FAR EAST ──' Boston: Houghton, Mifflin）.

② 萬三商店店主・10代・11代・12代小栗三郎
── 仏教思想に基づく家業継承と地域貢献 ──

伊藤　敏雄

はじめに

近年、日本経済システムの特質は仏教と深く関わっているとする研究（寺西［2014］）が公刊されたことにより、仏教が、日本経済・経営に及ぼした影響に対する関心が高まっている。しかし、企業経営とそれをめぐる地域経済の発展の双方に、仏教思想が、どのように反映されていたのかに関する具体的研究は数少なく、この課題に対しては、仏教信仰に篤い経営者の経済・経営・社会的活動を考察することが不可欠となる。

そこで本章では、地方事業家[1]、萬三商店（愛知県知多郡半田）の店主10代・11代[2]・12代小栗三郎を取り上げ、1850年代から1930年代（幕末から昭和初期）における、家業継承と地域貢献の背景にあった仏教思想について論じることとする。これに当たっては、小栗家の仏教信仰の特徴とその継承、家憲における仏教道徳の内容とその実践、そして12代が在籍した慶應義塾の関係者からの影響等に重点を置くこととする。

1　萬三商店小栗家の概要

本論に先立ち、1800年代から1930年代における小栗家の事業の推移を概観しておこう。前述の3代にわたる店主は、肥料商業・醸造業といった近世来の家業を継承・発展させた経営者であるため、その2業種との関わりを中心に述べることとする。

萬三商店小栗三郎家の祖先は、近世初頭に半田村に移住して新田開発に尽

1888（明治21）年頃の萬三商店の本店（川崎源太郎『尾陽商工便覧』竜泉堂、1888年）

力した小栗七左衛門家にあったと考えられ、17世紀末～18世紀初頭にその兄弟が三家に分かれたうちの一つが三郎兵衛家である。各家は当初、酒造業を営み、村政も担っていた。18世紀後半の三郎兵衛家では、酒造が家業との意識が持たれつつも、店（商売）も大切であるとの認識がなされ、醸造業と商業（萬屋三郎兵衛店）が家業の二本柱とされる基礎が固められる。

しかし、三郎兵衛家は、酒造統制や自然災害等の影響から、18世紀末に酒造業を廃業し、荒物商売で経営の立て直しを目指す。そして、1820年代からは関東産干鰯を中心とする肥料商売へ転換し、1860年代には北海道（蝦夷島）産魚肥を扱うようになった。このほか同家は、1826（文政9）年頃より貸家経営を始め、幕末期には、小垣江新田・成実新田の開発を中心に、再び不動産経営を拡大させる。

1860年代後半からは、家業意識のあった酒造業へ再度進出し、明治初年には、肥料店・酒造所・味噌所・新田経営と多角経営を行う。しかし、灘酒との競争等から、1877（明治10）年に酒造業を廃業し、醸造内容も味噌から溜[3]・醬油中心へ転換していった。以後、小栗家は、肥料商業と溜・醬油醸造業を家業の二本柱とし、経営規模を拡大させていく。

　店名については、1884年に商標条例が公布され、この頃、「萬三商店」と登録されたと考えられる。その後、1900年代から、同店の肥料取扱いは、満洲等からの輸入大豆粕が中心となる。しかし、満洲からヨーロッパへ大豆粕が輸出されるようになって需要が高まった結果、半田方面にも黴（かび）の生えた不良品が入り込むようになり、店の信用に関わるようになる（半田町役場編［1937］130-131頁）。そのこともあって1910年、小栗家は半田に大豆粕製造工場を設立し、新規販売市場も開拓した。これらの結果、同家は、1910年代には、三井物産も一目置く、日本最大の営業規模を示す肥料商になったと考えられる。換言すれば、一地方の半田に、東京や大阪の業者を上回る肥料商が誕生したのであった。

　この間の1909年、小栗家は萬三商店を本家と分家による内輪合資とし、1926（昭和元）年にはそれを株式会社化するが、株主は一族と有力店員に限られ、内実は合資会社であった。

　一方、1924〜25（大正13〜14）年に生産設備を拡張して増産体制を整えた醬油醸造では、高品質の生引溜を名古屋市場に投入するなどして、安定した収益を上げ続けた。小栗家の1890年代初頭までの醸造石高は数百石規模であ

1888（明治21）年頃の萬三商店の醬油醸造場（前掲『尾陽商工便覧』）

ったが、両大戦間期に5,000石を超え、1934（昭和9）年のヤマサ醬油の調査では、全国約1万の醬油醸造業者において上位35の大規模業者のなかに入っていた。

　このような肥料商業と醸造業を基盤として、小栗家の経営は、有価証券投資や不動産投資へと多角的に展開し、半田の工業化と都市化に寄与した。半田では1890年代に企業勃興が生じるが、同家は、地元の会社に株式投資を行い、役員として参加するなどしている。特に丸三麦酒と知多紡績に出資するが、1900年代後半に、それらが他地域の大資本に買収・合併されると、株式を売却して経営から手を引く。しかし1920年代後半以降は、再び地元企業への株式投資を増大させ、その資金を所有公社債の売却で賄った。

　また不動産経営においては、小栗家は、1910年代には新田から安定した収入が得られるようになり、大正期にも土地取得を進めている。そして第一次世界大戦期に半田で市街地化が進むと、市街に所有した農地を宅地へ転換させるとともに土地の価値を高め、その後、社宅的貸家経営を行った。

　以上のような萬三商店小栗家の発展の要因としては、「すき間」市場を狙った肥料・醬油の販路拡大、ローリスクな肥料販売方法、公社債投資による株式・合資会社投資のリスクヘッジ、そして東京の大資本の金融機関・問屋

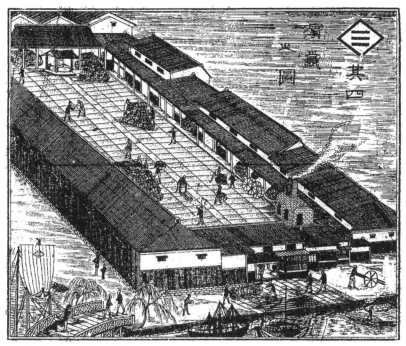

1888年頃の萬三商店の浜蔵（前掲『尾陽商工便覧』）

等を互いに競争させつつそれらを有利な条件で利用する「非対決型」の取引方法などが挙げられる。小栗家は、これらの収益を、商業・醸造業や地域社会への寄付等へ回すこととなったが（石井［2015］、井奥・中西［2015］、中西［2015］）、倫理面にも留意する必要がある。なぜならば、1926年頃、萬三商店が半田町で肥料を独占するようになったのは、誠実勉強を旨とした結果で、同店の商品といえば皆、信用して購入するとされていたからである（伊藤［2015］、次節以降の小栗家に関する記述は、断りのない限り、主にこの拙稿による）。以下では、このように家業等を通じて半田の地域社会の発展に貢献した、小栗家の倫理的側面を仏教的観点から考察しよう。

2　8代・9代店主と仏教信仰の特徴

　まず、萬三商店10〜12代店主について論じる前に、幕末の8代・9代店主について述べておきたい。近世初期の1661（寛文元）年、曹洞宗の鈴木正三（しょうさん）は、『万民徳用』を著し、士農工商のそれぞれが自らの職分を尽すことがそのまま仏法であるという、職分仏行説[4]を説いた（末木［2006］151頁）。また、近世は、顧みられなくなっていた戒律を復興しようとする運動が活発となる時代でもあった（西村［2008］181頁）。1752（宝暦2）年、三河地方でも、霊潭（れいたん）（浄土律の開祖で、念物と戒律の一致を説いた）の弟子、徳巌（とくがん）が伊賀村に大槎庵を開き、1765（明和2）年にはそれを拡張して、三河初の浄土律院として昌光律寺を開創した（新編岡崎市史編集委員会編［1992］1051頁、浄土宗大辞典編纂委員会編［1976］335頁、浄土宗大辞典編纂委員会編［1980］86頁）。その後、1775（安永4）年に真言宗の慈雲飲光（じうんおんこう）は、『十善法語（しょうぼうりつ）』を著し、十善戒の実践を説く正法律を提唱した。

　昌光律寺と小栗家とは、深い繋がりがあった。8代三郎兵衛は1848（嘉永元）年頃、自宅内に西誓庵（浄土宗）を開基するが、そのルーツは8代が、天台宗の持戒堅固な律僧、豪潮（宇野［1953］57頁）と交流があったこととされている（小栗［2001］50頁）。8代は、二女の秋を西誓庵の初代庵主とするが、同人は昌光律寺で学んだ昇巌妙龍（浄行尼）という尼僧であった（加藤編［1997］200-201頁、小栗家文書111-18-5）。この妙龍の兄が9代三郎兵衛であり、近世の「往生伝」[5]に掲載されていた。

　「往生伝」は、理想的信仰者は、いかに生き死ぬべきかを伝記形式で記載したものであり、念仏によって極楽往生を遂げた人々が取り上げられている。そのため、そこからは、往生人の人間的条件（善人的条件）と宗教的条件を見出すことができる。近世のものにおいては、前者は仏典や政治権力が求める柔和・正直・慈悲及び、忠節・孝行・貞節・精勤等であり、後者は念仏とその他の諸行（戒律受持・浄土宗関係の経典等の読誦・日々の勤行・写経・

寺社詣（もうで）など）の併修であった（笠原編著［1978］3頁、80頁、150-151頁）。

　それらのなかには、人間的条件に「家業出精」が取り上げられているものもあった（長谷川［1988］215頁）。以下に示す、浄土宗西山派の僧侶と思われる旦空により編纂された、『専念往生伝』における9代三郎兵衛の場合にも、同様のものが見られた。同書は、編纂年代が、1863（文久3）年から1865（元治2）年までの諸編3巻、1868（慶応4）年前後の2編3巻、そして同年以降から1879年以前の拾遺2巻の計8巻から構成される。

　この『専念往生伝』の「諸編巻之二」によれば、9代三郎兵衛は、「家業精励」であるため商売が繁昌して富裕となり、また深く三宝（仏法僧）に帰依して、供仏施僧の志が篤く、貧窮者には米銭を施し、常に放生（ほうじょう）（捕らえられた魚鳥などの生き物を放ち逃す慈悲行）を行じて、生命の救済には並々ならぬものがあった。そして、1852（嘉永5）年の冬より発病したが、西誓庵での別時念仏等の後、1853年4月28日に安らかに息絶えたとある（笠原編［1979］325-326頁、627-628頁、中村元［2001b］1508頁）。

　これらから、幕末頃の小栗家の仏教信仰の特徴は、戒律と念仏の双方を重んじて他宗派の高僧からも教えを受けるとともに、職分を尽す「家業精励」に心掛けるものであったことがわかる。それは、施与や放生と併せて、近代の当主に引き継がれることになる。

3　10代店主の善行と家業維持

　9代には遺言があり、10代三郎兵衛によって果たされるが、それは、次のように、10代が青年期に生死の境をさまよったことに起因していた（小栗家文書111-16-18）。

　10代三郎兵衛は、故あって祖母と叔母である妙龍から養育を受ける。その後、1850年2月、16歳のとき、病に罹りほとんど危篤の状態に陥ったが、同年4月から回復に向かった。これには、父9代三郎兵衛・祖母・妙龍からの手厚い看護と尽力による効験、そして放魚と成岩村（ならわ）の常楽寺（浄土宗西山派）

住職の量空から授かった剃髪戒の功徳があったという。しかし、同年6月の祖母の病没、1851年正月の妙龍の死去に続き、1853年10代三郎兵衛19歳のとき、父9代三郎兵衛が病に罹る。9代は、10代を前述の大病の際、量空の弟子とするが、10代の剃髪は嗣子がないため許されなかった。9代は、その代わりに、自らの存命中に常楽寺境内へ宝塔を建立する志願を立てる。しかし、病でかなわず、その死後に宝塔1基を建立するように遺言して往生を遂げた。これを受けて1854年、10代は、浄土三部経宝塔1基を建立する。常楽寺の過去帳には、初代三郎兵衛以下、代々の当主の名が記されており（小栗［2001］4頁）、小栗家と同寺は深い関わりがあった。

　また、10代三郎が、弟の七之介の臨終に立ち会ったことが、前述の『専念往生伝』の「拾遺巻之一」に記されている。それによれば、1870（明治3）年8月2日頃より病を患った七之介は、10代の勧めから、必死の思いで念仏を唱えることにより、1871年4月29日に、この兄等の目の前で、少苦もなく往生を遂げている（笠原一男編［1979］483-484頁）。このように、信仰に篤い10代は、父である9代と弟が取り上げられた『専念往生伝』から、9代による家業精励・米銭の施与・放生をはじめ多くのことを学んでいたと考えられる。

　この間、10代は、1862（文久2）年に下半田村の庄屋となり、村政の改善に大きく貢献した。その性格は博愛にして慈善の志が篤く善行が少なくなかったため、尾張藩から苗字帯刀を認められ、1864（元治元）年の献金により、さらに一代御目見も許された（愛知県知多郡半田町役場編［1926］414頁）。この善行に関しては、次のような施与が見られた。10代は、平素、施与を好み無氏名で秘かに、年末などに米銭を貧窮者の家に投じ、米価が騰貴した際にも、貧窮者に米を施与したとされる。

　この状況をさらに具体的に述べると、次のようであった。半田の資産家のなかには、大晦日または7月13日の夜になると、家内の労働者に黒頭巾で覆面をさせて米・金を担がせ、包布のまま、貧窮者の戸内にそれらを投じて去

らせる者がいた。これにより、貧窮者は、半日から1ケ月の食料を得、盆・正月は普段より裕福な生活を送れるのが常であった。施与者は不明であったが、「彼は小栗、此は中埜或は某家である」ということを、たまたま覆面をしない者がいた場合に知ることができた（半田町役場編［1937］12頁）。

これらの内容は、昭和初期の自治体史に取り上げられたものであるため、半田では、小栗家においては無論のこと、一般にも広く知られていたといえる。後述するように、同家では、11代から12代への家督相続の際に10代の遺像の軸が掛けられ、また10代の遺訓等が尊重されていた。これらを踏まえれば、上述した10代の陰徳の精神は、後代にも受け継がれたと考えられる。すなわち、萬三商店10～12代店主は、家業や地域貢献等に当たっては、名利（名聞利養、名誉や利益）を求めないことに努めていたといえよう。

1870年代に、10代三郎は、地方行政の公職に就いているが、愛知県第7大区区長と学区取締兼務に関する1876年3月付の「辞職願」からは、次のことが明らかになる。すなわち、10代は、公職と商業との両立は困難であり、頼るべき父・兄もなく、長男も病であるため、家業を一身に背負わなければならず、公務の完遂により、家業の破産にいたるのではないかと考えていたのであった。さらに、同年10月には、10代自身も病を患うようになっていた。そのようななかでも、10代は、1877年には新たに店則を作成し、1878年からは「日誌」の記録を始め、家業の刷新と引き締めを図っている。

以上、若き日に相次ぐ家族の死を経験し、自らも病を抱えながら、家業維持と地域貢献に努めた10代の姿勢は、9代の精神を継承したものといえよう。

4　家憲における仏教道徳と11代店主の実践

家督相続

10代三郎は1879年2月に愛知県会議員に当選したが、1880年2月にそれを辞す。その退職願には、前年12月より病が悪化したため家督を長男に譲って療養したいと記されていた。そして、長男すなわち11代三郎が、1880年2月

に家督を相続する。

　それから約50年後の1933（昭和8）年9月、11代三郎は親族等を前に「奉告式」を行い、家督を息子の四郎（12代三郎）に譲る。それは、小栗家の書院において、床の間へ祖先及び10代の遺像4幅を掛け、その前に系図を載せた卓を置いたなかで行われた（昭和8年「日誌（竹気庵）」小栗家文書）。ここからは、小栗家では、いかに先祖が敬われていたかがわかる。またこの際、11代三郎は以下のことを述べており、それらからは10代から11代へどのようなことが伝えられたのかが判明する。

　11代三郎は、家督相続以来、「神仏ヲ敬ヒ　祖先ノ祭事ヲ不怠　家憲ヲ守リ　家名ヲ穢サズ　家産ヲ保護シ　伝来家業ヲ営ミ」と、努めてきた六つの事項を述べる。そして、家督相続の際に、10代より伝えられたことの大意として、以下のように列席者に口授した。まず、「吾家ハ神仏ヲ敬ヒ祖先ヲ崇メ仏教道徳ヲ基トシ誠実ノ心ヲ以テ万事ヲ処スベキ家憲テアル」とする。次に、家督相続により継承した祖先伝来の家産は、すべて祖先より預ったという心得で、大切に保護し子孫へ伝える責任を持たなければならないと述べた。

　先の六つの事項は、この10代から伝えられた家憲と家産の内容におおよそ関わっている。そのため、双方に明確な言及のない、伝来家業を営むこと、すなわち家業の継続も遵守すべき事項であるとともに、何らかの形で家憲などに含まれていると考えられる。この点に関しては、既述のように近世の「往生伝」では、家業精励は、極楽往生の人間的条件とされており、小栗家においては家憲の仏教道徳に含まれていたといえる。これに後述する四恩の「父母の恩」を併せれば、先祖の恩に報じて、伝来家業への精励が促進されることになる。つまり、近世には一般に家業は世襲されたが、職業選択が自由になった近代においても、小栗家が伝来家業を継続した一因として、先祖と仏教を尊重する家憲の影響があったということができる。

救恤活動

　以下では、小栗家家憲の根幹である「仏教道徳」の具体的内容を、同家と社会との関わりのなかから見出すこととしたい。その前に、明治初期の仏教界の状況について述べておく。1868（明治元）年の神仏分離令を契機に1872年頃まで廃仏毀釈が行われ、仏教は大打撃を受ける。その中で、自律自戒によって仏教本来の面目に立ち返るという立場から、仏教復興を図る僧侶が現れる。また、慈善の点においても仏教衰退からの回復が意図され、昌光律寺の深見志運（1886年同寺第10世就任）は、信仰に基づく戒律的慈善を行った。

　志運は、1885年4月に救貧活動を行う「額田慈無量講」（以下、慈無量講とする。正式発足は1889年7月）を結ぶが、それは、四無量心[6]における慈無量心の広大なことを思って組織したものであった（大橋［1962］16頁、大橋［2001］378頁）。11代三郎もこれに世話人として名を連ね、愛知県を中心とする慈善活動に尽力するが、小栗家は、10代三郎の当主時代に、すでに志運と関わりがあった。この慈無量講や小栗家には、前述した慈雲の『十善法語』の影響があった。同講の目的は、六波羅蜜[7]の布施波羅蜜や十善戒の不殺生戒をもとに、有志が奢侈を抑制して、毎月、貧窮者等を集めて米などを施与し、四恩十善[8]等を説くとともに放生を行うというものであった。

　また小栗家は、志運による濃尾大震災（1891年）の被災者への救恤などにも、慈無量講を通じて義援活動を行っている。1893年の志運の没後、慈無量講は昌光律寺の杉山大運（1893年同寺第11世就任）に継承され、1917（大正6）年頃の会員は395名、同年中の施与延人員は762名（累計4万592名）であった。

　さらに小栗家は、1891年から1924年までの34年間にわたって全国的な救恤活動を行った浄土宗の尼僧、颯田本真の活動を長く支えた。同家は、明治三陸大津波（1896年）・函館火災（1908年）・佐賀県馬渡島火災（1918年）・関東大震災（1923年）の際には、本真からの衣類・仏像等の施与の依頼に応えている。その他にも、小栗家は、本真を通じて、あるいは同家単独で、全国

の災害被災者に対して、多くの救恤活動を行った。

このように、小栗家の慈善活動は、四無量心・六波羅蜜・十善戒・四恩十善などに基づくものであり、ここに家憲のいう仏教道徳の一端を見出すことができる。萬三商店の店員のなかにも慈無量講に「喜捨」する者が複数おり、彼等もまたそれらの精神を備えていたといえよう。

小栗家はさらに、前述の仏教復興運動を推進した、真言宗御室派の釈雲照（1899（明治32）年仁和寺第33世就任）[9]からも教えを受けていた。雲照は、慈雲の正法律に傾倒し、1883年に十善会を設立して四恩十善の教えを広めた。雲照は、1899年10月20日に小栗家に招待され、家族へ法話等をなし、翌21日にも西誓庵で回向(えこう)・加持・法話などを行った。また、十善戒の不偸盗戒に関して、自らは富貴であっても物惜しみして、公益のために施与することがなければ、それを十分に守っているとはいえないと、著作において述べている。この教えは、小栗家の慈善活動にも反映されたであろう。

加えて、11代三郎は、1911年6月1日に挙行された、日本赤十字社半田分区の開設総会で、「半田分区会員総代」として祝詞を述べており（明治44年「日誌」小栗家文書）、半田における赤十字の活動でも重きをなしていたことがわかる。

四恩への報謝
①国王の恩

小栗家には諸宗派の高僧が訪れているが、とりわけ、同家が設立および運営に尽力した、半田町仏教教育夏季講演会（1910年開設）の講師を担った新井石禅（1902年永平寺副監院・宗務院教学部長、1918（大正7）年總持寺独住第5世・曹洞宗管長就任）との関わりが密接となる。新井は、11代三郎について、以下のように述べている（山田編［1936c］288頁）。

　　拙衲(わたくし)は、毎年の如く尾州知多郡半田町の仏教会に出演して居るが、い

つも同町の富豪小栗三郎氏の処に宿泊する。同氏の篤信家にして方正謹直なることは感ずるに余りがある。内仏の事は一切自ら担当し、蠟燭の心を切ること迄も、必ず之を親らせられ、且つ献香献燭の事に至る迄一々礼拝を行はれる。室内の仏像又は高僧の書などの軸物を掛くる時は、必ず自ら之を懸け、且つ其の都度礼拝を欠かされぬ。外出の折、神社仏堂の前を通過する時は勿論、聊かなる路傍の小祠や小さき石地蔵の前を過ぎるにも、必ず脱帽敬礼せられる。万端が皆な此の通りである。

　このように11代三郎は、日本を代表するような高僧の一人となる新井石禅が賛嘆するほどの人物であった。また11代は、店員等に新井の著作物を配布しており、萬三商店では同人の教えが実践されていたと考えることができる。そこで以下では、その教えのなかで、家業（職業）と地域貢献に関わるものについて述べていこう。

　新井は、禅宗の立場から曹洞宗の『修証義』（1890年に、道元の『正法眼蔵』から編集されたもの）などをもとに、釈尊の悟りを重視した通仏教（宗派によらない仏教共通の教え）をもって、小栗家及び萬三商店店員との交流や講演会等に臨んでいた。

　例えば新井は、四摂法[10]を説く『修証義』第21節を挙げ、渡船を置いたり橋を架けたりすることのみならず、世俗の職業も布施の功徳になると述べる。そして、商人の物品販売に関して、顧客・家・国のためを思って正直律儀に勉強すれば、商売そのままが立派な布施行であると説いた。これによれば、小栗家が行った肥料商業および醸造業、企業の設立・経営、有価証券投資、そして不動産投資なども同様に布施と捉えることができる。

　また新井は、仏教道徳としては四恩報謝を挙げているが、国王の恩に報じるものとして、このような慈善事業等を戊申詔書（1908年発布）との関わりにおいても捉えている。戊申詔書は日露戦後、国家の発展のために勤労・共同一致の道徳を示すとともに、財政的・経済的・社会的基盤を全国の町村に

創出することを推し進めるために渙発されたものである。その後、地方改良運動が推進されるが、その最重要課題が町村財政の強化であり、納税組合設置・町村合併・町村基本財産の蓄積が図られる。小栗家に関しては、半田町及び周辺地域に、基本財産や道路・港湾・上水道・公園・役場・学校・警察等に対する寄付が見られた。それは、前述の救恤活動と同じく、衆生（生きとし生けるもの）の恩に報じることにもなる。その他、小栗家は、神社仏閣への寄付や法事関係費への支出を行っているが（二谷［2015］136-147頁）、それらは、それぞれ三宝の恩、父母の恩への報謝となる。

　新井はまた、町村基本財産への寄付は、以下のように、十重禁戒[11]の精神の応用に基づくものであるとしている。不殺生戒に関しては、国家・市町村・家族や、政治・法律・宗教・教育にはそれぞれの生命があり、それら生命の発展を期して、文化の向上に努めることは、真の不殺であると述べる。次に、不偸盗戒については、公益を害する行為は偸盗の罪過となり、公共利益の増進・一般生活の向上・他財産の保護などは、不盗より出た功徳行とする。また、商人が暴利を貪ったり、契約より粗末な商品を売り付けたりすることなども不偸盗戒を破ることになる。そして、実際に盗まなくても、心の中で盗みたいと思っただけで、破戒の罪を犯すことになると述べる。

　これに従えば、家業、企業の設立・経営、有価証券投資、不動産投資等も、国家・市町村・家族等の発展や一般生活の向上に寄与するため、不殺生戒・不偸盗戒の精神の応用といえる。つまり、小栗家の家業精励や地域貢献も戒律堅持の一環と捉えることができる。

　小栗家は、衆生の恩と同じく、この国王の恩に報じるところも大きかったと考えられる。その契機の一つは、1890（明治23）年3～4月の陸海軍連合大演習の際に、大本営が半田に置かれ、同家は、参謀総長有栖川宮熾仁親王（ありすがわのみやたるひとしんのう）と参謀次長川上操六陸軍少将の宿所となったことである。次に、有栖川宮と小栗家との関わりなどについて述べていこう。

　有栖川宮の日記には、すでに1889年10月21日に「半田小栗三郎へ着、同所

昼食」と記されている。それ以後は、同月26日と1890年3月23日に「小栗三郎兵衛」を「面謁」、同年3月26日には「小栗三郎兵衛方にて中食」と、10代の名が記述されるようになる。同月30日にも「旅館小栗三郎兵衛へ午後六時投宿」、また、「小栗三郎兵衛、幷、妻ハル、同悴三郎、並、妻トウ、三郎娘ユキ十三歳」との記述があり（高松宮家編［1936］245頁、247頁、305-307頁）、10代・11代家族が有栖川宮に拝謁したことと、10代が応接の中心的役割を担っていたことがわかる。

翌1890年5月、10代は、有栖川宮の霞ケ関本邸へ伺候し、茶菓を頂戴するとともに御殿御庭向等の拝観を仰せ付けられる。そして、有栖川宮から直接、「人形　壱個」「弘法大師御法語　壱巻」等を下賜された。このうち人形については、有栖川宮の記憶に、幸子が拝謁したことが止まっており、孫へとの直命によるものであった。

有栖川宮のこのような心遣いに10代と家族が、尊崇の念をいっそう深めたのは想像に難くない。また「弘法大師御法語　壱巻」を拝領しているが、日本では、空海が、四恩や十善について説いていることが知られ、その教えも小栗家に影響を与えたと考えられる。

1895年1月15日に有栖川宮熾仁親王は薨去するが、その後も小栗家と皇室との関わりは続き、四郎もそれに加わるようになる。1897年1月15日、10代三郎兵衛は、有栖川宮の霞ケ関本邸へ伺候し、豊島岡の熾仁親王の墓所への参拝を仰せ付けられる。同月19日には、再び本邸へ伺候して、後継の威仁親王に拝謁を仰せ付けられ茶菓を頂戴した。また、10代は、同年3月27日に威仁親王が戦艦鎮遠に乗艦して武豊へ入港したため、11代を同伴して伺候したところ、すぐに拝謁を仰せ付けられ、四郎、玉子・喜登子（両者は11代の娘）とも一同、艦内の拝観を許され茶菓を頂戴している。

この間の1896年8月1日、10代と11代は、宮内省主猟局長兼主殿頭山口正定（1878年侍従長就任）より、「聖上（明治天皇——引用者注）御召古之御掻巻」を拝領する。以後、小栗家では、11月3日の天長節（天皇誕生日）に、

その「白無垢　玉衣」を床の間へ奉安し拝賀することとなった（「賜賞録附履歴」小栗家文書338-18、明治29年「日誌」小栗家文書）。また、昭和初期に作成された萬三商店の「営業の栞」には、「当醬油部の光栄」として、1927（昭和2）年11月の愛知県における陸軍特別大演習の際、「聖上陛下（昭和天皇——引用者注）御統監の為め名古屋に御駐輦の砌生引溜を畏(かしこ)くも天覧を賜ひて御買上の光栄を蒙り」とある。さらに、1930年11月には「東久邇宮(くにのみや)殿下（東久邇宮稔彦王(なるひこおう)——引用者注）、産業奨励の御思召を以て特に当工場を親しく御巡覧遊され有難き御言葉を賜り無上の光栄に浴しました」と述べられている。この東久邇宮による萬三商店の醬油工場巡覧は、11代三郎と四郎が拝謁した後、四郎の先導で行われ、その際、「御下問」があった（昭和5年「日誌（竹気庵）」小栗家文書）。

　以上、近代の小栗家は、皇室と直接・間接の関わりがあり、国王の恩の観点から、地域経済のみならず家業の発展に努める思いも強かったといえる。

② 衆生の恩

　新井は衆生の恩に関して、中国禅宗（南宗）の六祖慧能(えのう)の説く「四徳」のうちの「譲」との関連で次のように述べる。それは、工業家の成功は労働者、商業家の成功は店員や顧客・取引先、主人の生活は家族や召使といったように、他の恩を自覚する時に、謙譲の徳が現われ物事を控えめにするようになるため、節制・倹約・礼儀・慎しみも備わるというものであった。これによれば、小栗家の場合、萬三商店店員、工場労働者、顧客・取引先、小作人、借家人、そして投資先の企業の関係者等への衆生恩が報じられたことになる。それはまた以下のように、人間以外の生物にも向けられていた。

　13代圓一郎は、幼少期は11代の時代で、先祖に対する感謝の年回法要と不殺生戒を徹底した教えとして育てられたと記している。そして、蠅取り器なるものが家にあり、蠅を叩いて殺すことさえなるべくしないようにし、放生会において毎年1回から2回、お経をあげて、うなぎやどじょうを川に放し

ていたと回想している。また新井は、慈悲心を草木にも向けることを述べており、小栗家では植物にも衆生恩が報じられていたと考えられる。

さらに新井は、四恩に対する報恩謝徳を、日常生活や職業に従事するなかで行うことを以下のように述べている。それは、一切衆生のために利益を施そうとの大願心を発する時は、手の舞い、足の踏む所、仏事でないものはなく、農業従事者が鋤鍬を取り、商人が算盤を弾く上にも、仏道修行の功徳が現れるというものであった。これはまた、『修証義』第31節の「即身是仏」ということにも関わっている（山田編［1936a］301-302頁）。それは、仏の自覚に立って行持を全うするならば、その者は釈迦牟尼仏（即身是仏、自覚ある信仰の心がそのまま仏）となる（水野［2000］204頁）ということである。

以上のような、新井石禅の教えは、萬三商店小栗家のさまざまな経済・経営・社会的活動に反映されていたといえよう。新井のほかにも、小栗家には複数の曹洞宗の高僧が訪れている。家業との関わりについて述べれば、道元は、「人、其の家に生れ、其道に入らば、先づ、其の家の業を修すべし、知べき也。我が道に非ず、自が分に非ざらん事を知り修するは即ち非也」と説いている（道元述・懐弉編［2003］62頁）。小栗家は、この教えに従って、家業を本分とし、覚悟をもって、それに従事していた可能性が十分にある。

店員教育

11代三郎は、1910（明治43）年に10代が死去すると、家族や店員へ、その遺志を継ぎ、徳義を重んじ四恩十善を実践することを訓諭した。また11代は、十善の不殺生・不妄語と八正道の正念等[12]に関する訓示も行っている。さらに、萬三商店店員は、小栗家の仏教道徳に基づく家憲を共有し、同家での諸宗派の高僧による講話に参加するとともに、新井石禅の著作等の配布を受けていた。仏教のほかにも、店員は、同家から、教育勅語に基づく訓示や商業道徳に関する教育等も受けている。後者に関しては、第一次世界大戦後や関東大震災後の不安定な経済状況のなかにあっても、信用・誠実・倹約・勤

勉の実践に努めることなどが説かれていた。

　これらのなかには、10代の遺訓に由来するものもあった。10代は、「正直」、「不正の利得は身に着かない」ことを述べており、それらは渋沢栄一の見解とも一致するとされていた。また新井も渋沢の「論語と算盤」を取り上げ、道徳と経済の調和について述べている（山田編［1936d］319頁）。これらから、萬三商店では、仏教的観点のみならず、渋沢の「道徳経済合一説」とも照らし合わせて、各自の行動を省みるところがあったことがわかる。

　また小栗家には『時事新報』（1882年福澤諭吉創刊）が所蔵され、慶應義塾への寄付も行われるなど、同関係者への思い入れも深かった。次節ではその影響について検討しよう。

5　慶應義塾関係者の見解と12代店主への影響

鎌田栄吉とローカル・リーダー論

　四郎（12代三郎）の略歴には、1900（明治33）年5月慶應義塾普通部に入学、1905年4月慶應義塾大学部に編入、1908年7月理財科2年修業中家事部都合にて退学とある（昭和11年「公務録」小栗家文書）。その入学は、1901年2月の福澤病没の約1年前であり、在籍期間は、1898年から1922（大正11）年の歴代最長24年間に及ぶ鎌田栄吉の塾長時代であった。鎌田は、著作において、親鸞や、慶應義塾への来演を依頼した黄檗宗の僧侶河口慧海[13]等に関して述べており（鎌田栄吉先生伝記及全集刊行会編［1934a］91-97頁、203-210頁）、仏教にも造詣が深かった。

　慶應義塾では1908年から、塾長・諸教員による地方巡会講演会が行われ、1909年7月29日には、半田の光照院でそれがなされた（慶應義塾編［1960］252頁、512頁、634頁、641頁）。その開催や鎌田栄吉等の接待には、11代三郎と四郎が尽力し、半田における学術・文化の普及に寄与した。同家の「日誌」には、27日に来半した鎌田と、小船で沖合へ出て晩食を饗し、翌28日には、大福丸（小栗家が所有する曳船）で篠島へ赴いたとある。そして講演会

当日の29日には、懇親会を開き、その後、大福丸で武豊沖に月見に出かけたことが記されている（明治42年「日誌」小栗家文書）。

また、鎌田は塾長として、慶應義塾への医学科設置（1917年）に奔走する。これに関して、1916年の「医学科化学科設立趣意書」には、名古屋地方の建設委員（資金募集委員）として「小栗四郎」と「小栗三郎」が名を連ねており（慶應義塾編［1960］806-811頁）、ここからも、小栗家が鎌田に賛同を示していたことがわかる。

12代小栗三郎（岡本繁一編『半田商工会議所五十年史』半田商工会議所、1944年、口絵）

小栗家家族は、鎌田から薫陶を受け、その著作等から学ぶところも多かったと考えられるが、次のような叙述の中に、鎌田の地方出身学生に対する卒業後の要望が見てとれる。まず鎌田は、国家を維持するには学問もあり世間も知っている人が各地に散在し、その中心となることが不可欠であるとする。そして、「素封家の子弟は、己の郷里に帰り父祖の業を継いで、その地方の牛耳を握るという風になったならば、非常に面白い結果になるであろうと思う」（鎌田栄吉先生伝記及全集刊行会編［1934a］66頁）というのであった。さらに、郷里へ帰って「ローカル・リーダー」となることは、国家の前途のためにも非常に重要であるとしている。

また鎌田は慈善に関して、福澤諭吉が地方の富豪や有力者に会うたびに説教をし、米の備蓄倉庫の建設を勧めていたことを挙げる。そして飢饉の際、これを配分すれば徳化は一般にも及び富豪が怨嗟の的になることはないとし、地方で重きをなす人にとって慈善等はほとんど義務であると述べている（鎌田栄吉先生伝記及全集刊行会編［1934b］177-179頁）。

すなわち、鎌田は、地方の子弟に、家業を継いで地域経済をリードするこ

とや、慈善について福澤に関するものに触れつつ述べており、小栗家の理念と類似のものが見られた。以下では、福澤の慈善と仏教との関わりについて、さらに考察を進めたい。

福澤諭吉の慈善観

福澤による仏教に関わるエッセイはかなり多いが、その理由の一つは、仏教が下層階級の道徳向上に大きな役割を果たせると信じたからであるとされている（小泉［2002］iv-v頁）。以下では、地域社会に関するものを二つ取り上げよう。

第1は、慶應義塾の地方農商の子弟に向けたものである。福澤はまず、「父母祖先の恩沢に浴すること厚き身分」であるから、その遺産を大切に守るべきは無論、さらに積極的に経営して、いっそうの「家道の隆盛」を図ることが子孫の本分であると述べている。そして、治安の観点から、地方の徳風を厚くすることは自家を守る方法であり、地方の富豪は、決して仏法を等閑視することなく厚く保護して、徳風を行き渡らせる工夫をすべきであるとしている（時事新報社編［1926］624頁、627-628頁）。

第2は「福翁百話」の第43話であり、一般的に、効果が大きい慈善は、悪事を防ぎ予防策となるものであるとされている。福澤は、例えば、一地方の大火による財産の損失は莫大で被災者の救済費用も少なくないが、これら費用で数年前から水道を設けていれば、普段の便利はもとより不時の火災をも防ぎ得て、地方の利益ははかり知れないと述べる。また、寺院・学校等に寄付して、後進を知徳の門に導くことは、世の中と後世のために秩序安寧を維持して利益の源を深くすることにもなるというのであった。

これらは功利的観点から述べられているが、福澤は、余力ある者が人の不幸を救うのは計算づくではない義務であると、「福翁百話」の第42話で叙述していることに留意しなければならない（福澤［2003］106-109頁）。以上から、福澤は、先祖伝来の家業を守り隆盛を図ることは子孫の本分であり、ま

た慈善に取り組むことは、地域経済の発展や治安維持等にも寄与することを述べていたことがわかる。

前述のように小栗家は、先祖の恩を重視して家業に取り組んでいた。また同家による慈善事業には、福澤が挙げていたものと同種のものが見られた。実際、四郎は、帰郷後に家業および慈善事業に従事しており、同家の経済・社会的活動は福澤・鎌田の意思にも適(かな)うものであったといえる。

両者の見解は、11代三郎に比して、慶應義塾に在籍した四郎に、より大きな影響を与えたと考えられる。11代は、半田商工会議所議員に当選した1911（明治44）年から10年間、役職には就いておらず、目立った活動はしていない。一方、四郎は1925（大正14）年に同会議所議員に選出されると、すぐに副会頭に就いて、知多鉄道誘致等の活発な地域活動を開始する。そして、1937（昭和12）年には、会頭に就任し2期8年務めるのである（中村［2015］447頁、449頁）。また第1節で述べたように、1920年代後半以降、小栗家は、地元企業への株式投資を増大させるが、同家の実質的運営者は、1923年9月以降は、四郎になっていたと考えられる（中西［2015］482頁）。すなわち、四郎（12代三郎）は、11代よりもローカル・リーダーとしての自覚をもち、地域社会の発展のために、より積極性を発揮するようになったといえる。

他方で、13代圓一郎は、次のように述べている。12代は仏心に深く、東西の名僧を見つけては、現在の知多半田駅前通りに清和会館（公民館的な集会場）を建設して仏教講演会を開き、また家でも法話会を行っていた。それらの講師には、禅宗の僧侶が多かった（小栗［2001］36頁、39頁）。無論、12代は、慈無量講・放生・半田町への寄付等も継続している。

前述の巡会講演会の約2年後の1911年6月26日、11代三郎と四郎は、仏教講話会のために来半した、慶應義塾出身の臨済宗の僧侶釈宗演(そうえん)[14]（1892年円覚(がく)寺派管長、1903年建長寺派管長兼任、1905年東慶寺住持就任）の接待をしている。宗演は、三田辺に遊んでいた頃、福澤諭吉の家庭に始終出入りしており、ある時福澤から、「宗演さん、私は宗教の事はよく知らないが、禅宗

では即心成仏と云う事があるそうだが、私は即心実業である」と言われたと著作において述べている。そして宗演は、学校を出たら直ちに職につき事務を執ることができ、且つ宗教心も道徳心も備わっている人を、どんどん造ってもらいたいと続けている（釈［1915］130-131頁）。11代三郎や四郎は、宗教心や道徳心を備えた経済人であることの重要性を、福澤と縁の深い宗演を通じて、改めて認識したと考えられる。

おわりに

　1850年代から1930年代において、萬三商店店主10代・11代・12代小栗三郎は、肥料商業と醸造業という家業を継承・発展させるとともに地域貢献も行ってきた。その3代にわたる経済・経営・社会的活動に貫かれていたのは、家憲に規定された仏教思想であった。換言すれば、同家は、これらを通じて仏道修行をなすという精神を代々継承してきたのであった。そして、それらを店員にも伝え、ともに歩んできた。この家業継承と地域貢献の両立という理念は、慶應義塾で学んだ12代の帰郷後から福澤諭吉・鎌田栄吉の見解が加わって、より強固になり、ローカル・リーダーとしての積極性をも備えるようになったと考えられる。

　この小栗家の仏教信仰は、近世の戒律復興運動とそれを受けて明治初期に始まった仏教復興運動のなかに位置付けることができる。それは戒律と念仏の双方を重視する厳格なものであったが、一方で戒律や六波羅蜜等の大乗精神は仏教共通のものであるため、宗派を超えた活動を可能にする。同家の家庭での宗派は真宗大谷派、西誓庵は浄土宗であったが、釈尊以来の正法（正しい教え）を重視した通仏教的な観点から、「四恩十善」等をもとに、店員・工場労働者、顧客・仕入先、小作人、借家人、有価証券投資先の関係者等をはじめ、すべての生物との共存が図られていた。

　確かに、萬三商店10〜12代店主は多くの事業に携わったが、そのような観点からの評価だけでは十分とはいえない。財物の多寡が問題とされるのであ

れば、財力に比例して布施行の優劣が決まってしまうからである。布施には、それを行うときの真心（三輪空寂の心）が重視される（城福［2002］211頁）。これに関しては、「貧者の一燈」ということも知られる。それは、「貧しい生活の中から供養する一灯は、富んだ者の万灯にもまさった功徳がある」（中村［2001b］1414頁）ということである。鎌田栄吉も慶應義塾の寄付金集めに関して、「貧者の一燈」が尊いことを述べている（鎌田［1935］第1部、30頁）。また、法然は、富貴・貧賤などに関係なく、阿弥陀仏は平等に救済することを説いた（末木［2006］74頁）。

　ここで留意したいのは、仏教は信仰と同時に人格全体の完成を説くものであるということである（水野［1971］65頁）。10代については前述のように、性格は博愛で施与を好むとされていた。また同人には、温厚篤実で人を愛し上手に用いる、用意周到な事務能力を有す、そして非常に謙虚である（愛知県知多郡半田町役場編［1926］414頁）との評価もあった。

　次に11代に関しても、三つの評価を挙げておきたい。第1は、前述した新井石禅による「方正謹直」である。第2は、「常に公益を重んじ、公共事業の後援をなすのに物惜しみしない。また、温厚篤実で、少しの欠点も見出し得ない君子である。そして、地所部は小作本位にして憐憫（れんびん）の情が深く、土地発展のためには自分を後にし、地方のために尽瘁（じんすい）するのが常である」（櫻井［1918］岡崎市、7頁）というものである。第3は、非常に話せる男で、円満にして敵を作らないのは、彼の美点であり、兎角の批難なく、今日の富豪となった（小山田［1918］問題の人、81-82頁）との評価である。

　12代については不明であるが、これらからは、10代・11代はともに、仏典に適う、物惜しみせず温厚篤実且つ謙虚な人物であったことがわかる。これは、生来の人格であったかもしれないが、仏道修行・闘病・高僧との交流などのなかで、より磨き高められたと考えてよいであろう。そして、そのような円満な人格をもって、家業や地域社会と関わり、それらの発展に努めたのである。

今日、在来産業（伝統産業）の振興、地域経済の活性化、経済倫理や経営倫理及び環境倫理の実践・普及などが叫ばれている。萬三商店店主10代・11代・12代小栗三郎は、在来産業である家業の継承と地域貢献を行ってきたが、それは仏教思想の実践でもあり、店員や地域の人々にそれを伝え、生物も大切にしてきた。現代においても、これらの点を考えるに当たって、本章の事例は、多くの示唆を与えてくれる。

注
1） 地方事業家とは、「社会的資金を集めて新たな企業を興す『企業家』ではなく、また自家の収益性を考えてより有利な投資機会に投資をしていく『投資資産家』でもなく、家業継承と地域貢献の両方を担う歴史的存在」である（中西［2015］484頁）。
2） 1853（嘉永6）年に家督を継承した10代は、1869（明治2）年に三郎兵衛から三郎と改名し、息子の荘太郎に三郎兵衛を名乗らせる。その三郎兵衛は1880年に11代を継いで三郎を名乗り、家督を譲った10代三郎が同年から隠居名として三郎兵衛を名乗る。
3） ほぼ同量の大豆と小麦を使う一般の醬油に対し、大豆の割合を大きくして製造するもので、黒くとろりとして濃厚な味がし、刺身醬油等に用いられる（鈴木［1988］400頁）。
4） 正三の職分仏行説には、宗教と近代資本主義という観点から、次のような評価がある。肯定的評価は、職分仏行説は、西欧の近代化にプロテスタンティズムの職業倫理が大きく寄与したとするマックス・ウェーバーの説に対応し、日本における宗教的職業倫理の成立がそこに見られるというものである。一方、否定的評価では、職分仏行説は、封建的身分制度を仏教によって基礎付けようとしたもので近代的な職業の自由に立った職業倫理とは異なるとされる（末木［2006］151-152頁）。
5） 法然は、念仏を唱えることで臨終時に仏の来迎にあずかり、浄土に往生できると説いた。「往生伝」があるのは、臨終来迎を認めている浄土宗と西山浄土宗及び浄土真宗の仏光寺派・高田派に限られ、浄土真宗の東西本願寺系や時宗には存在していない（笠原編著［1978］62頁、66頁）。
6） 無量（はかり知れない）の人々を悟りに導くため、次のような慈・悲・喜・

捨の四種の心を無量に起こすことである。それらは、慈無量心（衆生に楽を与える心で、これが無量であること）、悲無量心（衆生の苦しみを除く心で、これが無量であること）、喜無量心（衆生が楽・幸福を得ることを見て喜ぶ心で、これが無量であること）、捨無量心（衆生に対して愛憎をもたず平等に接する心で、これが無量であること）である（浄土宗大辞典編纂委員会編［1976］138頁、城福［2002］236-237頁）。

7） 六波羅蜜（ろくはらみつともいう）は、悟りへ到達するための六つの修行で六度ともいい、波羅蜜とは完全や完成を意味するともされる。それらは、布施波羅蜜（施し与えること）、持戒波羅蜜（戒律を遵守すること）、忍辱波羅蜜（迫害や辱め等を耐え忍ぶこと）、精進波羅蜜（善を行うために勇敢に励み努力すること）、禅定波羅蜜（精神を統一し心を安定させること）、智慧波羅蜜（般若波羅蜜ともいう。真理を見抜く智慧を得ること）である。布施波羅蜜には、財施（財物・衣食等を与えること）、法施（仏教の教えを説くこと）、無畏施（恐怖を取り除き安心を与えること）の三種施が立てられる。また、布施をする際に心得なければならない姿勢に、三輪空寂（三輪清浄）がある。それは、三輪、すなわち布施する者・布施を受ける者・布施物に執着しないことである（城福［2002］206-230頁、中村［2001b］1778頁）。

8） 四恩とは、諸説あるが、父母・衆生・国王・三宝の恩である（中村［2001a］622頁）。十善とは、十種の善い行いで、不殺生（生き物を殺さない）、不偸盗（盗みをしない）、不邪淫（不倫な男女関係をしない）、不妄語（嘘をつかない）、不悪口（悪口をいわない）、不両舌（仲たがいさせるような中傷をしない）、不綺語（無益なことを言わない）、不貪欲（貪らない）、不瞋恚（怒らない）、不邪見（正見、因果を否定する邪見をもたない）である。十善は早い時代の大乗仏教で戒とされ、すべての戒の基本と見ることができる（水野［2000］127-128頁）。

9） 雲照の帰依者には、山縣有朋・伊藤博文・井上馨・大隈重信・西郷従道など、明治の元勲・名士が多かった（増谷［1991］165頁）。雲照の名は、夏目漱石の小説『吾輩は猫である』（夏目［1965］238頁）及び「日記」（1909（明治42）年4月15日・10月16日）にも記されている（夏目［1966］372頁、478頁）。

10） 布施波羅蜜をあらゆる面から眺めたもので、次の四つから成る。それらは、布施（物を与え、真理を教えること）、愛語（温かい思いやりのある言葉をかけること）、利行（一切衆生に利益を与えること）、同事（自他の区別をつけず同じ立場に立って、協同すること）である（中村［2001a］668頁、水野［2000］164-178頁）。

11) それらは、不殺生戒(生き物を殺さない)、不偸盗戒(盗みをしない)、不邪淫戒(不倫な男女関係をもたない)、不妄語戒(嘘をつかない)、不酤酒戒(酒を売り飲ませない)、不説過戒(他人の過ちを説かない)、不自讃毀他戒(自分を讃めたり、他人をけなしたりしない)、不慳法財戒(教えを垂れたり、金銭物品を施したりすることを慳しまない)、不瞋恚戒(怒りの心を起こさない)、不謗三宝戒(仏法僧をそしらない)である(水野［2000］130頁)。新井石禅は、不酤酒戒については、酒屋渡世の者などは、できるだけ、人の身を害することのないように注意していくのが大切であるとしている(山田［1936b］476頁)。

12) 原始仏教や小乗部派仏教における、正しい悟りに導くための最も合理的な次の八つの方法である。それらは、正見(正しい見解・信仰)、正思惟(正しい意志・決意)、正語(正しい言語的行為)、正業(正しい身体的行為)、正命(正しい生活法)、正精進(正しい努力・勇気)、正念(正しい意識・注意)、正定(正しい精神統一)であり、自己完成の項目のみが含まれている。これに対し、六波羅蜜には、布施や忍辱のような対社会的項目が含まれ、利他的な大乗仏教の特質を示している(水野［1971］201頁、227頁、水野［1972］29-30頁、184-185頁)。

13) 1900(明治33)年に日本人として初めて鎖国状態のチベットに入り、原典としての仏教経典の収集に努め1902年に帰国した。1913(大正2)年に再度チベットへ入国し、仏典・仏教美術品等を入手して1915年に帰国、その後、原典研究やチベット学の確立に尽力した(桐原［2010］246-247頁)。

14) 1885年慶應義塾の別科に入学、1887年にはセイロン(スリランカ)に留学する。1893年、シカゴの万国宗教大会に出席し禅をZENと英語をもって伝えた。1894年に夏目漱石は円覚寺に参禅したが、小説『門』の主人公宗助の参禅場面はその体験に基づいており、登場する老師のモデルが宗演である(井上［2000］ⅰ頁、40-42頁、91頁)。

(参考文献)

愛知県知多郡半田町役場編［1926］『半田町史』愛知県知多郡半田町役場。

石井寛治［2015］「金融システムの近代化と萬三商店」中西聡・井奥成彦編著『近代日本の地方事業家——萬三商店小栗家と地域の工業化——』日本経済評論社。

井奥成彦・中西聡［2015］「近代日本の地方事業家と工業化」同上『近代日本の地方事業家』。

伊藤敏雄［2015］「近代における店則・家憲と店員の活動」同上『近代日本の地方事

業家』。

井上禅定［2000］『釈宗演伝　禅とZENを伝えた明治の高僧』禅文化研究所。

宇野廉太郎［1953］『豪潮律師の研究』日本談義社。

大橋俊雄［1962］「近代高僧伝　深見志運」法然上人鑽仰会編『浄土　10月号』法然上人鑽仰会。

大橋俊雄［2001］『浄土宗人名事典』斎々坊。

小栗圓一郎［2001］『流水録』小栗圓一郎。

小山田斬馬剣［1918］『名古屋の第一流』東花書院。

笠原一男編著［1978］『近世往生伝の世界──政治権力と宗教と民衆──』教育社。

笠原一男編［1979］『近世往生伝集成　2』山川出版社。

加藤國光編［1997］『尾張群書系図部集（上）』続群書類従完成会。

鎌田栄吉先生伝記及全集刊行会編［1935］『鎌田栄吉全集　第1巻　伝記篇』鎌田栄吉先生伝記及全集刊行会。

鎌田栄吉先生伝記及全集刊行会編［1934a］『鎌田栄吉全集　第2巻　著作篇』鎌田栄吉先生伝記及全集刊行会。

鎌田栄吉先生伝記及全集刊行会編［1934b］『鎌田栄吉全集　第3巻　諸作篇』鎌田栄吉先生伝記及全集刊行会。

桐原健真［2010］「河口慧海──求法の道の終着駅」小川原正道編『近代日本の仏教者──アジア体験と思想の変容』慶應義塾大学出版会。

慶應義塾編［1960］『慶應義塾百年史　中巻（前）』慶應義塾。

小泉仰［2002］『福澤諭吉の宗教観』慶應義塾大学出版会。

櫻井勝次郎［1918］『地主名鑑　第壱編』不動産研究会名古屋事務所。

時事新報社編［1926］『福澤全集　第9巻』国民図書。

釈宗演［1915］『拈華微笑』丙午出版社。

浄土宗大辞典編纂委員会編［1976］『浄土宗大辞典　2』山喜房仏書林。

浄土宗大辞典編纂委員会編［1980］『浄土宗大辞典　3』山喜房仏書林。

城福雅伸［2002］『明解【仏教】入門』春秋社。

新編岡崎市史編集委員会編［1992］『新編岡崎市史　近世3』新編岡崎市史編さん委員会。

末木文美士［2006］『日本宗教史』岩波書店。

鈴木晋一［1988］「たまり　溜」下中弘編『世界大百科事典　17』平凡社。

高松宮家編［1936］『熾仁親王日記　巻5』高松宮家。

寺西重郎［2014］『経済行動と宗教　日本経済システムの誕生』勁草書房。

道元述・懐弉編（山崎正一全訳注）［2003］『正法眼蔵随聞記』講談社。
中西聡［2015］「総括と展望」前掲『近代日本の地方事業家』。
中村尚史［2015］「知多鉄道の設立と知多商業会議所——小栗四郎の活動を中心に——」同上『近代日本の地方事業家』。
中村元［2001a］『広説佛教語大辞典　中巻』東京書籍。
中村元［2001b］『広説佛教語大辞典　下巻』東京書籍。
夏目漱石［1965］『漱石全集　第1巻　吾輩は猫である』岩波書店。
夏目漱石［1966］『漱石全集　第13巻　日記及断片』岩波書店。
西村玲［2008］『近世仏教思想の独創——僧侶普寂の思想と実践』トランスビュー。
長谷川匡俊［1988］『近世浄土宗の信仰と教化』渓水社。
半田町役場編［1937］『半田のまち』愛知県知多郡半田町役場。
福澤諭吉［2003］『福澤諭吉著作集　第11巻　福翁百話』慶應義塾大学出版会。
二谷智子［2015］「家業の継承と地域社会への貢献——資産管理と家計の視点から——」前掲『近代日本の地方事業家』。
増谷文雄［1991］『明治高僧伝（日本佛教聖者伝第10巻の覆刻版）』日本図書センター。
水野弘元［1971］『仏教の基礎知識』春秋社。
水野弘元［1972］『仏教要語の基礎知識』春秋社。
水野弘元［2000］『修証義の仏教〈新版〉』春秋社。
山田霊林編［1936a］『新井石禅全集　第5巻』新井石禅全集刊行会。
山田霊林編［1936b］『新井石禅全集　第6巻』新井石禅全集刊行会。
山田霊林編［1936c］『新井石禅全集　第7巻』新井石禅全集刊行会。
山田霊林編［1936d］『新井石禅全集　第8巻』新井石禅全集刊行会。

③香蘭社創業者・8代深川栄左衛門
――近代陶磁器業の創始と貿易発展――

山 田 雄 久

はじめに

　日本の伝統産業の中でも、近世以降日本の代表的輸出産業の一つとなった陶磁器業では、幕末維新の時代に西洋の技術を積極的に導入しつつ、経営的な革新を遂げることに成功した。世界に歴史的企業として名を馳せるノリタケカンパニーや香蘭社は、その代表的事例として欧米でも広く知られている。

　本章では、日本で本格的に美術陶磁器の輸出へと乗り出し、さらに西洋の電信技術を導入する中で、通信用碍子の国産化にいち早く成功した8代深川栄左衛門の経営をもとに、近代日本を作り上げた時代の経営者とはいかなる性格を持ち合わせていたのかを明らかにしたい。同時に彼の手がけた各種事業が明治大正期以降、次世代の経営者にいかなる形で継承されたのかを検討の対象とすることにより、伝統産業が抱える現代の経営面での刷新について考察するうえでの手掛かりになるものと期待される。

　日本の陶磁器業は古代より陶器の生産技術を有することで、中国方面からの輸入陶磁器に加えて、安土桃山時代には朝鮮半島から陶器の生産技術を積極的に導入しながら着実に陶磁器生産の拡大を成し遂げた。中国・朝鮮地域と並んで、日本は陶磁器生産技術の先進的地域として17世紀後半に西洋文明からも認識されるに至り、とりわけ長崎貿易の発展にともなって、肥前磁器がオランダ東インド会社における重要な日本の輸出品としてクローズアップされた（大橋［1989］29頁）。

　肥前磁器は一般的に広く伊万里焼と呼ばれ、貿易品としてだけでなく、江

戸や大坂など国内主要都市を中心に高級陶磁器として需要されてきた。伊万里焼を販売する伊万里商人は、隣接する有田皿山から大量の磁器を購入すると同時に、有田周辺で生産された唐津系陶器をも同時に取り扱い、現在一般的に使われている有田焼という呼称が明治期以降に用いられるようになった。このような近世における伊万里焼の流通機構が母体となり、幕末期には国内市場だけでなく、佐賀藩による殖産興業政策が陶磁器の海外での販路拡大における重要な施策として位置付けられた（前山・大橋［2002］）。幕末期には、有田の磁器生産技術が瀬戸・美濃・京都・九谷をはじめとする日本の主要陶磁器産地へと伝播し、肥前磁器や高級陶器の薩摩焼だけでなく、日本各地の美術陶磁器が維新期以降海外へと大量に輸出される時代が到来した。

本章では幕末維新期に貿易事業で成功した8代深川栄左衛門を取り上げ、万国博覧会で海外の実業界に多大なる影響を与え、かつ日本の近代陶磁器業の創出に尽力した企業者活動について検討しよう。

1　幕末期佐賀藩の陶磁器流通政策

佐賀藩の陶器専売

18世紀後半以降、佐賀藩は慢性的な財政難の問題を抱えるようになり、大坂市場向け陶器仕組を導入して専売仕法による藩財政建て直しを目指すようになった（山形［2008］87頁）。伊万里商人を通じて高級磁器の販売を行ってきた有田の窯焼（陶磁器生産を担う窯元）が、直接藩の蔵屋敷を通じて大坂での販売を目指す方式を導入したことで、製造業者である有田の窯焼は大坂の蔵元から前渡し金などの資金融通を受けながら生産活動を展開することが可能となった。19世紀には見為替仕法とよばれる大坂市場での専売方式が定着し、有田の窯元が独自に製品開発を進めて都市市場向けの高級磁器生産を行うという有田焼産地独自の方式へとシフトした。

佐賀藩による専売仕法改革の動きを受けて、有田の有力窯焼であった7代深川栄左衛門は長崎貿易による色絵輸出陶磁器復興の動きに従い、佐賀藩に

よる見為替仕法の制度確立の一翼を担いながら有田調印元に就任した。伊万里商人が運営する伊万里調印元とともに、伊万里焼流通を包摂する形で有田皿山の改革に乗り出し、有田焼の販売を独占してきた伊万里商人からの脱却を図るべく、長崎貿易に関与してきた有田商人の国内流通への積極的な参加を促したのである。有田では久富与次兵衛が長崎開港以降、佐賀藩の異国向け陶器仕組を差配しながら肥前磁器の海外輸出を推進しており、7代深川栄左衛門の後継者となった深川真忠（8代深川栄左衛門）は佐賀藩の大坂蔵元となる鴻池庄兵衛家を通じた専売仕法によって有田焼流通の拡大を図り、長崎貿易と国内販路開拓の両面で有田窯焼のリーダーとして活躍したのである。

　長崎貿易に関しては、続いて佐賀藩が佐嘉商会を通じた長崎、そして横浜を拠点とする輸出振興策を推進することとなり、その貿易担当者として納富介次郎や川原忠次郎など、維新期にウィーン万国博覧会に参加随行し、お雇い外国人ワグネルとともに西洋の陶磁器技術を日本に導入する役割を果たした佐賀藩の若手官僚が有田焼輸出の振興に尽力するとともに、日本初の本格的陶磁器会社となる合本組織香蘭社の結成への動きをみせた。有田の貿易商人であった久富家が経営する蔵春亭に続き、佐嘉商会の事業では有田の田代紋左衛門が有田焼の異国向け陶器仕組における一手販売権を掌握し、田代屋と称して長崎や横浜、海外の上海や香港などを足場としつつ海外市場向け高級磁器の販売に奔走した（中島［1936］541頁）。

伊万里商人による有田焼移出

　有田焼というブランド名が旧来から用いられてきた伊万里焼という呼称に代わって、有田窯焼が製造した高級肥前磁器の名称として用いられるようになり、幕末期以降佐賀藩の専売仕法が有田焼の販路を拡張する上でも極めて重要なルートとなった。佐賀藩はさらに江戸市場での販売を通じた財源獲得を目指し、伊万里商人犬塚伊左衛門を通じた江戸向け販売仕法による伊万里焼販売の強化策を実施して、有田焼の高級磁器を江戸市場における重要国産

商品として位置付けた。有田窯焼の製品が伊万里商人による受注を経て国内市場へと流れるシステムが17世紀以降一般化したが、江戸向け販売に関しては紀州箕島の廻船商人が伊万里まで来航し、大量の伊万里焼を買い付けて紀州国産として伊万里焼を江戸で販売した。このような江戸での市場環境を大きく変えたのが伊万里商人犬塚家であり、伊万里商人が有田窯焼から仕入れた肥前磁器を一手に販売する形で、佐賀藩の江戸蔵元が江戸の陶磁器問屋へ売却する方式を確立した（山田［2008］）。

17世紀以降踏襲された有田窯焼の製品を専ら伊万里商人が伊万里へ来航する廻船商人に売却するシステムについて、佐賀藩による有田焼の専売仕法に取り込むことで、さらなる発展が見込まれた。伊万里商人と紀州・筑前の廻船商人との取引についても佐賀藩はあくまで容認する態度をとり、全国で販売活動を行う廻船商人が大坂・江戸の陶磁器問屋へ有田窯焼の製品を売却することで、佐賀藩の大坂・江戸蔵元を通じた消費地の陶磁器問屋に対する販売活動をスムーズに実施し続けた。江戸蔵元を拝命した犬塚駒吉は伊万里の犬塚家が集荷した伊万里焼を一手に取り扱い、江戸の陶磁器問屋へ売り込んだが、これら江戸・大坂での新たな取り組みは伊万里商人、そして有田の商人や窯焼による江戸・大坂の荷受問屋に対する販売活動へと繋がった。佐賀藩の専売仕法は有田窯焼だけでなく、伊万里商人や有田商人が大坂と江戸での販路拡張を可能にするための重要な方策として位置付けられたことが確認できる。

明治維新の時代に入って伊万里商人による廻船商人への販売活動が継続されるとともに、伊万里商人と有田商人による東京・大阪の陶磁器問屋に対しての委託販売が積極的に実施された。現在、産地問屋と呼ばれる有田の卸商社はこのような流れの中で生まれたものであり、伊万里商人・有田商人の活躍が今日の有田焼の発展を導いたのである。それら国内市場での動きとともに、有田の貿易商人が長崎貿易で主導権を握る田代屋に対抗して、8代深川栄左衛門は長崎貿易での貿易鑑札を10枚に増加させ、有田窯焼・貿易商人に

よる海外輸出の途を開こうと佐賀藩に働きかけた（中島・永竹［1955］369頁）。当時有田焼の海外輸出に取り組んだ窯焼として、のちに合本組織香蘭社の有力メンバーとして活躍する深海墨之助などの有力窯焼も貿易鑑札を取得し、窯焼が直接長崎の売込商と取引を行い、長崎での外国人商人と直接取引を行おうと試みる動きであった。8代深川栄左衛門は卓越した行動力を発揮して維新期の有田焼産地の改革を推進した重要人物であり、佐賀藩の統制下において海外貿易という新たなビジネスチャンスをとらえ、自らその事業を推進する革新的経営者として活躍した。

2　8代深川栄左衛門の海外貿易事業

大隈重信題額「深川君之碑」

　有田町の陶山神社境内には、「深川君之碑」と題する大きな顕彰碑がそびえ立つ。パリ万国博覧会が開かれた1900（明治33）年に書かれた文章が碑文に刻まれ、香蘭社が海外貿易に力を入れていた時期に建造された。大隈重信による題額、久米邦武による撰文で、8代深川栄左衛門の人柄を称える内容が記されている（陶山神社の深川君之碑・現代語訳）。

　　佐賀藩では、長崎で焼き物の輸出ができる商人はただ一人と決められていました。欧米への門戸が開けると、あなたは友人の深海年木庵や百田多平と話し合い輸出する商人を増やしてもらうよう、明治元年の春、決死の覚悟で佐賀藩主へ願い出ました。その時藩の係が私の友人である西岡子学だったので、私達は知り合いました。あなたは37歳。優れた顔立ちで、口数は少なかったがきちんと話しました。そんな人柄が信用できると思い、交易の門戸を広げよとの意見に私も同意し、また貿易品の生産には、あなた自身があたったらよいと考えを伝えました。あなたも心に感じるものがあったらしく、それは私の役目です、と答えました。

図1　8代深川栄左衛門（香蘭社蔵）

有田焼の海外輸出に着目した栄左衛門は有田窯焼を代表して長崎貿易の自由化を提唱し、佐賀藩の統制下で有田皿山の製造業者であった窯焼や赤絵屋が貿易事業に乗り出すことで産業の振興が図られることを訴え、当時佐賀藩主鍋島直正が主導する長崎貿易の振興策を立案していた大隈重信や久米邦武の目にとまったことが記されている。有田皿山は皿山代官所の管轄下におかれていたが、久米邦武は皿山代官であった父の影響で有田焼に対する造詣が深く、栄左衛門の貿易策に勝算ありと判断したものと考えられる。

　その後佐賀藩は長崎にいたドイツ人技師ワグネルを有田に招聘し、有力窯焼であった深海墨之助や辻勝蔵などの開明的経営者に西洋の製陶法を伝え、国内最初の磁器石炭窯焼成試験を有田皿山で実施した。西洋の製陶法を導入したのは佐賀藩士で大隈重信の右腕として活躍した石丸安世であり、彼は佐賀藩がグラバー商会と共同で開発を実施した高島炭坑の事業などを推進するイノベーターであった。西洋の産業化において不可欠な役割を果たした石炭や通信、電気などの技術移転を積極的に行うためには、陶磁器技術の近代化を図ることが近道であることを佐賀藩出身の官僚グループが確信したものと考えられる。

　以上の維新期における佐賀藩のスタンスは、1871（明治4）年以降の岩倉使節団に随行した久米邦武がその成果報告書となる編著『特命全権大使・米欧回覧実記』に執筆した内容からも容易に推察できる。「深川君之碑」では久米自身、直接栄左衛門に対してフィラデルフィア万国博での出品を目的として香蘭社を設立するよう言葉をかけたエピソードが記されている。

明治4年から6年にかけて私は岩倉具視全権大使に随行して欧米を回りましたが、帰国して有田を訪れ、まもなくアメリカで開かれる大博覧会に出品すれば、有田焼の名前を高める良い機会になります、と助言しました。あなたは大変賛同したので、私と西岡子学は会社を組織するよう奨め、あなたを社長に推しました。『香蘭社』を社名としたのは、社員が心を一つにすることを願い、中国の古典から引いた命名でした。また西洋の人が焼き物の原料である土のことをカオリンと言っていたので、それが香蘭と似ているからでもありました。あなたは社員と話し合って欧米と焼き物の技術を競うことにしました。なかでも作るのが難しい大きな器は栄左衛門自身で製作しました。明治9年5月10日から開かれた米国フィラデルフィア博覧会の会場に荷造りされた焼き物が着くと、皆が声をあげて美しさを誉め、その値段はフランス製を上回りました。有田焼がアメリカに続々と輸出され始めたのはそれからです。

　明治政府は1873年にオーストリアで開催されたウィーン万国博覧会に参加した。元佐賀藩士で博覧会御用掛を務めた佐野常民は事務副総裁となり、ワグネルや佐賀藩出身の納富介次郎と川原忠次郎などをともなって渡欧し、深川栄左衛門ほか有力窯焼が製造した有田焼を出品した（國［2013］51頁）。その後、エルボーゲン製陶所で製陶法を学んだ納富がフィラデルフィア万国博覧会の審査官として有田で直接指導を行い、合本組織香蘭社の設立を受けて、万国博覧会へ出品する多数の美術陶磁器を共同で製造したのである（三好［2013］34頁）。深川栄左衛門が社長となり、辻勝蔵と深海墨之助、手塚亀之助など有田の有力窯焼・商人が結集して香蘭社を有田に設立した。海外貿易を目的とする本格的な陶磁器メーカーとして、香蘭社は海外の製陶メーカーと肩を並べる製品を生み出すため、欧米の製陶法を導入し、原材料となる絵具や原料を輸入品に切り替えるなど、大胆な経営改革を断行した。

合本組織香蘭社の経営

フィラデルフィア万博には香蘭社社員の深海墨之助と手塚亀之助が参加し、ニューヨークに拠点を置く起立工商会社の松尾儀助が同行して、アメリカ向け洋食器生産が有望であることを実感するとともに、本格的な洋食器生産工場を建設することが急務であると確信した。博覧会では名誉大賞を受賞し、精巧に作られた香蘭社の美術陶磁器は非常に高く世界の人々から賞賛されたため、ニューヨークでの日本製品の輸出を手掛ける松尾儀助

図2　初期香蘭社の製品（東西古今蔵）

が香蘭社にアメリカの市場で欧米品に肩を並べる高級磁器の開発を依頼しようと提案した。手作業によって製造した精緻な高級磁器となる有田焼が高値にて取引される数少ない高級輸出品として評価されたことから、深海と手塚はこの路線でさらに高級な磁器を作り続けることが、海外輸出の拡大を目指す香蘭社の経営にとって非常に重要なミッションであると考えたのである。

一方で、日本で有田焼輸出を手掛けていた深川栄左衛門の考え方は微妙に異なっていた。世界の市場で有田焼を大量に販売するためには、博覧会出品で目指した高級磁器に必ずしもこだわらず、むしろ一般の日用品となる美術陶磁器を量産すれば海外で珍重され、高値で取引される可能性が高いことを察知していた。栄左衛門は海外貿易を推進するため長崎に出島バザールを設置し、さらに横浜支店を開設するなど居留地貿易での経験をもとに、量産品を販売して利益を獲得することが日本の陶磁器業の将来に繋がることを実感していた。また彼は1870（明治3）年頃より、電信事業を推進した石丸安世からの打診を受けて磁器製碍子の開発を手がけ、当時欧米で作られた碍子がガラス製であったのに対して、有田焼による国産の磁器製碍子を量産するこ

とで、世界に先駆けて産業用セラミックとなる碍子の製造に成功し、明治政府に通信碍子を納入するという一大事業を独自に進めていた（多久島［2013］171頁）。以上の日本における近代陶磁器業の先駆的事業が試みられ、事業化されつつあったことが早稲田大学『大隈文書』の深川栄左衛門「陶器製造見込書」で確認できる。

　このような事業家としての直感的な感覚は、有田焼の発展を目指して奔走した栄左衛門による長年の苦労と成功の歴史に裏付けられたものであった。佐賀藩が実施した陶器専売の仕法改革を推進し、有田商人と窯焼による製品開発の推進と貿易事業による産地発展の可能性をいち早く見抜き、実践した栄左衛門の商才には目を見張るものがあった。深川君之碑には、久米邦武の栄左衛門に対する人物的な評価が加えられている。

　　あなたは物に執着せず、人に対しては丁寧につきあい、時代の流れを見透かしてすばやく対応したので、早く財を築きました。常に焼き物を作る技術を磨き、商売の利益は薄くした方が良い、商人は手早く兵を動かす武将のように時には近道を走ることもあるのだから、普段の行いは正しくなければならない、といつも話していました。

　栄左衛門は明治初期の手工業的な生産方式では海外の陶磁器業と正面から競争できないことを予想していた。1878年開催のパリ万国博覧会には栄左衛門自ら渡仏し、大量の美術陶磁器を欧米の商人に直接売り込むと同時に、パリへの出店を果たしていた三井物産会社に売れ残り品の売却を委託した。パリ万国博覧会では金牌を受賞し、万博へ出品した製品についてはいずれも売れ行きが好調であった。また、精巧な製品ほど人気だとは必ずしも言い切れず、一般的な手工業品も高値で売れていること、将来的に新しいデザインや形の製品を量産することが有田焼の輸出を拡大するための重要な課題であると認識した。そこで栄左衛門は高級美術陶磁器の分野で人気を博していたフ

ランスの陶磁器産地リモージュを訪問し、量産に必要な製陶機械の導入を図るべく蒸気機関を購入した。高級洋食器のアメリカ向け輸出を目指した深海・手塚とは異なり、8代深川栄左衛門はコーヒー碗やスープ皿など有田で量産が可能な器種を中心に工場で生産する体制を整え、自社の美術品生産工場を拡張して外国人が滞在できるゲストハウスを設置した。

3　8代深川栄左衛門の経営理念

香蘭社分離と碍子開発

深川栄左衛門が帰国した1879年には、香蘭社社員の深海墨之助が香蘭社分離願を大蔵省に提出した。分離願によれば、商については深川栄左衛門、工については深海墨之助・辻勝蔵・手塚亀之助・深海竹治が担当する形で新会社を設立すると記載があり、工商分離に基づいて深海と手塚が主導する精磁会社[1]が発足したことが判明する。宮内省向け御用食器を製造した精磁会社では辻勝蔵の敷地内に新工場を設置することで本格的に洋食器生産の開発へと乗り出した。栄左衛門が海外向け美術陶磁器の量産工場を設置したのに対して、精磁会社では高級磁器生産にこだわり、欧米で需要が拡大する洋食器の生産を軌道に乗せるべく努力を重ねたが、販売面では起立工商会社への委託に依存する形をとり、高級磁器を中心とする海外市場への直輸出が精磁会社の主要な事業であり続けた。

1883年開催のアムステルダム万国博覧会での出品が不調に終わった精磁会社では、社員川原忠次郎の指導下でリモージュ式製陶機械一式の導入を決断した。結果的にリモージュの製陶機械は容易に有田での生産に適用できない状態が続き、蒸気機関を用いた洋食器生産を軌道に乗せることがかなわないまま、1893年頃に事業を停止した。深海と川原、そして手塚が相次いで逝去し、辻勝蔵が事業から撤退するという非運の中で、同社は志半ばで解散せざるを得なかったものと思われる（蒲地［2006］155頁）。

精磁会社で活躍した深海竹治と徳見知敬は会社解散後、有田徒弟学校[2]

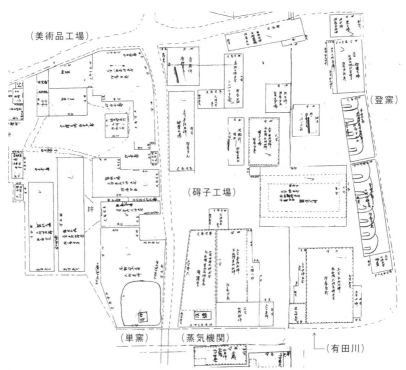

図3　大正期香蘭社本社工場配置図 (香蘭社蔵)

の絵画・デザイン教師として活躍し、有田における近代的陶磁器生産の指導者として重要な役割を担った。精磁会社の解散は近代陶磁器業における技術革新がいかに難しく、一筋縄では解決できない重要な経営的課題であることを内外に示す形となった。一方で深川栄左衛門は有田における技術水準の向上と量産技術の定着を図るため、有田の自社工場内に蒸気機関を設置して原料加工の時間を短縮し、共同窯での焼成方法に加えて自社工場の単窯で次々と製品を焼成して美術陶磁器の量産体制を整えた。そして栄左衛門単独の事業となった香蘭社は長崎出島と横浜支店に続き、神戸での販売を開始してアジア方面への有田焼輸出に力を入れ、居留地貿易を軸に据えた着実な海外向

け陶磁器輸出の拡大によって経営面での成功を収めた。

　1871年に維新政府への通信用碍子[3])の納入を開始した8代深川栄左衛門は、香蘭社設立後本格的に碍子開発を進めて産業用セラミックスとして有田焼の産業化を軌道に乗せた。碍子は大量に受注して納期までに間に合わせるという生産計画が必要であったため、自社工場内に登り窯を設置して安定した碍子供給を可能にし、大量の陶石原料と作業にあたる職工を多数確保しながら名実ともに有田皿山を代表する陶磁器メーカーとなり、急速に経営規模を拡大した。1877年の内国勧業博覧会では名誉の章を授与され、深川栄左衛門が出品した碍子が表彰された。通信用碍子は栄左衛門をはじめ、同じく海外貿易を推進した有田の平林家や田代屋によって明治期に事業化されたが、最終的に国内最大の通信用碍子メーカーとして著しく成長を遂げたのはほかならぬ栄左衛門が経営を担当した有田焼企業の香蘭社であった。維新期日本の近代陶磁器業を香蘭社がリードしたといっても過言ではなく、近代陶磁器技術の導入を図ることで有田焼産地は近代化を強力に推進することに成功し、近年国内の主要他産地が衰退を余儀なくされる中で、今日に至るまで有田は日本の中心的な和食器産地としてたくましく活動を続けているのは非常に興味深い。

有田陶器工芸学校の開設

　陶磁器業の近代化に心を砕いた8代深川栄左衛門は人材育成の面でも有田焼の刷新を図ろうと考え、学校教育の重要性を唱えた。現在の有田小学校は1972年に白川学校として開校し、伊万里で石丸安世が開設した英学塾の経綸舎において教鞭をとった江越礼太を初代校長に迎えた。深川君之碑には、栄左衛門の人柄と彼が教育や学問を重視した側面について以下のように記している。

　　あなたは若いうちに事業を起こしたのですが、美しい磁器を作り出す

ためには、美に感動する心を養うことが大切であると、生け花を習い、茶道を身につけ、古陶磁を鑑賞しました。また知識人とも交際して教養を深めました。

もともとあなたは郷土に独自の夢を持ち、焼き物以外のことにも広く気を配りました。明治4年私財を寄付して小学校を開校したのもその一つです。しかも望んで学務委員となり若者に勉学を奨めたので、十年たった頃には有田郷に向学の気風が高まりました。明治7年佐賀県令になった北島秀朝は、あなたの高い志と行為を知り、特別に表彰しました。

栄左衛門は学問の重要性について若くして着目し、西洋の科学技術について学び、長崎で英語を駆使して貿易事業に貢献した佐賀藩士の石丸安世とともに、有為の若者へ学問の魅力を伝えるべく奔走していた江越の教育理念を高く評価したうえで、彼に将来の有田で活躍する人材の育成を期待したのである。8代栄左衛門の後継者となる深川忠次は白川学校で江越校長から西洋の科学的知識に基づく教育を受け、明治期有田焼業界のリーダーとして栄左衛門亡き後も有田焼の海外貿易事業で活躍した。白川学校では西洋の科学技術が日本経済の発展に資するとの視点から、日本の伝統的な文化や思想の重要性を教育の柱に据え、製陶技術の近代化に関して江越自身が積極的に教育者として指導を開始し、近代有田焼を作り出す人材を次々と輩出した。1878年のパリ万博では香蘭社を通じて白川学校の製品を出品するとともに、渡仏した8代栄左衛門が白川学校で製作した有田焼を万博会場で直接販売した。日本の美術陶磁器が海外で人気を博し、とりわけその代表的高級磁器となる有田焼が西洋の人々を魅了したことから、栄左衛門はパリ万博で獲得した多額の売上金を寄付することで、日本最初の本格的な陶器工芸学校の設立に乗り出したのである（佐賀県立有田工業高等学校［2000］25頁）。

白川学校ではあくまで初等教育を担う学校として設立されたため、陶磁器技術を専門的に教育する実業教育機関を作り、西洋の製陶法や科学的知識、

さらに陶磁器デザインなどの製品開発を担う技術者や経営者を育成することが急務であると栄左衛門は訴え、農商務省管轄下の有田陶器工芸学校を1881年に設立して本格的な工芸教育を有田で開始しようと考えた。同年に誕生した東京職工学校では、ワグネルが陶磁器技術の担当者として指導を開始しており、有田では西洋の製陶法に基づいて原料の調合や陶土の開発、絵具の発色実験、量産技術を可能にする石膏型の鋳込み成型技術などを学び、有田焼特有の美術陶磁器開発へと繋がる教育を行うことを江越校長は目指したといえる。先に述べた深川栄左衛門の理念と江越校長の教育方針とが合致し、有田での技術教育が他産地に先駆けてスタートした事実は特筆されるべきものであろう。勉脩学舎と名付けられた有田陶器工芸学校では、香蘭社や深川製磁で活躍するデザイナーや有能な絵付職人などが学んだほか、有田陶器工芸学校が母体となって誕生した有田工業学校では、のちに有田の美術陶磁器生産を担い続ける有力窯焼、例えば人間国宝を輩出した柿右衛門や今右衛門などの名門窯元の後継者が近代的陶磁器技術を学びとるうえでの重要な教育機関として機能した。

横浜支店の開設と伊万里銀行

有田焼産地の近代化を推進した8代深川栄左衛門は居留地の外国人に対して美術陶磁器の販売を推進し、維新期の長崎支店に加えて、香蘭社設立にあわせて横浜支店を開設して欧米商社に自社の製品を直接売り込んだ。横浜ではアメリカで出品した精巧な美術品のみでなく、古伊万里の伝統を引き継ぐ装飾品を多数持ち込んで、日本の伝統的な絵柄となる花鳥風月のモチーフを取り扱った大小のバラエティあふれる製品を販売することに成功した。あわせて栄左衛門は東京支店を設置して電信網の普及にともなう通信用碍子の大量受注を電信寮、そして逓信省から獲得することにより、首都として整備が進められた東京での碍子販売において安定的に顧客を獲得することに成功した。

東京での碍子販売では香蘭社横浜支店の番頭であった雪竹仁造らが担当し、電気技術の発展にともなって沖電気や田中久重製作所などの通信機器・電機メーカーに対する販売に従事し、各種碍子部品の開発を推進した。1880年代には東京や大阪、福岡など各地に電灯会社の設立が相次ぎ、送電用碍子の製造・販売が重要な碍子部門の事業として登場するとともに、鉄道会社や炭坑会社への通信用碍子販売も香蘭社の重要な取引事業として位置づけられた。栄左衛門は長崎と博多を結ぶ九州鉄道会社の路線建設に関与して、佐賀から有田を通り、長崎に繋がる鉄道貨物輸送ルートの確保に成功し、伊万里港を必ずしも経由しないで有田駅から直接東京・大阪方面へ美術陶磁器・碍子を搬出するための輸送網を形成したことも経営面での刷新を図るうえでの重要な試みであったと考えられる。

　有田焼のさらなる発展を可能にするべく、深川栄左衛門は伊万里商人とともに有田焼の販売活動に必要な資金を提供する伊万里銀行の設立に参画した。伊万里港は大阪・東京方面へ有田焼を移出する窓口として機能し、1871年には伊万里県が誕生するなど、伊万里町が交通の要衝として発展し続けたため、1882年には大隈重信・久米邦武・松尾儀助などの有力株主に加え、伊万里商人ならびに深川栄左衛門・手塚亀之助・田代屋などの有力窯焼・商人の資金に基づき、伊万里銀行が誕生したのである。伊万里銀行は地域の商業金融を一手に担い、横浜支店を設置するなど有田焼輸出で必要な貿易金融の機能を果たした。有田焼の発展にとって商人や窯焼が必要とする運転資金の融通は不可欠であり、そのための金融機関の役割が期待されたといえる。さらに有田では深川栄左衛門が頭取となり、有田貯蔵会社を設立して有田皿山の資金を窯焼や商人の運転資金として利用できる体制を整え、彼らが開設した預金口座を通じて有田焼取引の為替決済を行うことが可能となった。有田貯蔵会社は1889年に有田貯蔵銀行と改称し、8代栄左衛門亡き後、1893年には有田銀行として発展を遂げ、普通銀行として有田焼発展をリードする機関銀行としての役割を果たし、頭取には9代深川栄左衛門、続いて有田貿易商人の手

塚嘉十が就任した（佐賀銀行［1971］15頁）。

　明治後期の有田焼輸出は波乱含みの様相を呈し、とりわけ香蘭社や精磁会社が推進したアメリカ方面への美術品輸出は日用品として重要視された洋食器の普及にともない、美術陶磁器輸出の伸び悩みが指摘された。1883（明治16）年開催のボストン博覧会では、深川栄左衛門が多数の美術陶磁器を出品するとともに、日本商会を通じてアメリカでの販売に力を入れて大型の装飾品を多数販売していた。8代栄左衛門の長男であった深川与太郎（9代深川栄左衛門）は横浜での居留地売り込みに従事する一方、1889年開催のパリ万博に参加してリモージュを視察し、製陶機械やサンプルを入手することに成功した。8代栄左衛門の事業を9代栄左衛門が受け継ぎ、当時アメリカで好評だったフランス製磁器の技術に学びながら、引き続き居留地における販売活動に従事することで着実に販売面での利益を確保した。

　明治期における美術陶磁器の輸出不振を克服するべく、8代栄左衛門の次男である深川忠次、そして忠次の二従兄弟にあたる深川六助が有田で活躍した。六助そして忠次は白川学校で江越礼太の教育を受け、東京で若き日にデザインや外国語の勉強を続けて、のちに有田焼をはじめとする美術陶磁器の輸出拡大に尽力したのである。長崎県下にあった有田皿山では、1882年に有田中学校の設立認可が下り、有田焼の業界で有為の人材を供給して行くべきとの意識が高まった。1887年には深川六助が江越校長の推挙を受け、森有礼の書生として東京美術学校へ入学して絵画や工芸に関する能力を身に付けたが、森が暗殺された後には横浜田代屋の番頭となり、専ら貿易活動に従事した。また深川忠次は高等商業学校で外国語やビジネスについての知識を学び、8代栄左衛門が逝去した後、香蘭社社員として1893年開催のシカゴ万博で有田焼の出品を主導する役割を果たし、その翌年に深川忠次は香蘭社から独立する形で自ら海外への有田焼輸出を手がけた（池田・森田［2007］44頁）。

4　9代・10代深川栄左衛門の事業

9代深川栄左衛門のリーダーシップ

　以上のような8代深川栄左衛門の企業家精神は次世代の後継者へとどのように受け継がれたのであろうか。本章では、香蘭社の経営を受け継いだ9代深川栄左衛門、そして香蘭社から独立して美術陶磁器メーカーを設立した深川忠次を取り上げ、二人の後継者が8代栄左衛門の事業をどのような理念に基づいて継承していったのかを考えてみよう。

　8代栄左衛門の逝去を受けて、香蘭社社長となった9代深川栄左衛門は、父の事業を発展させるべく有田の碍子工場を拡充するとともに、美術陶磁器部門のさらなる強化を図った。宮内省からの受注については香蘭社分離後、精磁会社が洋食器の開発を続けて御用食器の製作に従事したが、精磁会社解散後は宮中で用いられる磁器製品の開発を香蘭社も担当するようになり、宮内省御用達を拝命する有田の代表的陶磁器メーカーとして活躍した。香蘭社は有田陶器工芸学校（勉脩学舎）や有田工業学校を卒業した川浪竹山をはじめとする有能な職工を多数雇用することで、有田を代表する近代的なモチーフに基づく美術陶磁器を多数製造し続けた。明治期の製造工程はすべて手ロクロ・手作業による絵付を基本とし、石膏型や印判・銅版転写などの技法を駆使しながら有田に特徴的な美術陶磁器の開発へとまい進した。

　碍子部門では逓信省への通信用碍子を納入することで東京での事業拡大に成功し、東京支店を中心に碍子の受注と美術陶磁器の販売を並行的に実施しつつ、有田焼企業特有の販路開拓方式を採用した。「碍子で儲けた利益で美術陶磁器を作り続ける」という香蘭社独自の経営戦略が9代栄左衛門によって維持されたのである。海外への美術陶磁器輸出の課題に直面する中で、9代栄左衛門は香蘭社を日本最大の碍子メーカーとして発展させ、300年にわたる深川家の事業として近代の有田焼業界をけん引した。

　明治期の有田では、美術陶磁器とともに産業用セラミックの開発を各社で

独自に行った。精磁会社を離脱した辻勝蔵は次男の辻清とともに内装用タイルの量産化に成功し、のちに外装用磁器タイルのトップメーカーとなる有田製陶所の設立へと繋がった。有田焼産地では近代的陶磁器技術に裏付けられた美術陶磁器と産業用セラミックスの生産技術の面で相反する要素を内包しながら、両者をうまく融合させ、職工の技に支えられたものづくりを現代まで継続する稀有な伝統産地の一つとして存続している。

　近代陶磁器メーカーとしてさらなる発展を目指した香蘭社は深川家単独のファミリー企業である「香蘭合名会社」となり、伝統産業地域の革新的企業として存続した。8代栄左衛門が合本組織香蘭社の時代に力説していた大量販売を可能にするビジネスを9代栄左衛門自身が志向することで、巨大な陶磁器メーカーとなる道をあえて選択せず、有田焼企業として長期間存続するべく、伝統と革新を融合したファミリービジネスによる独自の近代企業経営を実践したといえる。碍子販売を順調に拡大した香蘭社では低圧碍子に加えて各種高圧碍子の開発へと乗り出し、1900年代に東京出張所に加えて大阪・門司・佐世保出張所などを開設して碍子の受注量を増加させた。国内では各地で都市化が進展しつつあり、インフラ整備にともなう通信用碍子、近代的工場で使用する各種碍子類の販売額が増大し続け、同時に都市部での高級美術陶磁器の需要も拡大した。海外市場へ向けて大量に製造した美術陶磁器は国内の陶磁器愛好家や一般家庭へと普及し始め、香蘭社の美術陶磁器は西洋のモチーフを導入しながら、日本的なデザインや造形に基づく芸術作品として評価を受けることで、宮内省へ各種高級陶磁器を納入する有田焼の代表的メーカーとしての地位を不動のものにした。

本社工場の拡張と「美術有田焼」生産

　9代栄左衛門は碍子部門の拡大にともなって石炭窯を導入し、ワグネルの教えを受けて近代陶磁器技術の開発に取り組んだ北村弥一郎の指導により1908年以降香蘭社内で焼成実験を実施した。北村が設計した大石炭窯は農商

務省の補助金を受けて建造したもので、香蘭社はその後複数の石炭窯を設置することにより、碍子製造を専門的に行う第三工場を本社工場内に増設した。

発足当初から稼働する碍子工場を第一工場、美術品工場を第二工場と呼称し、本社工場の拡張により第一次大戦期の受注増に対応す

図4　大正期の香蘭社製品（香蘭社蔵）

ることで、碍子部門の売上が急増した。同時に美術陶磁器工場の充実を図り、機械ロクロの導入や単窯の増設など、都市部で売上を伸ばしていた三越や高島屋などの百貨店に納入する高級美術陶磁器の開発に取り組んだ。有田焼は国内市場向け商品として次第に注目されるようになり、香蘭社に加えて、深川忠次が設立した深川製磁株式会社でも高級陶磁器を都市部で直接販売する体制を整えた。有田窯焼で製造した高級陶磁器は「美術有田焼」と呼ばれて全国の富裕層を魅了し、1910年代には香蘭社や深川製磁などの有田焼に対する評価が一層高まった。香蘭社は1913（大正2）年以降農商務省が開催した図案及び応用作品展覧会（1918年には工芸展覧会と改称）へ出品し、京都の錦光山や横浜の宮川香山などの高級美術品とともに、高度な技法を駆使した香蘭社の美術陶磁器が高く評価された。

明治大正期には、京都に開設された国立陶磁器試験所が日本における輸出陶磁器デザインの開発を主導しており、陶磁器試験所図案部の水町和三郎が香蘭社の陶磁器デザインを指導したことで有田焼の美術工芸品的要素は一層強まった。また水町は9代深川栄左衛門の娘婿として香蘭社の美術陶磁器デザインの刷新を図り、京都に香蘭社の分工場を設置して百貨店向け美術陶磁器の開発にも乗り出し、数々のモダンな和風のモチーフを生み出しつつ香蘭社の国内向け商品を次々と開発した。

9代栄左衛門の後継者となった10代深川栄左衛門（深川隆）は香蘭社本社の美術品工場内に工芸部を設置するとともに、東京・大阪・門司・博多・福岡・佐世保などの販売出張所を拠点に都市部での顧客開拓に成功し、戦後の東京・大阪・福岡・佐賀出張所による香蘭社4店舗体制の基礎が築かれた。香蘭社では東京出張所に続き、関西圏の工業発展に対応する形で大阪出張所での販売活動に注力しながら、碍子類の販売だけでなく、一般家庭用食器として美術陶磁器の販売にも成功して、江戸時代に流行した柿右衛門様式や鍋島様式に古伊万里様式を融合させた近代有田焼を国内都市部の消費者へと供給した。

西松浦郡陶磁器同業組合の設立

明治後期に有田焼を中心とした陶磁器業の振興を目的として、五二会運動を主導した前田正名が有田へ入り、9代深川栄左衛門が佐賀県支部長として中核的役割を担うこととなった。1896（明治29）年に現在の有田陶器市の原点となる有田陶磁器品評会の開催が決定し、品評会では有田窯焼や商人が出品した美術陶磁器を陳列することで、香蘭社や深川忠次をはじめとする有田の代表的な窯焼の製品が高い評価を受けた。この品評会は継続的に西松浦郡陶磁器品評会として毎年開催される形をとり、有田焼の品質向上を目指して産地全体で取り組むための重要な機会となった。さらに9代深川栄左衛門は1900年に西松浦郡陶磁器同業組合を組織し、組合長として海外輸出に加えて国内市場の開拓を推進するべく、内国勧業博覧会への出品活動を同業組合が取りまとめる役割を果たした。組合では大阪天王寺で1903年に開催された第五回内国勧業博への出品を目的として佐賀県出品協会を組織し、有田の商人や窯焼が工業都市として成長を続ける大阪での販売に力を入れ、有田焼は国内における美術陶磁器の分野で知名度を高めた。

さらに9代栄左衛門は神戸居留地での共同販売会社として有田磁器合資会社を設立するなど、有田窯焼による輸出振興に力を入れて業界の販売不振を

克服するべく努力し、明治後期以降の輸出減退を受けて国内向け販売の活路を見出そうとした。9代栄左衛門は商人との入札制度を維持するため有田焼産地での資金供給機関となる有田陶磁器信用購買販売組合を組織することにより、有田銀行や洪益株式会社[4]に加えて窯焼や商人の運転資金供給をサポートする組合組織を作ることで、産地内の安定的な資金供給を可能にした。さらに10代栄左衛門は1930（昭和5）年に誕生した有田陶磁器工業組合の組合長として、美術陶磁器だけでなく碍子などの産業用セラミックスの開発推進に尽力するとともに、香蘭社工場内に原料工場を設置して量産体制に対応するための設備投資を積極的に行った。

　工業組合長となった10代栄左衛門は佐賀県窯業試験場の設置に続き、戦時期には佐賀県窯業試験場の国営移管運動など、有田焼振興と陶磁器業界の発展に向けた活動を展開した。戦時期に香蘭社は海軍の指定工場となり、波佐見の三ノ股採石場や青木碍子の工場などの工場用地を確保してマル呂（磁器製ロケット用部品の生産）の事業を担い、特殊碍子部門の軍需生産に従事した（中山［1980］154頁）。戦時下での軍需生産の動きを受けて、戦後に入って10代栄左衛門は佐世保に駐留する米軍兵士の需要などに応じた洋食器生産へと乗り出した。有田は本来の美術陶磁器生産に復帰する形で戦後の再出発を遂げることになり、和食器産地として割烹用食器などの開発にも力を入れた。香蘭社では軍需から民需へと転換する中で、戦後の復興にともなって需要が拡大した懸垂碍子などの配電用特別高圧碍子を大量に電力会社へ供給しながら新規販売先を開拓し、10代栄左衛門の実弟となる深川森武が碍子部門を、深川龍敏が美術品部門を担当することで戦後営業を再開した。戦時期の生産設備を引き継ぐ形で、香蘭社では碍子と美術陶磁器を量産する陶磁器メーカーとして再出発を遂げたのである。

　戦後の昭和天皇の有田巡幸では、10代栄左衛門が香蘭社工場内の案内係となって有田の復興状況を紹介した。1950年代以降、香蘭社美術品工場では重油窯を設置するとともに、碍子工場のトンネル窯を新設して量産体制を整え、

美術陶磁器メーカーの深川製磁や産業用セラミックメーカーの岩尾磁器と並んで、戦後有田の企業復興をリードする製造企業として活躍した。また10代栄左衛門は実業界出身の政治家として戦後日本の経済復興を推進する役割を果たし、参議院議員となって日本の陶磁器業界の技術開発を担う陶磁器試験所の存続について提言を行った。戦後有田のリーダーとして10代栄左衛門、そして深川忠次の後継者となった深川進が有田焼の復興において尽力し、戦後有田の産業発展を導いたのである。

5　深川製磁株式会社の誕生

深川忠次による欧州向け輸出

　8代深川栄左衛門の次男で、東京に出て商業学校での勉学に取り組んだ深川忠次は父の事業を受け継ぎ、有田の美術陶磁器を海外へと輸出するべく万国博覧会に参加した。1893（明治26）年開催のシカゴ万国博覧会での出品に続き、1900年のパリ万国博覧会では大花瓶を出品して名誉賞金牌を受賞するとともに、イギリスのワット商会を通じて欧州での直輸出へと乗り出した。

　長崎や横浜、神戸などの居留地で活躍する外国商社へ有田焼を売り込んだ時代に、直接海外の代理店を通じて販売するなど美術陶磁器の輸出に対して深川忠次は情熱を注いだ。香蘭社と同じく日本的なモチーフによる精巧な製品を多数製造しながら、有田焼を欧米の愛好家や一般の消費者へ販売するという偉業を成し遂げ、さらに忠次は1910年以降、禁裏御用達であった辻勝蔵とともに宮内省御用食器の納入を実現した。翌1911年に深川製磁株式会社を設立し、1916（大正5）年には海軍向け洋食器の生産を開始した。

　1900年のパリ万博では深川忠次が佐賀県出品者総代として渡欧することとなり、万博出品に際しては納富介次郎や荒木探令、和田重太郎のほか、有田の寺内信一と徳見知敬が万博向け出品物のデザイン指導を行った（寺内［1933］38頁）。西洋陶磁器技術の積極的導入を図るべく、1901年には納富が佐賀県工業学校長に就任して有田分校を開校し、1903年には有田工業学校として独

立、寺内が校長に就任して本格的に工業教育を開始した。忠次はパリからエイログラフ（吹掛器械）を持ち帰り、西洋的技法を積極的に活用しながら精巧かつ繊細な絵付を施した美術陶磁器を生み出した。このようにして宮内省御用達となった深川製磁は染付を主体とした御用食器のほか、大小の色絵美術陶磁器を次々と製造することで、海外市場だけでなく佐賀や長崎の直営店、福岡・佐世保・熊本、さらには東京の出張所を通じた販売活動へと乗り出した[5]。

1911年に鍋島家が中心となり、佐賀県の資本家に呼びかけて資本金15万円の株式会社として誕生した深川製磁では、深川忠次社長が陣頭指揮をとって芸術的なデザインを駆使した美術品、そして洋食器などの量産に対応した各種高級陶磁器の開発へと力を注いだ。香蘭社と同様、大正期には深川製磁でも海外輸出の停滞に直面し、国内向け高級美術品の生産量を拡大しながら、海外向けの高級美術品生産から「美術有田焼」の生産へと転換を進めた。

近代陶磁器輸出の理念

万国博覧会への出品を契機として海外への直輸出に取り組んだ深川忠次と同じく、横浜で外国商人に美術陶磁器を販売する貿易商社田代屋の番頭として活躍した深川六助も、有田焼をはじめとする美術陶磁器の輸出に尽力した。六助は有田の白川学校を卒業後東京美術学校で絵画を学び、有田焼輸出に続き、九谷や京都の絵付職人によって緻密な上絵付けを施した色絵磁器の輸出を手掛けた。海外向けの輸出品開発を進めるべく、横浜田代屋は東京の森村組と同じく名古屋支店を設置して上絵付業を開始し、輸出商社が名古屋に活動拠点をおいて上絵付完成業へと進出するようになった明治後期以降、一気に貿易事業を拡張した（宮地［2008］207頁）。欧米への美術陶磁器輸出について、深川六助は大日本窯業協会誌上で以下のような数々の提言を行った。

　　我国産の名声を失い、専ら外国製に模する弊害の結果は、商工家業を

失い、製工その職を失うに至るべきを恐れる。あるいはいわん「外国品を摸し外国製に習うは進歩的にして我輩の所説は旧守退歩的なり」と、世には絵画意匠を不必要なりとし、日用品の安物を機械的の製法をもってし、販路を拡張すべしと説く者あり。これすなわち無責任の空想なる所論たるを免れざるもの、そもそも商品として価値を有せしむるものは意匠にあり。製法窯法の改良、品質の革新その要あるや論をまたず、機械製安価の日用品、あるいは中等、もしくは美術品いずれを業とするも、人々の目的によりて異なり、決して他の容喙（ようかい）するの限りにあらざるなり。いかに窯法製法の改良あるも、いかに機械的安物を目的とするも、意匠考案なければ商品として価値を保有する能わざるべし。（深川［1898］）

　明治期日本の輸出陶磁器は美術品を中心としたものであり、デザインや絵画の工夫を重ねることで販路の拡張は可能であると深川六助は強調した[6]。欧米メーカーにみられる機械生産への移行が陶磁器業の発展を可能にするわけでなく、日本の陶磁器として海外で評価を受けるためのデザインや形を追究することが海外での名声を高めることに繋がると考えたのである。この点については、日本の陶磁器輸出が拡大していたアメリカ市場でとりわけ意識されており、意匠や模様などの最新の流行情報を獲得することが販路の拡大には不可欠であり、外国商人と取引を行う名古屋の貿易商は五二会運動の高まりを受けて製品改良に取り組んでいた（大森［2015］34頁）。

　さらに後年、深川六助は有田焼発展を制限する要因として入札制度の存在について言及している。香蘭社や深川製磁など商工兼営を行うメーカーが製品開発を進めて販路の拡張に成功したのに対して、産地商人は入札を通じて仕入れた有田焼の製品を販売することに専念し、中央市場での有田焼販売が弱い点を指摘した。

　　いずれの製産地でも商品の発展は商人の責任奨励によりて現実するも

のであって、窯業家の責任は技術にある。思うに商工兼営の窯業家は相当進達もし、優品名作を産出して有田焼の声価を維持しているが、入札販売大多数の陶業は進歩が遅い、あるいは進歩しておらぬかも知れぬ。

　ここに説がある。産地商人として相当財力を有する人、すなわち責任奨励をもなし得る者は、銀行業につき、あるいは株式を購(あがな)い大地主となる。故に有田陶業は大発展を期せられぬと、然り然れども現在の入札制度では資力ないものも資力あるものも同一に営業が出来るから、小商人は益々繁盛するが財力を持てもこれを利用する途がないと弁解するものもある。これが入札制度の長所であり短所である。入札制度は横に拡く発展するが、縦に深く事業の発展をなし得ぬのである。肥前焼唯一の特殊制度たる入札組織の利害研究は他日に譲る事として、とにかく地理の関係からしてこの如き制度も実行されるのであって、中央市場顧客の窯元仕入が少数であって、又窯業家の中央市場もしくは他の産地視察が稀であるのは、有田陶業発展の遅々たる所以と断じてよい。(深川[1922])

　売上を伸ばした有田の産地商人は財力を拡大した後、事業を拡大できない状況にあると六助は述べ、商人による事業発展の可能性について問題提起を行った。有田焼は美術陶磁器の産地として成型や絵付を担当する有能な職工を必要としており、有田の産地商人が都市消費地の動向を把握して商品開発を進め、同業組合を通じて窯元が雇用する職工の熟練や技能を保護することで産地全体の発展が可能になるとの見通しを得ていた[7]。窯業協会雑誌でこの記事を発表した翌年、深川六助は佐賀県会議員に在職のまま逝去した。この論考は終始、有田焼の発展を願った六助の経営者に対する貴重な提言であったと考えられる。

　1915(大正4)年に深川六助は有田陶器市を主唱し、香蘭社や精磁会社のデザイナーとして活躍後、有田工業学校教諭となった徳見知敬とともに、有田での蔵さらえ市の挙行について提起した。さらに六助は1917年に有田町会

議員となり、有田焼創業300年を記念するべく陶祖李参平記念碑の建立を提起することで、大隈重信侯を名誉総裁に推戴して有田焼の発展を願う町民の思いを形にする一大事業を実現した。この当時有田町長を務めていたのが9代深川栄左衛門であり、有田陶器市の挙行や陶祖李参平記念碑の建立が実現したのも深川六助の卓見と9代栄左衛門による実行力が結び付き、有田焼産地の意見が一つにまとまった結果であった。

1916年に有田焼創業300年を迎えた有田では、9代深川栄左衛門と深川六助のリーダーシップに基づき海外輸出産地から国内市場向け産地へと変貌しつつあった大正期の有田焼産地を変革し、再生させるうえでの重要な原動力となったことは間違いないであろう。日本各地の伝統工芸産地が疲弊するなかで有田焼創業400年（2016年）を迎えた現在、以上のような深川栄左衛門をはじめとする有田の窯焼や商人のリーダーシップから学ぶべき点が数多く存在するように思われるのである[8]。

注
1) 香蘭社を離脱して精磁会社を設立するにあたり、手塚亀之助が社長となり、深海墨之助の弟であった深海竹治、納富介次郎とともに渡欧した川原忠次郎を社員に迎え、有田の資産家であった百田恒右衛門の出資に基づいて高級洋食器の量産工場を立ち上げた（蒲地［2006］）。
2) 江越礼太校長が逝去した後、彼が運営を担った有田陶器工芸学校は存続が難しくなり、新たに有田徒弟学校を設立して近代陶磁器技術の教育を行うべく有田町での取り組みを開始した。パリ万国博覧会の出品協会で技術指導を担当した納富介次郎は瀬戸陶器学校の教員であった寺内信一を有田へ呼び、有田徒弟学校では寺内などの新任教員が近代陶磁器技術の本格的な指導を担当する体制を整えた。有田徒弟学校は1901年に佐賀県工業学校有田分校、1903年に有田工業学校へと発展を遂げた（佐賀県立有田工業高等学校［2000］）。
3) 維新期の有田では平林家が中心となって低圧碍子の生産を担い、有田焼の海外輸出に取り組んだ平林家が碍子の国産化にいち早く取り組んだ点は見逃せない。深川家も早くに低圧碍子の量産体制を整え、1877（明治10）年の内国勧業博覧会では碍子を出品し表彰された（中島［1936］）。

4） 有田では有田貯蔵会社のほか、1888（明治21）年に有田商人の蒲地兵右衛門と松本庄之助が中心となって洪益株式会社を設立し、有田焼の発展に必要な資金を供給した（中島［1936］）。
5） 宮内省御用達として1910（明治43）年以降、深川製磁では深川忠次の長男進、そして次男の勇が慶応義塾大学を卒業後、東京出張所での営業活動を積極的に展開した。深川忠次がデザイン開発を担当して、絵付け作業を実施する絵描座にて直接指導を行い、献上品となる美術陶磁器の生産に従事した（深川［1974］）。
6） 美術陶磁器の輸出に成功するためには、窯業家が学術的な知識に基づいて絵具の実験検証を行うとともに、海外で好まれる陶画の特徴について研究し、製法の改良を進めることが必要であると深川六助は指摘している。

　　ただ彼の嗜好に我国意匠を施すべき点を知得するの最も難事にして、これ我美術家を要する所、着色のごとき顔料の調査まことに学術によらざるべからず。価格の調査は商估（しょうこ）の責任にして、製法の如何、工業家の本分として各専門の任務を尽し、もって彼を知り我長所を行わんには我国産の声価を発揚せしむべきや、疑いを容れざる所なるべしと信ず。（深川［1898］）
7） 1913（大正2）年には9代深川栄左衛門と深川六助が有田泉山の石場採掘の責任者となり、陶石採掘の効率化を図るなど、窯焼と商人が一体となって同業組合における有田焼振興に力を入れるべきであると六助は考えた。また大正期の有田では工芸品の生産を担当する若手の技工者＝職工が少なくなりつつあること、職工を表彰する待遇の改善や職工の養成が有田焼産地の発展において重要であると六助は指摘している。

　　又工場主も尚未だ家庭的就業の習慣ある頭の所有者であるから、美術品工場にあらざる限りは工場組織の改善を要するものと認められるし、殊に著しく感ぜられるは技工者の不足である。……誠に寒心に堪えぬ、故に製産地においてはこれらの技工者に対して特別の優遇（物質のみにあらず）法を設け、好んで細工画工の職を習得せしむる様つとむるのが必要である。労働問題対工場組織の改革は一般的であるからここに論ずることは止めて、毎年1月に1ヶ年の雇用契約を締結し、これを同業組合にて保証保護せられている。有田窯業者が覚醒的改善実行されるなら模範的の制度を現実し得る事と信じているのである。（深川［1922］）
8） 本章作成において、有限会社東西古今代表蒲地孝典氏より貴重なご教示を頂戴した。また史料の閲覧に際して、株式会社香蘭社会長深川紀幸氏・同社社長深川祐次氏、深川製磁株式会社社長深川一太氏より数々のご教導を賜った。

（参考文献）

池田忠一・森田一雄［2007］『有田皿山遠景』有田町歴史民俗資料館。
大橋康二［1989］『肥前陶磁』ニューサイエンス社。
大森一宏［2015］『近現代日本の地場産業と組織化──輸出陶磁器業の事例を中心として──』日本経済評論社。
蒲地孝典［2006］『幻の明治伊万里──悲劇の精磁会社──』日本経済新聞社。
國雄行［2013］『佐野常民』佐賀県立佐賀城本丸歴史館。
佐賀県立有田工業高等学校［2000］『有工百年史』有工百年史編集委員会。
多久島澄子［2013］『日本電信の祖 石丸安世──慶応元年密航留学した佐賀藩士──』慧文社。
寺内信一［1933］『有田磁業史』陶器全集刊行会。
中島浩気［1936］『肥前陶磁史考』肥前陶磁史考刊行会。
中島浩気・永竹威［1955］『肥前陶磁史』肥前陶磁史刊行委員会。
中山成基［1980］『有田窯業の流れとその足おと：香蘭社百年の歩み』株式会社香蘭社。
深川勇［1974］「父を語る」『ふじ創立80周年記念特集号』深川製磁株式会社。
深川六助［1898］「輸出日本陶磁器の死活を論ず（米国向）」『大日本窯業協会雑誌』第6巻第72号、第7巻第73号。
深川六助［1922］「有田焼の振興に就て」『大日本窯業協会雑誌』第30巻第356号。
前山博・大橋康二［2002］『伊万里市史　陶磁器編　古伊万里』。
宮地英敏［2008］『近代日本の陶磁器業──産業発展と生産組織の複層性──』名古屋大学出版会。
三好信浩［2013］『納富介次郎』佐賀県立佐賀城本丸歴史館。
山形万里子［2008］『藩陶器専売制と中央市場』日本経済評論社。
山田雄久［2008］『香蘭社130年史』株式会社香蘭社。

4 尼崎紡績第3代社長・福本元之助——経綸の人——

中西　聡

はじめに

　関西財界において草創期の紡績業で活躍した人物として福本元之助が挙げられる。福本元之助は、近世来の大阪両替商逸身佐兵衛家の3男として1866（慶応2）年に生まれ、大阪の両替商らと兵庫県尼崎の両替商らが協力して1889（明治22）年に尼崎紡績会社を設立した際の発起人の一人となり、同社創立とともに取締役となった。後述するように創業期の尼崎紡績は業績が不安定で、生産拡大のための新工場設立をめぐって重役間に争いが生じ、新工場設立を支持した福本元之助が、1893年に新しく同社の社長となった。その後、福本社長のもとで、技術担当の菊池恭三と販売担当の田代重右衛門が両輪となって、尼崎紡績は業績が軌道に乗った。この時期を評して、同社の後身のニチボー株式会社の社史は、「経綸の人である福本元之助、卓越した技術の人菊池恭三に加うるに、営業の人として知謀の持主田代重右衛門の登用をみるに至って、尼崎紡績は初めて大きな軌道に乗った観が深い」としている（社史編纂委員会編［1966］33頁）。

　では、「経綸の人」とはどういう意味であろうか。これが本章を貫くモチーフとなる。語句の意味では、「経綸」とは「国家を治めととのえること」とあり、「経綸の人」とは治者を指していると考えられる[1]。会社の混乱を治めて、軌道に乗せた人との意味合いで用いられているようであるが、福本元之助の生涯をみると、その治め方に「経綸の人」と称された理由があるように思う。そこで、福本元之助の生涯を振り返ってみよう。

1 両替商逸身家と福本元之助

　福本元之助の生家である逸身家は[2]、近世期は銭屋を称する大坂の有力な両替商であった。その4代目当主銭屋（逸身）佐兵衛は、なかなかの傑物で、幕末維新の動乱期をその手腕で乗り切った。元之助はその4代佐兵衛の3男であるが、逸身喜一郎の推論によると、生母が銭屋の女中であったため、すぐには家族として認知されず、幼少期は下男の扱いで、やや大きくなってから叔母に預けられて、親戚の扱いとなったとのことである。いずれにしても元之助は、佐兵衛の息子として認知されるか否か試される状況に置かれ続けており、才を示すためにも元之助は学問にはげむ必要があった。元之助は、維新期の大阪で著名な儒学者藤澤南岳の門弟となり、学者を目指していたと言われるが[3]、逸身家が家業の両替商を銀行に組織替えするに至り、元之助も家業の銀行経営を手伝うことになった。1880（明治13）年に創設された逸身銀行（合資）では、頭取は元之助の長兄5代佐兵衛が、副頭取に次兄佐一郎がなり、元之助は監事となった。このときの届で、元之助は「逸身元之助」と記され、明確に4代佐兵衛の息子と認知され、4代佐兵衛の3人の息子が助け合って逸身銀行を運営する体制となった。

　ただしこの時点では、すでに隠居していた4代佐兵衛がまだ健在であり、その後も4代佐兵衛は1891年まで生存しており、逸身家の運営に強い影響力をもっていたと考えられる（逸身［2014］341頁）。なお、元之助は1880年代前半には福本姓を名乗るようになるが、その後も逸身銀行の役員を続け、尼崎紡績設立の際も、逸身家を代表して発起人になったと言える。そして元之助は奈良県吉野郡下市の山林地主永田藤平（えいだ）の娘リキと1888年に結婚する[4]。その結婚も、逸身家の意向によるもので、同年に逸身佐一郎が、永田藤平の娘マスと結婚した際に、マスは妹リキを連れて輿入れしており、同時に元之助とリキを結婚させる約束になっていたと考えられる。つまり、佐一郎と元之助は、本人も兄弟で、妻同士が姉妹という密接な関係をもつことになった。

4代佐兵衛は、次男の佐一郎を評価していたようで、5代佐兵衛は、実子がいなかったため、佐一郎の息子（佐一郎のその時点での先妻の子）を養子にして1887年にその養子に後を譲った。そのときは、まだ4代佐兵衛は健在であったので、4代佐兵衛の意向で5代佐兵衛はまだ50歳であったにも関わらず、家督を譲らされたとも言える。むろんそのときに、逸身銀行の頭取も佐一郎に交代したと考えられる。

佐一郎が永田マスと再々婚するのはその翌年になるが、同時にその妹と弟元之助を結婚させたことからみて、佐一郎は元之助の才覚を評価しており、後を継いだばかりの6代佐兵衛（自分の息子）の後見を元之助に期待したと考えられる。元之助は結婚した翌年の1889年に逸身家を代表して尼崎紡績設立に関与し、以後尼崎紡績取締役そして社長として活躍する。逸身家家業の銀行業は佐一郎、出資先の尼崎紡績は福本元之助とそれぞれ分担して逸身家を盛り立てることとなった。

2　尼崎紡績と福本元之助

近代日本の産業革命は、綿紡績業を中心として進んだと言われている[5]。実際、1880年代後半には、多くの綿紡績会社が大阪で設立され、大阪に隣接する尼崎（兵庫県）でも、1889（明治22）年に尼崎紡績株式会社が設立された。綿紡績業は、綿織物の原料となる綿糸を製造する業種であるが、当時は、イギリスなどから安価で品質のよい綿糸が輸入されていたため、それとの競争に勝つ必要があった。品質は、糸の太さにも関連しており、従来の日本の国産の綿糸は太糸で、それで織られた綿布は丈夫ではあったが着心地はよくなく、また従来の手紡ぎの太糸はむらがあるため機械を利用した織物生産にあまり適していなかった。

日本で最初に本格的な機械制大工場で綿糸生産を行ったのは、1883年開業の大阪紡績株式会社であったが[6]、大阪紡績は、外国から機械を輸入し、原料綿花も外国から輸入し、蒸気動力を利用するなど新たな試みで大量生産に

表　福本元之助会社役員一覧

会社名	所在	1895年	1898年	1901年	1904年	1908年	1912年	1917年
逸身銀行（合資）	大阪	取締役	取締役	取締役			石崎（大阪）	
貯金銀行（株式）	大阪	取締役	取締役	取締役	日本絹毛紡績（大阪）			取締役
尼崎紡績	尼崎	社長	社長	社長			取締役	取締役
堺煉瓦	堺	社長	社長	社長	取締役	監査役		
大阪鉱業	大阪→下市		社長	社長	取締役	監査役	監査役	
関西コーク	大阪			社長	社長		福本会社（大阪）	
吉野銀行（株式）	下市		監査役	監査役				
大阪米穀	大阪			社長	東洋拓殖（京城→東京）			監事
大阪物産	大阪			社長				
共立合資	大阪				業務社員			

注：各年の1月現在の状況を示すと考えられる。会社名は、合資会社は合資を付し、それ以外はいずれも株式会
　　福本元之助は、大阪米穀売買会社の社長とされたが、同社の役員は、大阪米穀売買の役員と同じで、前後年の
　　のまま大阪米穀売買の役員欄に誤記したと考えられ、それは除いた。1904年1月時点では、逸身銀行・貯金銀
　　西コーク・吉野銀行は存在していたが福本元之助は役員から外れていた。尼崎紡績の1920年欄からは大日本紡
　　下市。福本会社の設立は1919年末で、22年欄の所在地は大阪府東成郡鶴橋で、1926・31年欄の所在地は大阪。
　　は東京。
　1）福本養之助として（養之助は元之助の息子）。
出所：由井常彦・浅野俊光編『日本全国諸会社役員録』第1・3・5・8・12・16巻、柏書房、1988〜89年、大正
　　靖解題『銀行会社要録』全9巻、柏書房、1989年、大正6・9・11・15・昭和6年度『日本全国諸会社役員録』

　成功し、それに続く綿紡績会社はいずれも大阪紡績のビジネスモデルを援用した。ただし、輸入綿糸のような細糸を大量生産するのは難しく、太糸の品質を標準化して、力織機（ある程度自動化された織機）に対応できるような太糸を大量生産するのが、創業当初の日本の綿紡績会社の目標であった。

　尼崎紡績が設立されてまもなく、日本では1890年恐慌が生じ、尼崎紡績への出資金払い込みが滞ったため、尼崎紡績は減資をして何とか創業にこぎつけたが、経営状況は悪く、ここで経営路線の対立が生じた（社史編纂委員会編［1966］36-53頁）。支配人菊池恭三などの若手技術者や株主らは設備拡張を求めたのに対し、当時の第2代社長木原忠兵衛は慎重論を唱え、重役のなかでも意見は分かれたようである。福本元之助は菊池恭三を支持し、1893年に木原忠兵衛が社長を辞任すると、福本は菊池恭三を取締役に推し、菊池恭三が取締役になるとともに福本元之助は20歳台にもかかわらず第3代社長に選ばれた（絹川［1939］134-144頁）。福本元之助は、菊池恭三と相談して新し

1920年	1922年	1926年	1931年
監査役	監査役	監査役	監査役
取締役	取締役	副社長	副社長
取締役	取締役		
	日華産業（大阪）		取締役[1]
	取締役	取締役	取締役
監事	監事	監事	監事

社。この表のほかに、1898年の出所資料で出所資料から考えて、大阪米穀の役員を兼行は存在しない。また同年に尼崎紡績・関績。大阪鉱業の1912年欄の所在地は奈良県東洋拓殖の1920・22・26・31年欄の所在地6年版『銀行会社要録』東京興信所、後藤商業興信所より作成。

い販売担当者を尼崎紡績に招くことにして、のちに商務部長を経て取締役になる田代重右衛門を招いた。これ以後、技術面で菊池が、販売面で田代が、福本元之助を支えて冒頭で述べたように尼崎紡績は軌道に乗ることとなった。福本が決断した設備拡張は、従来の太糸よりも細い（高番手の）42番手撚糸を製造できる第2工場の新設であり、従来の20番手糸に、32番手・42番手の糸を合わせて撚ることで、従来よりもやや細く、ただしある程度丈夫な、中細糸を作ることで尼崎紡績は急速に業績を伸ばした。

その一方、福本は中細糸の販売のために1894年に大阪綿糸合資会社を設立し[7]、その業務を逸身家番頭に任せるとともに、逸身銀行を尼崎紡績の主要取引銀行にしていった。当時の逸身銀行は、それまでの主要業務である大阪周辺の商人の手形割引業務が行き詰っており、福本は紡績金融を介することで、逸身銀行と尼崎紡績を組み合わせた新たな事業形態を創り上げたと言える。それに加えて、福本は鉱山業にも出資し、堺煉瓦・大阪鉱業・関西コークなどの会社の社長を兼ねるに至った。表は福本元之助が務めた会社役員を一覧したものである。大阪綿糸合資の役員は、逸身家番頭格（別家）の溝口保蔵と逸身家親戚の荘保弥太郎が務めたため表に出てこないが、のちに大阪綿糸合資は福本元之助を社長として設立された大阪米穀株式会社と合併して1901年に大阪物産株式会社となり、やはり福本が社長となった。なお吉野銀行の監査役を福本が務めたのは、妻の父である永田藤平が吉野銀行頭取を務めていた関係と思われる。

　1897年12月時点で大阪市に本店のある両替商系銀行のなかで逸身銀行は住

尼崎紡績社長時代の福本元之助
(大日本紡績株式会社編[1941]30頁)

友銀行に次いで割引手形貸付残額が多い有力な銀行であり、また1898年1月時点の尼崎紡績の払込資本金額75万円は[8]、大阪府の主要紡績会社の当時の払込資本金額と比べて、大阪紡績の120万円、日本紡績の100万円、明治紡績の85万円に次ぐ地位を示していた(摂津紡績は同じ75万円)。さらに堺煉瓦株式会社の1898年1月時点の払込資本金額7万円は、大阪府の当時の煉瓦会社のなかで日本煉瓦の7万5,000円に次ぐものであり、コーク・煉炭製造や石炭販売を行った関西コーク株式会社の1898年1月時点の払込資本金額20万円は、大阪府の鉱山会社の払込資本金額のなかでも、明治炭坑の39万円、関西採炭の28万円に次ぐものであった(日本炭礦は同じ20万円で大阪鉱業は9万2,500円)。このように1890年代後半に福本元之助が関係した会社は当時の大阪地域で有力な会社が多く、福本は、関西財界において紡績業と鉱山業と銀行業で重要な役割を果たすようになった。

3 逸身銀行の破綻と福本元之助

ところが、1900(明治33)年恐慌の影響で、翌1901年に預金者の取り付けにあって逸身銀行が破綻したことで、福本の事業構想が大きく崩れた[9]。預金者の取り付けに逸身銀行が十分に備えることができなかったのは、逸身銀行が増資をして資本金を充実させないまま、尼崎紡績などへの紡績金融を急激に拡大していたことがあったと思われる。そのため1900年恐慌が綿紡績業

に波及して、綿糸が売れなくなると綿糸商へ融資していた逸身銀行はたちまち不良債権を抱えることとなった。しかも、逸身銀行の資本金は1880年の創業時の10万円のままで、預金の引き出し要求に対応できる余裕資金は全くなかった。逸身銀行が資本金を充実できなかった要因として、逸身家が1890年代に急速に尼崎紡績株を購入したため、逸身銀行に追加出資をする資金的余裕が逸身家になかったことを想定できる。

　実際、逸身銀行が破綻した時点で、逸身家は資産運用会社の共立合資会社保有分も合わせて尼崎紡績株6,000株（評価額約29万円）を所有しており、福本元之助が社長を務める尼崎紡績を逸身家は全力でサポートしたと言える。その点では、尼崎紡績と逸身銀行を組み合わせてともに経営規模を拡大する事業構想は、逸身家の家産に頼るのみではうまくいかず、逸身銀行も株式会社にして外部から資金を入れて資本金を充実させるべきであったと思われるが、家業の両替商を銀行にした逸身家にとっては、経営権を失うかもしれない株式会社化は避けたと考えられ、出資者が逸身家家族と逸身家別家らに限定された合資会社のまま逸身銀行は破綻を迎えた。

　ただし、その後の福本元之助は潔かった。逸身銀行破綻の責任をとって尼崎紡績の社長をすぐに辞任すると、逸身銀行の債権者にできるだけの返済をするため逸身家の家産をほぼすべて手放した。逸身銀行が任意解散した1902年時点で、逸身銀行が債権者に負った債務は、90万円近くに上ったが、そのうち逸身銀行の資産として見つかった約束手形で25万円分を相殺し、逸身家が所有する尼崎紡績株（評価額約29万円）と不動産（評価額約20万円）をすべて売却して債務の返済に充て、最終的に残った大阪貯蓄銀行への約12万円の債務は、逸身銀行を支援した大阪の8つの銀行で等分に負担することとなったと思われる。買い進めた尼崎紡績株の評価額が額面よりもかなり高く、逸身家は債権者にある程度納得のいく返済を行うことができた。その意味で、福本が逸身家に尼崎紡績株を買い進めさせたことが、逸身銀行破綻処理の局面では有利に働いた。

4 大阪鉱業株式会社と福本元之助

逸身銀行が破綻したのち、福本元之助一家と逸身銀行頭取の逸身佐一郎一家は、妻の実家の奈良県吉野郡下市の永田家を頼った[10]。実際に、元之助一家と佐一郎一家は、永田家の屋敷に居住していたようで、永田家の家計帳簿には、「福本内部」「逸身内部」の項目で家計支出が別記されている。ただし、福本元之助は尼崎紡績の社長は辞任したものの、堺煉瓦と大阪鉱業については、社長は辞任したものの取締役を続けた（表を参照）。特に、大阪鉱業は逸身家の資産運用会社である共立合資が採掘権を取得していた北海道釧路の炭山に期待していたようで[11]、福本が大阪鉱業の取締役を退いて監査役になると同時に福本元之助の甥で佐一郎の息子の逸身豊之輔が大阪鉱業の取締役に就任している。それとともに共立合資の北海道釧路の炭山の採掘権は大阪鉱業に譲渡され、開坑に着手された。その後、大阪鉱業は本社を大阪から奈良県吉野郡下市に移転し、永田家にも大阪鉱業への参加を求め、福本元之助の義父にあたる永田藤平は一時的に大阪鉱業の取締役に就任した。大阪鉱業は、北海道釧路の炭山を中心に、滋賀県や奈良県にも鉱山を所有し、第一次世界大戦期まで経営を継続し、最終的に三井鉱山株式会社に合併された。

ところが福本は、鉱山経営は三井鉱山に譲ったものの、石炭販売の事業は継続し、福本家と逸身家で福本会社（合名）を設立し、石炭販売業を続けたようである[12]。福本会社は福本家と逸身家の資産運用会社でもあったが、永田家の影響もあり、元之助は山の事業に強い関心を示し続けた。それは山林経営にも言え、永田家と福本家と逸身家は、廣海家・小西家と共同で奈良県天川村澤原の山林経営を1910（明治43）年頃から始めた（中西［2006］146-148頁）。廣海家は大阪府貝塚の肥料商で、当主惣太郎は逸身佐一郎と福本元之助の妻の妹を妻に迎えており、永田家当主藤兵衛と逸身佐一郎と福本元之助と廣海惣太郎は義兄弟（佐一郎と元之助は兄弟）の関係にあった。そして、永田藤兵衛は地元吉野銀行の頭取を務め、廣海惣太郎は地元貝塚銀行の頭取

を務めており、逸身銀行が健在であった時期は、吉野銀行と逸身銀行、貝塚銀行と逸身銀行がいずれもコルレスポンデンス契約を結んだため、大阪市中とその周辺で銀行頭取家の血縁ネットワークと銀行営業ネットワークが重なり合っていた（中西［2014］および永田家文書）。

そして廣海家は惣太郎が永田家から嫁をもらって以降に山林経営を開始し、福本家と逸身家も永田家を頼って、奈良県吉野郡下市に住むようになってから山林経営を共同で行うようになり、一方の永田家も福本元之助の影響で鉱山経営を始めるなど、互いの資産を組み合わせて山の事業を行うようになったのが、彼らのネットワークの特徴であった。

5　尼崎紡績に復帰した福本元之助

逸身銀行破綻の責任をとって尼崎紡績を辞めた福本元之助であったが、菊池恭三と田代重右衛門は福本元之助を見限っていなかった[13]。福本退任後は、菊池恭三が尼崎紡績の社長になり、商務部長の田代重右衛門が取締役を兼ねることとなった。菊池と田代にとってみると、自分たちに力を発揮させてくれた恩人である福本をこのままにしておくには忍びなく、任意解散した逸身銀行の後始末が一段落したことを聞いた田代重右衛門は、福本元之助を訪ねて尼崎紡績への再入社を勧めた。福本の知人はいまさら元の会社に戻ることに反対であったというが、大阪財界の大立者であった田中市兵衛は、「君はまだ数え年41の働きざかりである。これから大きく伸びて行こうとする尼崎紡績にとっても、君の働きにまつものは大きいものがあるであろう。過去の経歴や入社の条件などに拘泥して、せっかくの好機会を失うのはよろしくない」と福本を励ました（社史編纂委員会編［1966］60頁）。田中市兵衛はもともと近世来の大阪肥料仲買商であったが、同じ大阪肥料仲買商の金沢仁兵衛が綿紡績業に出資して平野紡績や日本紡績の社長になった縁で、綿紡績業界に関わるようになり、摂津紡績や日本紡績の監査役を長年務めた。特に、日本紡績の姉妹会社として日本綿花株式会社が1892（明治25）年に設立され

大日本紡績副社長時代の福本元之助
(大日本紡績株式会社［1941］130頁)

た際には、その発起人に尼崎紡績社長の福本元之助も入っており、その縁で田中市兵衛と福本元之助は深く関係をもつことになったと思われる。

かくして福本は、1906年に一社員として尼崎紡績に再入社した。菊池恭三と田代重右衛門は、福本元之助に田代が兼任していた商務部長の地位を与え、以前とは逆に、福本が菊池と田代を補佐することとなった。前社長が新たに一社員として再入社する事例は、綿業界ではもちろん他の業界でも例を見ないことであり、福本は、菊池と田代の恩義に応えるため厳しい環境で再出発した。実際、「再入社して社員食堂で食べるというのが、一番いい気持ちがしなかった」と福本はのちに述懐しているそうである（社史編纂委員会編［1966］60頁)。

いずれにしても、こうして再び福本は綿紡績業界に復帰し、自らの得意な販売部門で再び力を発揮することとなった。復帰した福本は1911年から取締役を兼ねることになったが、重役としての福本が貢献したのは、1914（大正3）年の尼崎紡績による東京紡績の吸収合併のときであった。東京紡績は1887年に東京で設立された綿紡績会社の老舗で、創立20周年を記念して1906年に巨大新工場の建設を始めたが、それが大きな負担となって配当率が落ち込んでいた。その新工場を視察した尼崎紡績取締役の廣瀬茂一は、東京紡績の苦境を福本元之助に話し、福本は、「尼崎紡績としては、幸いに業績大いに振っていて、新設工場を建設してもよい時期である。ただ、工場の立地条件として今までのように大阪周辺に偏するよりも、むしろ東京紡績を合併し

た方が色々の点でよいのではないか。東京に工場を有すれば東京方面に販路を拡げることができ、更に官庁方面との連絡も密にすることができる。そういった足場をつくることも大切なことです」と合併論を唱えて[14]、社長菊池恭三・取締役田代重右衛門を動かして合併工作が始まった。なお廣瀬茂一が福本に相談をもちかけた背景には、福本が1911年に取締役に昇任する際に、福本が自分よりもむしろ「廣瀬茂一氏の為人(ひととなり)、技能等を称揚して廣瀬氏を重役となすべき事を主張し」、他の重役が福本の志をくんで福本と廣瀬の両氏とも取締役にしたことがあり（絹川［1939］148頁）、廣瀬が福本を信頼していたからと思われる。

　そして、尼崎紡績に合併された東京紡績の新工場は、尼崎紡績の東京工場となり、尼崎紡績が日本全体へ飛躍する契機になった。その後尼崎紡績は、翌1915年に日本紡績を合併し、同年に系列会社である日本絹毛紡績株式会社を設立して、絹糸や毛糸の製造部門に進出し、1917年には摂津紡績と合同して、日本でも最大級の紡績会社（三大紡績会社──鐘淵紡績・東洋紡績・大日本紡績）の一つとなり社名を大日本紡績株式会社と改称した。福本元之助の目指す方向へ、尼崎紡績は展開したことになる。福本元之助は、大日本紡績設立後も同社の取締役として残り、日本絹毛紡績の取締役も兼ね、最終的に1924年に大日本紡績の副社長に就任し、1931（昭和6）年に自ら退社するまで副社長を続けた（表を参照）。

　第二次世界大戦後の大日本紡績は、「ニチボー」を愛称として合成繊維部門へ積極的に展開し、ブラジルに工場を設けるなど海外へも事業進出した[15]。そして1964年に社名をニチボー株式会社へと変更し、1969年には日本レイヨンと合併してユニチカ株式会社となった。その後、天然繊維と合成化学繊維分野のみでなく、プラスチック・住宅産業・エンジニアリングなど多方面に展開した。

6 文化人としての福本元之助

　実業家としての福本元之助をみてきたが、最後に文化人としての福本元之助に触れたい。尼崎紡績の設立にあたり、尼崎側の代表の本咲利一郎と同家番頭の河合善吉は、自らの謡曲の師匠である中村彌三郎の紹介で、同好の福本元之助、木原忠兵衛、川上利助、廣岡信五郎ら大阪の銀行家を勧誘したとされる（絹川［1939］120頁）。福本元之助が謡曲をどの程度たしなんだかは不明であるが、幼少から学んだ藤澤南岳の門には思い入れが深かったようで、深澤南岳が1873（明治6）年に復興した私塾「泊園書院」の門人らを中心として1934（昭和9）年に「泊園会」が設立された際に、福本元之助は初代理事長に就任している[16]。泊園会は大阪市南区竹屋町の泊園書院内に置かれたが、南区竹屋町は明治期に銭屋（逸身）佐兵衛が貸家を所有していたところで、逸身家・福本家と泊園書院の深い繋がりを感じさせる。泊園会は、泊園書院の事業を協賛して漢文を振興普及し、社会教化に資することを目的としており、講演会・講習会を開催したり、書籍・講義録・雑誌等の刊行を行った。その創立総会が、大阪市の綿業会館で開かれたことからも、福本元之助が当時の綿業界の重鎮であったことが窺える。

　福本と同じく泊園書院の門人として、外務大臣となった陸奥宗光、東京日日新聞の主筆として活躍した岸田吟香、武田薬品工業の創業者の武田長兵衛がいる。泊園書院は、南岳の次男章次郎（黄坡）が1948年に亡くなったことで閉じられたが[17]、黄坡が第二次世界大戦前に関西大学で教えており、また門人の石濱純太郎が第二次世界大戦後に関西大学文学部史学科の教授となったことで、泊園書院の蔵書約2万冊が関西大学に寄贈され、「泊園文庫」として収蔵されることとなった。こうして福本元之助が学んだ泊園書院の学問的遺産は、現在も関西大学に受け継がれ、石濱純太郎の蔵書、そして藤澤黄坡の長男桓夫の蔵書もそれぞれ、大阪外国語大学（現大阪大学）と大阪府立中之島図書館に寄贈され、「石濱文庫」「藤沢文庫」として受け継がれた。

おわりに

　本章では、近代日本の綿紡績業界に大きな足跡を残した福本元之助を取り上げた。鐘淵紡績社長の武藤山治、東洋紡績社長の阿部房次郎、倉敷紡績社長の大原孫三郎らに比べると福本元之助の知名度は低く、著名な伝記も作成されていない[18]。大日本紡績でも、長く社長を務めた菊池恭三の影に隠れてそれほどの脚光は浴びなかった。しかし、福本元之助がご意見番として取締役の座にいることが、菊池や田代を安心させたであろうことは疑いない。福本の一生は、他の人に尽くすことであったと思われる。幼少から青年期は、逸身家の家族であって家族でなく、福本姓を名乗りつつ、逸身家のために尽くすことを使命と感じていたと思われる。逸身銀行破綻の後、逸身家の人々は世間を甘く考えており、福本が彼らの面倒をみていた。逸身喜一郎は、その背景に「イエの成員全体をイエのうちで繁栄した者が世話をして当然であるとの倫理意識が、面倒をみる側のみならずみられる側にもあった」という（逸身［2014］352頁）。それは尼崎紡績に対する福本の対応も同じに思える。自分が関わりをもった銀行や会社に対して全力を挙げて盛り立て、それに失敗してもできるだけ他の人に迷惑を及ぼさないように誠意をもって後始末にあたる。その心根が、人々の信頼を得ることに繋がり、期待をもって再び迎えられた。尼崎紡績に復帰した福本は、復帰した時点ではほとんどの財産を失っていたと考えられるが、その後、資産を蓄積して、1928（昭和3）年の資産家番付では、資産額400万円と挙げられた（石井［2015］42頁）。ただし、その資産の多くは大日本紡績会社の株式であり、福本が副社長を辞任した直後の1932年時点で福本家と逸身家の資産保全会社である福本株式会社が保有する大日本紡績株は1万3,980株に上り、社長の菊池恭三の同年の所有同社株数よりも多かった（山一証券株式会社調査部編［1933］233頁）。

　福本は、長い間かけて自分の務める会社株を購入し続け、自ら大日本紡績会社の安定株主となった。むろんその過程において、福本は永田家・廣海家

にも尼崎紡績（大日本紡績）株の安定株主になってもらうことを頼んだと思われ、第一次世界大戦期の株式市場が流動化した際に、永田家も廣海家も積極的に尼崎紡績株を購入した[19]。廣海家は、昭和恐慌期に大日本紡績株の株価が下落したことを受けて大日本紡績株をかなり手放したが、おそらくこの分を福本元之助（福本株式会社）が買い取ったのであろう。このようにして、福本はかつて逸身家が、家産を尼崎紡績株につぎ込んだように、やはり家産を大日本紡績株に集中させて、大日本紡績と運命をともにする覚悟を決めた。

冒頭に述べたように、「経綸」とは「国を治めととのえること」とあり、福本が「経綸の人」と後世に表現されたのは、福本がよく一族を治め、よく会社を治め、一族や会社が成り立っていくことに全力を挙げ続けたからだと思われる。福本は自分が前面に出る人ではなかろう。しかし、逸身銀行の破綻という失敗を乗り越え、その失敗に誠実に対応することで人々の信頼をつなぎ留め、復帰してからも分をわきまえてご意見番に徹し続けた。ただし、東京紡績の合併という重要な転換点となるところで、明快な展望を示し、また出資という根本のところで自らの所属集団（会社）を支えた。

現代の競争社会では、押しの強さが必要とされるように思われる。しかし、押しの強い人ばかりでは、社会はうまく治まらない。福本のように、普段は目立たずに、存在感のみを醸し出し、重要なところで調整を図って物事を治めることのできる人もまた大切であり、その意味で福本元之助は、時代を超えた経営者であったと言えよう。

注
1） 西尾・岩淵・水谷編［2009］など。中江［1965］では、「経綸」を、「国家を治めととのえる策」の意味で用いていると思われる。
2） この節の記述は、逸身［2014］を参照。
3） 吾妻編著［2010］378頁によると、福本元之助は「学者を志して南岳に師事し、勉学大いに進んだ」とされている。
4） 本書では、逸身［2014］にしたがって、逸身家・福本家の女性の名前をカタ

カナ書きで統一した。
5） 近代日本の産業革命の研究史は分厚いが、綿紡績業からみた産業革命については、さしあたり花井［2000］を参照。
6） 大阪紡績会社の位置づけについては、高村［1971］などを参照。
7） 以下の記述は、中西［2014］を参照。
8） 以下の記述は、由井・浅野編［1988］を参照。
9） この節の記述は、中西［2014］を参照。
10） 永田家については、永田家文書（永田家蔵、奈良県立図書情報館保管）を参照。
11）「考課状綴（大阪鉱業株式会社）」（同上、永田家文書68-19-5）および「太平洋炭礦株式会社沿革史 巻一」（三井文庫蔵）を参照。
12） 1922年版の『日本全国諸会社役員録』商業興信所によると、福本会社は1919年12月に設立され、営業目的は、鉱物採取販売土地建物有価証券所有信託および代理であった（上編533頁）。
13） 以下の記述は、社史編纂委員会編［1966］49-60頁、105頁を参照。
14） 以下の記述は、同上、7頁、96-122頁を参照。
15） 以下の記述は、ユニチカ社史編集員会編［1991］を参照。
16） 以下の記述は、吾妻編著［2010］、および藪田・陶編著［2015］を参照。
17） 以下の記述は、吾妻編著［2010］398-408頁を参照。
18） 武藤山治については全集が刊行され（武藤［1963～1966］）、阿部房次郎については伝記が刊行された（熊川［1940］）。大原孫三郎については次章を参照。
19） 永田家については、1910年代の「総勘定元帳」（前掲永田家文書）を、廣海家については、花井［2006］を参照。

（参考文献）
吾妻重二編著［2010］『泊園書院歴史資料集――泊園書院資料集成1』関西大学出版部。
石井寛治［2015］「昭和初期の大資産家名簿」『地方金融史研究』第46号。
逸身喜一郎［2014］「四代佐兵衛 評伝」逸身喜一郎・吉田伸之編『両替商 銭屋佐兵衛1 四代佐兵衛 評伝』東京大学出版会。
絹川太一［1939］『本邦綿糸紡績史 第4巻』日本綿業倶楽部（復刻版［1990］原書房）。
熊川千代喜編［1940］『阿部房次郎伝』阿部房次郎伝編纂事務所。
社史編纂委員会編［1966］『ニチボー75年史』ニチボー株式会社。
大日本紡績株式会社編［1941］『大日本紡績株式会社五十年記要』大日本紡績株式会社。
高村直助［1971］『日本紡績業史序説 上巻・下巻』塙書房。

中江兆民［1965］『三酔人経綸問答』岩波文庫33-110-1、岩波書店。
中西聡［2014］「逸身銀行の設立・展開とその破綻」逸身喜一郎・吉田伸之編『両替商　銭屋佐兵衛2　逸身家文書　研究』東京大学出版会。
中西聡［2006］「商業経営と不動産経営」石井寛治・中西聡編『産業化と商家経営——米穀肥料商廣海家の近世・近代』名古屋大学出版会。
西尾実・岩淵悦太郎・水谷静夫編［2009］『岩波国語辞典（第7版）』岩波書店。
花井俊介［2006］「大正・昭和戦前期の有価証券投資」前掲石井寛治・中西聡編『産業化と商家経営』。
花井俊介［2000］「軽工業の資本蓄積」石井寛治・原朗・武田晴人編『日本経済史2　産業革命期』東京大学出版会。
武藤山治［1963～1966］『武藤山治全集』全8巻＋増補、新樹社。
籔田貫・陶徳民編著［2015］『泊園書院と大正蘭亭会百周年』関西大学出版部。
山一証券株式会社調査部編［1933］『株式社債年鑑（昭和7年度）』山一証券株式会社。
由井常彦・浅野俊光編［1988］『日本全国諸会社役員録　第3巻』柏書房。
ユニチカ社史編集委員会編［1991］『ユニチカ百年史　上巻・下巻』ユニチカ株式会社。

（付記）本章作成にあたり、逸身喜一郎氏およびユニチカ株式会社の皆様より貴重なコメントをいただいた。また史料閲覧に際し、永田家の皆様、奈良県立図書情報館および三井文庫に大変お世話になった。末尾ながら記して感謝申し上げます。

5 倉敷紡績株式会社2代目社長・大原孫三郎
――チャレンジと慈善のリーダー――

橋口　勝利

1　いま、なぜ大原孫三郎を学ぶのか

　日本経済の長い不況、グローバル化の進展は、日本経済に新たな課題を突き付けている。われわれは、新たな時代の要請に応えて、自ら時代を切り拓く能力が求められている。

　本章でとりあげる大原孫三郎は、今から約100年前、倉敷紡績を率いる経営者として、時代を先取りした経営戦略を選択して、企業を成長させていった。

　大原孫三郎は、倉敷紡績の2代目経営者としてリーダーシップを発揮しただけでなく、労働者や社会的弱者にも温かい目を向ける「慈善の人」の側面も有していた。混迷の様相を濃くしてきた現在に求められるリーダーシップ、そして労使関係のあるべき姿を考えるうえで、いま大原孫三郎の功績から学ぶことは多い。大原孫三郎は、その足跡の多様性ゆえに、多くの研究書・著作が発表されている。本章は、そうした研究成果に沿いつつ、孫三郎のチャレンジと慈善に満ちた生涯を追いかけていく。

2　成長の時代――チャレンジの経営者――

紡績業の興隆と倉敷紡績

　江戸時代末期に開港した近代日本は、西洋の近代産業との競争にさらされた。そのため、明治維新を迎えて近代産業を発展させるべく殖産興業を推し進め、産業立国を目指したのである。

なかでも綿紡績業は、基幹産業として近代日本の経済成長を支え、世界有数の産業へと成長していった。「福本元之助」の章でも述べたように、近代綿紡績業は、1882（明治15）年の大阪紡績設立に始まる。この紡績企業設立ブームは、大阪から各地に広がっていった。本章の舞台となる岡山県倉敷でも、早くも明治20年代初頭から紡績企業設立の機運が盛り上がっていた。その先導役となったのは、若干24歳の青年、小松原慶太郎であった。彼は、1886年、倉敷で行った演説会で、県知事はじめ地元有力者相手に紡績会社設立を強く訴えかけた。彼は、当時地方に流入しつつあった外国製綿糸の輸入代替を早急に実施しなければならないことと、地域で雇用を創出して貧民を救済するためにも、紡績企業設立はどうしても必要だと訴えかけたのである。倉敷の地は、江戸時代から棉作の先進地域であったことも後押しとなった。小松原の主張は、地元有力者の賛同を得て、紡績企業設立の道を歩むことになった。創立発起人は、小松原慶太郎・大橋澤三郎・木村利太郎・林醇平など倉敷の青年たちであった。彼らは創立に向けて奔走するも、そこには大きな問題があった。それが、県当局からの許可を得ることと株式募集、そして適切な技術者を招聘することであった。これは、彼らにはあまりにも難しい問題であった（倉敷紡績［1953］15-17頁）。

孝四郎の時代──堅実経営──

　倉敷紡績設立への救いとなったのは、大原孝四郎の活躍であった。小松原慶太郎らの創立メンバーは、血気盛んで熱意はあるものの、地元有力者から紡績企業設立への賛同は得られても、その若さゆえに、出資への信用を得ることは難しかった。加えて、当時の岡山県には、岡山紡績や玉島紡績・下村紡績など有力紡績企業が操業していたため、岡山県知事はこれ以上の過当競争を危惧して、倉敷紡績の設立には懸念を示していた。

　そのため、小松原慶太郎らは、地元の屈指の有力者・大原孝四郎の加盟へと奔走した。大原孝四郎がこの要請に応じて、倉敷紡績の役員として有力株

主となると、その効果は絶大であった。1888年3月4日に倉敷紡績の株主総会を開会して、頭取に大原孝四郎、取締役に木山精一・林醇平・小松原慶太郎・大橋澤三郎と取り決めた。その後、たちまち株式応募は殺到して、早くも3月11日には、株式は満株となった。株主には、渋沢栄一（第一銀行）・益田孝（三井物産）など、東京の有力な実業家まで顔を連ねるほどになった。

　大原孝四郎は、本章の主人公・大原孫三郎の実父である。孝四郎は、大原家の養子として迎えられ、「謙譲質實の徳」を堅持していたという。それだけでなく、主義主張の軸を曲げない、芯の強い人物でもあった。村内で紛争があった際は、反対派に刃で切り付けられても、その主張を貫き通したという。それゆえ、大原家の資産を着実に充実させただけでなく、地域の名望を高めていたのである。

　倉敷紡績は、孝四郎の人柄を反映するように、万全の体制を築いたうえで発足した。まず、倉敷紡績建設にあたっては、実地検分や紡績機械の納入を三井物産が担当した。原動機の据付は、三井物産の仲介で、英人技師であるウォルター・ハントが行った。その後の原動機の据付には、平野紡績からドランスフィルドを据付技師として招いた。それだけなく、機関師には、加藤友信を技師として神戸から雇い入れて、紡績企業開業に備えた。こうして1889年10月、倉敷紡績は満を持して開業を迎えたのである（絹川［1941］23-36頁）。

　倉敷紡績の経営は、開業当初は、岡山県近辺の原棉を原料として綿糸を生産して、山陽地方や九州地方へと製品綿糸を販売するというものであった。営業成績も開業以来順調で、製品綿糸は、第3回内国博覧会にて2等有功賞を獲得、株式市価は岡山紡績や玉島紡績を凌ぐほどになった。やがて日本紡績業が中国への綿糸輸出に向かうと、倉敷紡績も細番手の綿糸生産へとシフトし始め、堅実な成長路線へと向かっていった（絹川［1941］37-42頁）。

大原孫三郎（大原社会問題研究所蔵）

2代目として──合併による成長路線と地方進出──

大原孝四郎は、倉敷紡績創立以降、約20年間にわたって会社経営を支えた。その方針は、堅実経営であった。会社の経営の業務は、取締役の木山精一に委ねていた。孝四郎は、自らは会社へはほとんど出社せず、自社報告を木山から聴いて、大まかな会社方針を伝えるという姿勢を堅持した。つまり、大原孝四郎は、部下の会社役員を信頼し、倉敷紡績の経営を支える「陰のリーダーシップ」を果たしていた。この堅実経営で、倉敷紡績は幾多の恐慌や危機がありながらも順調な設備拡張や高率配当を実現し、日本紡績業界に確固たる地位を築いた。

創業の功労者、大原孝四郎は、古稀を迎えて一切の事業から身を引く決意を固めた。1906（明治39）年8月、臨時株主総会で、大原孝四郎は取締役社長を辞任した。そして同じ場で後継者に大原孫三郎が満場一致で当選し、取締役社長に就任した（倉敷紡績［1953］103-104頁）。大原孫三郎は、青年期から浪費癖があり、早稲田大学時代にも高利貸しに追われるなど、父の孝四郎と比べれば、堅実さに欠けるところがあった。しかし、倉敷紡績の舵取りを担うや否や、その人格は、大胆な設備拡張に加えて、周囲への細やかな目配りとして、会社経営に生かされていった。

大原孫三郎は、先代の偉業に捉われず、2代目として、自身の信念に基づいて会社経営に乗り出していった。その第1は、人事改革であった。孫三郎は、「事業は人にあり」という信念のもと、積極的に大学・専門学校卒業生

倉敷紡績本社工場 （倉敷紡績株式会社（クラボウ）蔵）

を採用し、大阪での営業部門などへ積極的に当たらせて、人材育成に力を注いだ。このことで、倉敷紡績は、事業拡張しても、事務関係や工務関係に充分に対応できるだけの組織を永続的に築くことができた。

　大原孫三郎は、その人事改革と並行して、倉敷紡績の事業を積極的な拡張路線へと導いていった。これは、父・孝四郎の堅実路線の経営方針に捉われず、孫三郎自身のチャレンジ精神を存分に発揮するものであった。

　孫三郎が事業を引き継いだ1906年は、日露戦後不況が訪れて、日本紡績業界には企業合併（M＆A）が、各地で活発に行われていた時期であった。岡山県当局は、企業合併を推奨する明治政府の意向を受けて県下紡績会社に合併を勧めた。そのため岡山紡績と備前紡績は、絹糸紡績と合併した。しかし、孫三郎はこの合併勧誘を断って、むしろ自社主導の拡張路線を推し進めた（倉敷紡績［1988］80-81頁）。孫三郎は、この時代の流れに敏感に反応して、早くも1908年に吉備紡績を買収した。それだけでなく、1917（大正6）年には讃岐紡績、1918年に松山紡績を合併するなど中四国地方を拠点に中小紡績を合併したのである。それだけでなく、第一次大戦ブーム期の1915年には、万

寿工場を新設して、最新設備を整備した。これによって倉敷紡績の生産力は飛躍的に上昇した（倉敷紡績［1953］116-160頁）。

第一次大戦後、1920年不況を迎えて、日本経済は足踏みにすることになる。しかし、大戦期に資本蓄積を進めた倉敷紡績は、企業合併への動きを止めることなく進めていった。

1920（大正9）年には、四国に新設工場を設立した。その場は、香川県高松であった。四国への進出は、低廉な労働力の確保と原棉の海路輸送に有利なことがその要因であった。倉敷紡績が立地する岡山県は、倉敷紡績の急成長やライバル企業の存在のために、一大紡績地帯となって、労働力の確保が次第に困難になっていたからであった。

高松工場は、イギリスのハワード社製精紡機2万1,008錘、撚糸機8,888錘を有して1922年に操業開始した。当時の先進的設備を備え付けた高松工場は、これまでの倉敷紡績の製品綿糸とは異なって、高品質な中細番手の42番手綿糸を主力製品としたため、市場の好評を博して、さらに倉敷紡績の名声を高めた（倉敷紡績［1953］174-178頁）。

この時期と前後して、岡山上伊福工場を新設（1917年）し、早島紡績を合併する（1921年）など、中四国地方を中心とした企業拡張路線を、孫三郎は積極的に体現していった。

一方、大原孫三郎は、紡績業だけでなく染色整理業やメリヤス事業にも積極的に進出した。紡績業で産出される製品綿糸は、織布部門で綿布となって、整理・染色される。そのため、繊維事業として、製品の質を高めるには、整理染色部門の強化が、倉敷紡績としては喫緊の課題であった。加えて、岡山県近郊織物産地（児島・後月・小田など）はそれぞれ独自の発展を遂げてきたために、製品綿布の規格は統一されておらず、岡山県の繊維事業の競争力強化には障害となっていた。そのため、大原孫三郎は、岡山県知事の働きかけに応じて、1918年7月、岡山染色株式会社を設立し、取締役社長に就任した（倉敷紡績［1953］184-193頁）。

孫三郎の多角経営のもう一つの画期となったのは、日本メリヤス枚方工場の買収であった。これまで中四国を拠点に生産設備を拡張してきた倉敷紡績は、この枚方工場買収をもって関西地方へ拠点をシフトすることになった。日本メリヤス株式会社は、1916年6月に設立されて、枚方工場は1919年6月に新設されたばかりの工場だった。しかし、第一次大戦後恐慌の影響で、工場売却を余儀なくされた。孫三郎が工場を買収したのちは、工場設備の不備・不完全が露呈し、工場経営は苦難を極めた。それでも、枚方工場を経営改善するべく、粘り強く力を尽くしていった（倉敷紡績［1953］309-313頁）。

日本有数の紡績資本へ──人絹業への進出──
① 先見の明とチャレンジ精神
　紡績事業を拡張して、日本有数の紡績資本へと成長を遂げた倉敷紡績は、大原孫三郎のリーダーシップのもとで新たな事業へまたしても挑戦した。孫三郎には、原棉を輸入に頼らなければならず、原料調達の不安を余儀なくされる綿紡績業に比べて、人絹事業には原料調達の不安がないため、今後、産業としての重要性が高まるとの見通しがあったからである。

　大原孫三郎は、1925年2月には、人絹事業へ進出を決断して、人絹製造方法の研究に着手した。そして早くも1926年6月、倉敷絹織株式会社を設立して、大原孫三郎はその取締役社長となった（倉敷紡績［1953］335-347頁）。

② 紡績事業の見直し
　人絹事業へ進出した孫三郎は、紡績事業の経営効率強化も目指した。不況打開への道として、紡績事業の経営合理化が必要と考えたからであった。孫三郎は、従来の工場を改革するのではなく、新たな紡績企業を設立して、その企業を経営合理化のモデル・プラントとしたうえで、その経営手法を傘下の会社へと波及させていくという方針を採用した。候補地は、香川県の観音寺町で、地元の強い要請も相まって1926年6月に三豊紡績株式会社が設立さ

紡績企業ランキングトップ10（1936年）

順位	会社名	創立年月 年	創立年月 月	工場数	紡績機錘数（錘） リング	紡績機錘数（錘） ミュール	撚絲錘数 （錘）	織機台数 （台）
1	東洋紡績株式會社	1914	6	45	1,476,096		220,028	17,430
2	鐘淵紡績株式會社	1887	5	27	965,854		124,960	11,822
3	大日本紡績株式會社	1889	6	23	920,592	3,680	219,090	9,736
4	富士瓦斯紡績株式會社	1896	3	10	664,944	10,820	93,308	3,937
5	倉敷紡績株式会社	1887	12	14	526,778		48,708	1,811
6	日清紡績株式會社	1907	1	9	497,536	5,280	86,938	6,294
7	呉羽紡績株式會社	1929	7	6	461,788			3,652
8	錦華紡績株式會社	1926	3	5	445,958		7,952	872
9	福島紡績株式會社	1892	8	9	333,856		16,000	2,112
10	岸和田紡績株式會社	1892	11	8	321,132		27,440	2,208
	合計（74件）			285	10,890,217	19,780	985,093	94,418

出所：『第六十七次綿絲紡績事情参考書』大日本紡績聯合會、1936年10月。

れた。設備は、対中国進出を見込んで配備していた遊休紡績機を利用して、2万錘規模で創業した。

　観音寺町で紡績企業が建設されたことは、同じく香川県の丸亀市にも企業誘致運動を惹起した。丸亀市長や丸亀の有力者は、地域の発展を図って、三豊紡績に分工場設置を要請した。三豊紡績は、工場設置への地元の協力を条件に、1928（昭和3）年8月に丸亀工場の新設を決定した。丸亀工場は、外国製の紡績機械に加えて、国産の最新式紡績機械を積極的に導入した。そのため、製品品質は常に高く、創業時に約2万錘規模だった紡績機は、1933年末には精紡機4万400錘・撚糸機2万4,000錘に達し、業界の最優秀工場としての評価を得るに至った。

　孫三郎は、紡績事業の経営にあたってチャレンジ精神を発揮し、拠点であった倉敷・岡山だけでなく、四国そして大阪へとその版図を広げていった。特に香川県での事業拡張は、観音寺や丸亀の工場誘致の要請に応えたもので、一事業に止まらず、地域振興を担っていくうえで極めて重要な役割を果たしていた。

孫三郎の経営方針は、紡績事業に新たな設備導入を通じて競争力を強化することだけではなく、人絹事業など多角化を通じて、事業に広がりを持たせることも重視するものであった。そのため、積極的な工場増設や企業買収を決断して速やかに実行していった。こうした事業は、枚方工場の様に必ずしも成功した事例ばかりではなかったが、粘り強く経営改善に努めることで、事業を立て直し、倉敷紡績事業全体の生命力を高めていったのである。こうした孫三郎の活躍は、倉敷紡績の企業成長だけでなく、日本綿業の競争力を強化する上でも極めて有効であった。

　大原孫三郎は、日本綿業界屈指の経営者として、その力を発揮していくが、1939年5月に倉敷紡績の取締役を辞任し、息子の總一郎へバトンを渡して業界を引退した。彼の紡績業界での歩みは、戦前日本の綿業界の形成期から黄金期をまさに体現していたといえよう（大原孫三郎傳刊行会［1983］353-354頁）。

3　社会貢献への取組み──慈善のリーダーシップ──

孫三郎を変えた出会い

　経営者として、紡績業界の表舞台に躍り出た大原孫三郎は、青年期からの人との出会いを通じてその志を高め、経営者として、慈善家としての道を歩みだした。それは、「人に役立ってこそ、生きる価値を見いだせる」という信念の発揮であった。孫三郎に影響を与えた主な人々を紹介しながら、孫三郎の変化を紐解いていこう。

① 原邦三郎──経営者への目覚め──

　孫三郎に、経営者として大原家を支える、という自覚をもたらしたのは、原邦三郎であった。原邦三郎は、孫三郎にとって義兄にあたる。大原孫三郎は、1897（明治30）年1月、かねてからの希望がかなって、単身東京への遊学へと旅立ち、東京専門学校（現在の早稲田大学）へ入学した。東京での学

生生活にあたって、父の孝四郎からは十分な学費の援助を受けていたが、友人との交友関係に興じた孫三郎の生活は、悪化の一途を辿った。気が付けば、孫三郎は、学費の増額を、孝四郎にたびたび要求するようになっていた。一方で、孫三郎は、足尾鉱毒事件に強い問題意識を持ち、友人と現地へ足を運んで、民衆に対する明治政府の対応に怒りを震わせる側面もみせた。それでも、孫三郎の生活の悪化はとどまるところを知らず、花柳界の遊びに溺れてしまうまでになった。このため、仕送り金ではとても賄えず、高利貸しに多額の借金を背負うことになってしまった。これほどまでに東京での生活は乱れに乱れていた。

　人生の方向性を見いだせず、放蕩を続ける青年時代の孫三郎に光を与えたのは、義兄・邦三郎であった。邦三郎は、孝四郎からの帰郷要請を拒絶する孫三郎を、東京まで出向いて帰郷させた。邦三郎は、孫三郎を謹慎させる一方で、高利貸への借金問題解決にも奔走した。当時の孫三郎の借金総額は、1万円を超える桁外れの額であった（当時は15円あれば1カ月の生活に十分であった）。邦三郎は、上京して弁護士を介して高利貸と談判し、1万円の返済で問題を解決した。しかし、本業の紡績事業の激務に加えて、孫三郎の借金問題解決に奔走した邦三郎は、その心労がたたったのか1898（明治31）年10月に急逝した。

　邦三郎は、倉敷紡績の経営を引き継ぐ後継者とすべく、大原孝四郎が大原家に迎え入れた人材だっただけに、その死の持つ意味は大きかった。邦三郎は、その責任を果たすべく、中国の上海・南京・杭州を視察するなど精力的に活動していた。しかし、義弟・孫三郎の借金問題解決に向けて度々上京を繰り返すことで、負担は増すばかりだった。

　そのため、邦三郎の死は、孫三郎の意識を変革させた。孫三郎が大原家当主として、そして経営者として倉敷紡績を担っていく覚悟は、このときに生まれたのである。義兄の遺志を継ぐことが自分の使命と強く心に受けとめたのであった（大原孫三郎傳刊行会［1983］25-31頁）。

② 石井十次———慈善の経営者へ———

　大原孫三郎を、社会事業への活動家として目覚めさせたのは、石井十次との出会いがきっかけであった。石井十次との出会いは、孫三郎にとって、その生き方を劇的に変えさせるほどの影響を与えた。

　石井十次は、1865（慶応元）年に宮崎県に生まれ、当初は医者を志して、岡山県甲種医学校で学んだ。医学校を卒業したものの、孤児救済を決心して、岡山孤児院を発足させた。この孤児院は、1906年には、1,200人もの孤児を収容できるほどの日本最大規模にまで拡大した。しかし、その運営は厳しく、石井十次は、運営資金を確保するために各地を奔走しなければならなかった。また石井十次は、キリスト教の熱心な信者でもあった。

　大原孫三郎が、石井十次と本格的に交友するようになったのは、1900年ごろであった。孫三郎は、石井十次という人物の風格や慈善活動に強い感銘を覚え、岡山孤児院をはじめとする慈善活動に対して、資金面をも含めた有力な支援者として石井を支えるようになった。

　石井十次との出会いは、孫三郎にとって2つの大きな意味をもった。

　1つは、経営者の道を歩みだすうえでの覚悟を得たことにあった。東京での学生生活は、向学への志を失い、友にも恵まれず、混迷の時代であった。その窮地を救うべく、力を尽くしてくれた義兄・邦三郎の急死は、大原家当主としての自覚を生んだ。この義兄の死を乗り越えるために、人格・見識ともに優れた石井十次との出会いは、大きな転機となった。孫三郎は、少年期から決別し、青年社長への道を歩み始めたのである。ほどなく1901年、孫三郎は、妻を迎え、倉敷紡績2代目社長としての歩みを始めていった。

　2つめは、慈善の経営者としての目覚めたことである。石井十次は、社会的弱者たる孤児たちを一手に集め、その子供たちの社会的自立を目指して、教育活動を熱心に行った。近代化が進み、社会的成功を収める富裕層が各地に生まれる一方で、社会的弱者たる貧困層が各地で次々に生み出されていた。貧困層の発生は、貧富の差を拡大させ、低賃金労働者を生み出す温床となる。

石井十次は、こうした社会的矛盾から生まれた孤児たちに、温かい眼差しを向け、その救済に力を注いでいた。孫三郎は、この石井十次の理念に強く共感し、その活動を金銭面で支えるだけでなく、自らの紡績事業の経営方針へと反映させていった。つまり、紡績事業を支えるのは、経営者ではなく、現場で働く労働者である。この労働者にとって働きやすい環境を築き上げることこそ、会社経営の理想的姿だと考えるようになっていったのである。慈善の経営者への目覚めは、まさに石井十次との出会いがその起点となったのである（大原孫三郎傳刊行会［1983］34-36頁）。

③ 大隈重信――早稲田大学のネットワーク形成――

社会貢献活動に強い関心を有した大原孫三郎は、地域へ社会教育活動を浸透させるべく、1902（明治35）年10月、「倉敷日曜講演」を発足させた。これは、石井十次が、社会の宗教・道徳心を培養するために、孫三郎に講演会の実施を勧めたことに端を発した。当初は、孫三郎自身が、岡山孤児院で講演を二度行ったが、識者を招いて講演するほうがより一層有益になると考えて、岡山県知事や法学博士を講師として招いて講演会を実施した。この講演会は、地域の評判を高めただけでなく、孫三郎自身も政治家や研究者との交友を深める貴重な機会を得ることになった（大原孫三郎傳刊行会［1983］50-51頁）。

「倉敷日曜講演」は、大隈重信との出会いをもたらした。講演会の評判が高まって、早稲田大学総長・大隈重信の講演が実現した。大隈は、大学基金募集が目的で倉敷を訪れていたが、早大出身の原澄治や孫三郎の懇請を受けて、日曜講演を承諾したのである。1911年5月に実施したこの講演会には、3,000人余の聴講者が集まる盛況ぶりであった（当時の倉敷町の人口は、約1万人）。大隈は、国民教育を講題に講演したが、その影響は大きく、孫三郎の意に大いに沿うものであった。これを機に、大隈と孫三郎とは、交友関係を築くことになった。孫三郎は、早稲田大学の前身・東京専門学校出身だ

ったので、大隈は孫三郎を早稲田大学の交友に推薦した。これを縁に、早稲田大学教授・浮田和民が日曜講演を行うなど、早稲田大学の人脈が広がっていった。孫三郎は、浮田教授の労働問題研究のために研究費援助を申し出るなど積極的に信頼関係を築いていった。

　こうした早稲田大学のネットワークは、孫三郎が経営者として、慈善家としての活動に大いに後押しとなった。日本屈指の有識者を地元倉敷への講演会に登壇させることで、社会教育を推進して地域の知的水準を高めたのである。次に、孫三郎自身が紡績企業経営で推し進める労働環境改善に向けて、研究者の知見を吸収して反映していくこともできた。労働問題についての孫三郎のあくなき探究心は、この後、研究所設立へと向かっていくことになった（大原孫三郎傳刊行会［1983］84-87頁）。

労使が手を携える社会へ
① 慈善の経営者へ――大原社会問題研究所設立――
　紡績会社経営者として力を発揮し、石井十次など数々の社会活動家や研究者と交流する中で、大原孫三郎は、労働問題が大きな社会問題になることを痛切に感じるようになった。そのため、早稲田大学の労働問題研究に多額の寄付を行い、その問題解決にあたってきた。孫三郎自身も、紡績工場の寄宿舎を改善し社宅を建設するなど、労働者の生活環境改善に積極的に関わった。寄宿舎の女子職工を管理するために、女子大学出身の人材を採用し、1919（大正8）年に「倉紡人事研究会」を設けて、人事担当者の教育指導を徹底した。

　大原孫三郎は、盟友の石井十次の死を機に、大阪に本格的な労働問題研究機関設立へと向かった。当時は、紡績事業において労使関係のあり方が議論され、生活に困窮する民衆が起こした米騒動が全国に広がっていた。そのため、生活困窮者への救貧事業だけでなく、労働問題を本格的に研究する機関が必要であると、大原孫三郎は考えたのであった、

孫三郎は、1919（大正8）年2月に、大阪市に大原社会問題研究所を設立した。孫三郎は、優秀な研究員を確保するために奔走し、早稲田大学や京都大学・東京大学から研究員の推薦を受けた。こうして孫三郎は、経営者と労働者とのあるべき姿をさらに追求していくことになった（兼田［2012］136-164頁）。

② 労働者に対して——倉紡中央病院設立——

大原孫三郎の労働者重視の経営方針は、病院設立・経営にも結実した。倉敷紡績が事業拡張するにつれて従業員が増大したため、従来の医療体制では十分に対応できなくなっていた。そのため、孫三郎は、内科外科の医療部門を総合的に診療できる体制を構築することが必要と考えた。そこで1918年ごろから倉紡中央病院の設立計画をたて、一般大衆にも開かれた病院設立を目指した。病院設立には、地元の診療院経営を圧迫するとの懸念から反対の声もあったが、総合病院を作るということで折り合いをつけた。こうして、1923年6月に、倉紡中央病院は開院式を迎えた。

大原孫三郎の理念は、病院経営の方針に明確に現れている。それは、倉敷紡績の従業員と家族、そして一般大衆の疾病治療・健康増進を図ることであった。そのため、病室には等級を設けず、平等な看護を徹底し、病院職員への謝礼等も禁止した。孫三郎は、労働者の自立を促すため、その健康状態の確保にも気配りし、病院を設立することで、その指針を具現化したのである（倉敷紡績［1953］239-250頁）。

③ 社会文化事業へ——大原美術館の設立——

大原孫三郎の特筆すべき活動として、どうしても取り上げねばならないのは、大原美術館の設立である。大原孫三郎は、労働者の地位向上だけでなく、一般大衆の文化教養面での向上が、真の豊かな人生を生み出すと考えていたのである。

大原美術館（大原美術館所蔵）

　大原孫三郎が、美術館を設立する構想を持つに至るのは、画家・児島虎次郎との出会いがきっかけであった。真に優れた絵画を社会に発信して、美術界に貢献したいという児島の熱意に打たれた孫三郎は、児島の画家活動の全面的な支援に乗り出した。それは、児島のフランス留学支援に止まらず、美術絵画収集の資金も全面的に請け負った。こうした西欧の美術画は、エル・グレコやモネなど一流絵画にまで及んでいた。

　孫三郎は、才能ある人材を「活かす」ことで、日本の文化発展に寄与しようとしたのである。そしてこの収集絵画を社会に広く発信すべく、大原美術館は1930（昭和5）年に倉敷で設立された。当初は、西洋美術への関心は、大衆に必ずしも受け入れられず、入館者なしの日もあった。加えて、昭和恐慌が深刻化する時期にあたっていたため、富裕者である孫三郎の美術館設立が批判の対象ともなった。それでも孫三郎は、今後の美術文化の振興をあくまで願い、美術館を財団法人化することで独立経営とし、存続を図ったので

あった(大原孫三郎傳刊行会[1983]165-179頁)。

4 いま、求められる経営者とは

大原孫三郎が遺したもの

　倉敷の資産家に生まれた大原孫三郎は、倉敷紡績の経営者として企業を支え、日本の近代化を担う一人として活躍した。しかしその道は、決して平坦な道ではなかった。学を志して上京するも、生活は乱れ、人生の方向を見いだせず、混迷の日々を送っていた。加えて、父であり倉敷紡績創業者の大原孝四郎を引き継いで、経営者になるという道は、孫三郎にとっては、大きな重圧となっていたであろう。

　それでも孫三郎は、倉敷紡績経営者として、先代の偉業を継承しつつ、積極的に新設備を導入して、事業を拡張していった。それだけでなく、従来の綿業だけでなく人絹事業にも進出するなど、時代を先取りした経営戦略を発揮して、日本の近代化をリードしていったのである。

　その一方で、紡績工場で働く労働者にも温かい目を向け、その労働環境だけでなく、生活環境をも改善しようとした。寄宿舎や社宅の建設・改善は、労働者の精神衛生状況を大きく改善させた。孫三郎は、労使関係の問題については、現場の状況を改善するだけでなく、その経営手法や労務管理の手法などを学術的に研究することで、根本的に解決することが必要であることを感じていた。その想いが、大原社会問題研究所を始めとした研究機関の設立・運営に繋がっていったのである。

　孫三郎は、その慈悲の目を社会にも振り向けた。人間の自立には、豊かな文化芸術に触れることが必要と感じ、芸術家を育成し、優れた西洋美術品を社会に発信することに取り組んだ。地元倉敷に設立された大原美術館は、西洋の代表的美術作品を発信する拠点となることを願い設立されたのである。

大原孫三郎から学ぶこととは

　孫三郎の功績は、経営者としても社会事業家としても、当時の社会情勢を考えれば、必ずしも高く評価されなかった。労働運動が活発な時期に労働問題研究所を設立することは、政府にとっては、反体制的な組織と解釈されかねなかった。加えて、昭和恐慌の最中に大原美術館を開館したことは、社会の反発すら買っていた。

　しかし、労働者の人格を大切にし、人々の文化的精神の目覚めを促すことを志して取り組んできた孫三郎の足跡は、現代に至って高く評価されている。これは、社会に埋もれた人々、弱者へ手を差し伸べようとする孫三郎の信念が、時代を超えて通じるものであったことを何よりも証明している。富裕層にありながら、低所得層や労働者、そして孤児たちに至るまで、あらゆる階層の人々の生活に目を向ける姿勢、さらにいえば、多様な価値観を理解できる共感力の高さをうかがい知ることができるだろう。

　孫三郎は、「新事業は、十人のうち二～三人が賛成したときにはじめるべきだ、七～八人が賛成したときには、遅すぎる」と述べたという。

　時代の価値観がどうであれ、賛同者が少なくても、自分の信念に沿って事業を進めることが必要である。むしろ、誰でも賛成するような事業であれば、わざわざ取り組む必要はない。この教訓は、混迷の時代に、前例にとらわれず、チャレンジ精神を発揮した孫三郎の生き方に凝縮されている。

　時代を超えて活躍した孫三郎を支え・励ましたのは、高い志をもった人物との出会いであった。学生時代、放蕩生活に溺れて、人生の方向性を見失っていたときに手を差し伸べたのは、義兄・邦三郎であった。邦三郎の命を賭した献身的な働きかけが、孫三郎に経営者への道を覚悟させた。そして、青年社長となった時期に出会った石井十次は、孫三郎に社会的弱者へ目を向け、関わっていく慈善事業家への道を切り開いた。だからこそ、日本屈指の経営者・大原孫三郎の生涯は、われわれの生き方の道標として新たなエネルギーを与えてくれるのである。

（参考文献）
大原孫三郎傳刊行会［1983］『大原孫三郎傳』。
兼田麗子［2012］『大原孫三郎』中公新書。
絹川太一［1941］『本邦綿絲紡績史　第5巻』日本綿業倶楽部。
倉敷紡績株式会社社史編纂委員会編［1953］『回顧六十五年』。
倉敷紡績株式会社編［1988］『倉敷紡績百年史』。

⑥ 三菱財閥4代目社長・岩崎小弥太
――財閥の成長と解体とともに――

石井 里枝

はじめに

　本章において論じていく人物は、岩崎小弥太である。岩崎小弥太という名前にピンとこない読者もいるかもしれない。三菱を創った人物として岩崎弥太郎の名前は聞いたことがあるが……、という読者も多いであろう。岩崎弥太郎は、岩崎小弥太の伯父にあたる。すなわち、小弥太は弥太郎の弟（2代目社長・岩崎弥之助）の長男であり、弥太郎の甥ということになる。三菱財閥の初代社長は岩崎弥太郎であり、小弥太は4代目社長である。三菱財閥においての世襲のあり方は、岩崎弥太郎家（本家）と岩崎弥之助家（分家）とが交互に世襲していたから、小弥太は分家の長男、いわゆる「第2世代の4代目」であったということになる。なお、小弥太社長時代の1934年には、3代目社長久弥（本家）の長男である彦弥太が副社長に就任しており、先例によれば彦弥太が次期社長を世襲することが予定されたのであろうが、戦後財閥は解体し、それが実現することはなかった（石井［2010］154頁）。

　前置きはこれ位にして、岩崎小弥太本人について、少し述べていくことにしよう。詳しくは次節以降において明らかにしていくため、ここでは簡単にその生い立ちについて述べておくことにしたい。

　岩崎小弥太（1879〜1945）は、岩崎弥之助の長男として1879年に東京で生まれ、第一高等学校を卒業後、東京帝国大学法科大学に入学した。しかし在学1年で中退して渡英し、ケンブリッジ大学において歴史学を学んだ。そして、Bachelor of Arts の学位を授与された1906年にイギリス留学から帰国後、

三菱合資会社副社長に就任した。従兄である3代目社長・久弥が温和な性格であったのに対し、小弥太は大らかな性格と大胆な実行力の持ち主であったという。副社長時代から小弥太は、その企業家としての果敢な実行力と強い統率力を十分に発揮しながら、大胆な組織改革を進めた。1916年、三菱合資会社の4代目社長に就任すると、事業部を分系会社として独立させてコンツェルン組織を整備し、更なる改革を実行していった（石井［2014b］77頁）。

　戦間期・戦時期を通じた三菱財閥の成長・拡大のなかで、岩崎小弥太は三菱財閥の本社社長として財閥全体を統率した。そして、1945年8月に終戦を迎え、アメリカを中心とする連合軍による「経済民主化政策」のなかで財閥解体の方針が打ち出されるなか、最後まで自発的解体に拒否の姿勢を見せていた三菱も、その方針にしたがうことになった。そして同年11月には三菱本社からの岩崎一族の引退が議決され、小弥太はすべての役職から退任することになった。このとき、小弥太は体調の悪化により入院中であり、同年12月2日、大動脈瘤破裂によって死去したのであった（三島編［1981］343-344頁）。

　このように、岩崎小弥太が社長として三菱財閥を統率していた時期は、まさに、三菱がコンツェルン形態を備え「財閥」として急拡大していく時期から、敗戦後、解体に向かう時期にかけてのときであった。すなわち岩崎小弥太は、財閥の成長とともに生き、財閥が消えゆくときにその生涯を閉じたのであり、まさに本章のタイトルに同じように、財閥の成長と解体とともに生きた経営者であった。

　では、こうした激動の時期を生きた小弥太は、実際にはどのような人物であり、三菱の経営をはじめとして、どのような活動を行っていたのであろうか。本章では、いくつかの文献や経営資料をもとに、その詳細について明らかにしていくことにしたい。また本章では、「経営者」という側面からはあまりふれられることのない、文化、教養面における小弥太の貢献といった側面にも光をあて、論じていくことにしたい。

1　岩崎小弥太の誕生から副社長時代まで

　前節でもふれたように、岩崎小弥太は岩崎弥太郎の実弟である岩崎弥之助（2代目社長）と、母・早苗との間に、1879年8月3日、その長男として生まれた。このとき、父・弥之助は29歳、母・早苗は22歳であった。兄弟にはほかに、4歳年上の姉・繁子と2歳年下の弟・俊弥、8歳年下の弟・輝弥がおり、俊弥は旭硝子の創業者として知られる。母・早苗は後藤象二郎の長女であり、小弥太の誕生地とされる東京市神田区駿河台東紅梅町の岩崎邸は、元々は後藤象二郎の邸宅であったところであり、「後藤の西洋館」と呼ばれたところであった（岩崎小弥太伝編纂委員会編［1957］46頁）。

　幼年期の小弥太は、4歳から6歳まで自宅近くの東京女子師範学校の付属幼稚園に通った。また、年の近い弟の俊弥は、小弥太の勉強相手でもあり、喧嘩相手でもあったという。幼児期の小弥太は情義に深い少年であり、祖母の美和に孝養を尽くしたエピソードも残っている（岩崎小弥太伝編纂委員会編［1957］48-50頁）。

　その後学習院予備科、東京高等師範付属小学校、中等科へと進学した小弥太は、中等科のときから寄宿舎生活を送ることになった。弟の俊弥も同様に寄宿舎生活を送ったが、この背景には、厳格な寄宿舎生活によって心身を鍛錬させようという両親（弥之助夫妻）の配慮があった。この寄宿舎生活は、中学、高校と続いた。寄宿舎生活のなかで小弥太兄弟の指導にあたったのは、大学や高等学校に在籍する成績優秀な学生たちであったが、そのなかには木村久寿弥太など、のちに三菱の専門経営者として小弥太とともに経営を担っていくものの名もあった。なお、中学時代の小弥太は内気でおとなしく、独り黙々と己れの道をいくというタイプの少年であったというが、当時から気性はなかなかに強く、いったん言い出したら容易には後にひかない性格であったという（岩崎小弥太伝編纂委員会編［1957］53-55頁）。このような小弥太の性格が、内気な少年時代と評価されるこの時期からすでにみられていた

ということは興味深い事実である。

　1896年に18歳になった小弥太は、第一高等学校に入学したが、一高での寮友のなかには、のちに成蹊学園の創立で協力しあう、中村春二もいた。1899年に高等学校を卒業した小弥太は、東京帝国大学法科大学に入学したが、翌1900年には在学1年で帝大を退学し、7月、イギリスへと渡った。イギリスでは、ケンブリッジ大学への入学準備のために2年間まず勉学に励み、その後1902年10月に、小弥太はケンブリッジ大学に入学した。彼が籍を置いたのはPembroke Collegeであり、1904年には歴史学科第1部triposを修了し、1905年には同学科第2部triposを修了、同年にBachelor of Artsの学位を授与された。当時の日本人留学生の多くは、一般教養過程にあたるgeneralコースを選択するものが多かったというから、小弥太の秀才ぶりを確認することができる。なお、当時のイギリス人同級生は、小弥太について"healthy, wealthy, and wise"と称したという。人柄においても、その頭脳においても、国際的にみた水準でも、きわめて評価の高い人物であったということが理解できる。

　イギリスでの生活のなかで、小弥太は歴史学のほかにも地理学や社会学にも関心をもち、とりわけ当時のイギリスの社会主義思想にはつよい関心を持っていたという。また、後述するように、教育に対するつよい関心も持っていた1906年春には帰国し、同年5月には三菱合資会社副社長に就任するが、この約5年間のイギリスでの留学生活は、のちの小弥太の経営者として、また文化・教養人としての人格形成に、大きく影響を及ぼしたのであった（岩崎小弥太伝編纂委員会編［1957］58-68頁）。

　1906年春に帰国した小弥太は、同年5月には三菱合資会社副社長に就任し、帰国後すぐに三菱の経営に携わることになった。そのときの心境として小弥太は、本心としては政治界へ出て社会の向上改革について考えてみたかったが、父親（弥之助）から副社長になるように厳命を受けたため、名義だけのものでなく実業界において自分の考えを思う存分実行できるのであればとい

う条件つきで、三菱への入社を決心したとしている（岩崎小弥太伝編纂委員会編［1957］70頁）。

このように、小弥太は本心としては政治や社会といった、実業界以外のみちへの関心を抱いていたものの、父親からのつよい希望により、経営者として歩むことを決意した。そして、その道をスタートさせるにあたり、自分の理想とする経営を実践するという初心をもち、歩み始めたのであった。

若い頃の小弥太（三菱史料館所蔵）

小弥太副社長時代（1906～1916）の1908年10月には、三菱合資では大規模な社制改革が実施され、創業以来の各場所別独立会計制度から、いわゆる『事業部制』とよばれる、各事業部門（鉱業部・造船部・銀行部）を独立採算制により運営させる制度に転換した。この大規模な社制変更に関して、小弥太の主導性について指摘する考え方や（森川［1966］、三島編［1981］など）、「社長専制主義」であった三菱では、あくまで久弥に主導権があったのであり、小弥太は補佐をしたにすぎないとする考え方（宮川［1996］）がある。久弥にもアメリカ留学の経験があり、「事業部制」はアメリカにおいて成立した分権的事業部制組織と同様の特徴を持っていたという点などからすれば、久弥に主導権があったとも考えられる。とはいえ、副社長就任に際して上述のような初心をもつ小弥太は、この大規模な経営改革に対して、単なる「補佐」以上の役割を果たしていたということができよう。そして、副社長時代にお

いて経験した「事業部制」への大規模な社制改革の経験は、社長に就任した直後から着手した事業部の株式会社化という、さらに大きな制度改革へと活かされていったのである。

なお、後の節において詳しくみていくが、副社長時代において小弥太は、東京フィルハーモニックソサイエティや成蹊学園の設立に関係するなど、文化・教養面における活動も精力的に行っていた。こうした点についても、単に「企業経営者」としての側面にとどまらない小弥太の多面的な側面として、注目に値するものといえるであろう。

以上みてきたように、三菱財閥2代目社長・岩崎弥之助の長男として誕生した岩崎小弥太は、中等科の頃より寄宿舎生活を経験するなど、厳格な環境のなかで育った。また、副社長就任前における5年間のイギリスへの留学の経験は、のちの小弥太の企業人としての、さらには文化人・教養人としての人格形成に、大きな影響を与えた。そして、ケンブリッジ大学において Bachelor of Arts の学位を得たのちに帰国した小弥太は、直ちに三菱合資会社副社長に就任し、社長である従兄の久弥とともに、「事業部制」への社制改革に着手し、のちの大財閥への成長の礎を築くのであった。

2 社長時代の岩崎小弥太と三菱財閥の成長、そして敗戦と小弥太の死

岩崎小弥太が第4代社長に就任したのは、1916年7月1日のことであり、このとき小弥太は38歳であった。彼は、副社長時代から会社経営に関して大きな影響力をもっていたとされるが、社長に就任するとさらに、ドラスティックな経営改革を推し進めていった。具体的には、1917年秋からは三菱合資全体の組織改革をスタートさせ、同年10月の造船部の独立（三菱造船株式会社）を皮切りに、各事業部を分離独立させて株式会社化していった。その様子について示したのが、以下の表1である。

同表から明らかなように、三菱では造船部に続いて臨時製鉄所建設部、営

表1

(単位:万円)

	会社名	資本金	前身
1917年10月	三菱造船	5,000	造船部
10月	三菱製鉄	3,000	臨時製鉄所建設部
1918年3月	三菱倉庫	1,000	東京倉庫株式会社
4月	三菱商事	1,500	営業部
4月	三菱鉱業	5,000	鉱山部、炭鉱部
1919年3月	三菱海上火災	500	総務部保険課
8月	三菱銀行	5,000	銀行部
1920年5月	三菱内燃機製造	500	三菱造船神戸内燃機製作所
1921年1月	三菱電機	1,500	三菱造船神戸電機製作所

出所:石井［2014b］78頁。

業部、銀行部といった各事業部が次々に分離独立し、独立した各事業部は株式会社として改組されることになった。各事業部の株式会社化は、それ以降の三菱財閥の発展に大きな影響を与え、分系各社は形式的には本社に束縛されない意思決定を行える制度的な枠組みを与えられた。三菱合資から主要な事業部が分離独立し終わった1919年以降、本社部門の改革が進められ、本社のトップマネジメントとして社長、総理事、常務理事が置かれた。1919年には、最高意思決定機関として理事会が新設され、財閥内における重要事項の多くが理事会の審議を経て決定することとされた。さらに、1931年には、社長室会が新設され、重要事項は社長室会において決定されるようになり、トップマネジメントを担う社長室会に、理事会が従属するという仕組みになった。また、1937年に株式会社三菱社が設立されて本社組織の集約化が図られ、1940年には本社が株式公開するに至った。さらに、1943年には三菱社は株式会社三菱本社へと改称され、単なる持株会社ではなく子会社の統制を行う「本社」であることが明示された（石井［2014b］77-81頁）。

　こうした小弥太社長時代における経営組織の変遷のなか、意思決定の場面においても専門経営者の役割が次第に大きくなっていった。この点を捉えて、研究史では、岩崎家の独裁的な意思決定から専門経営者も経営の意思決定に

壮年期の小弥太 (三菱史料館所蔵)

参画する形に変わっていったことや、それが岩崎家同族の専断的陣頭指揮を否定ないし修正し、小弥太の企業家活動が専門経営者の意向によって制約されたのではないか、という指摘がなされることがある (森川 [1966] 83頁など)。しかしながら、経営資料や伝記を読み解いてみると、決して小弥太の意思決定が制約されていたわけではなく、社長によるイニシアティブが維持されたなかで、専門経営者たちとともに意思決定が行われていたことがわかる。

　たとえば、上述の社長室会についての経営資料である「社長室会議事録」(三菱史料館所蔵資料)によると、理事会に代わって最高意思決定機関となった社長室会は、副社長である岩崎彦弥太や、小弥太の寄宿舎時代の指導者であった本社総理事・木村久寿弥太を含む6～7人の少数のメンバーから構成され、頻繁な会合が開かれおり、小弥太が出席することもあった。そこでは、分系各社の重役会議案についての事前・事後の報告に加え、採用・昇進といった人事に関わる重要案件や、事業計画・契約に関わる重要な案件について審議されており、社長室会は戦間期三菱におけるトップマネジメントとしての役割を実質的に果たしていた (石井 [2010] 151-163頁)。

　このように、財閥の最高意思決定機関には、小弥太や小弥太にきわめて近い人物たちが実際に深く関わっていた。また、戦時期の1940年に設置された査業委員会や財務委員会も、社長の諮問機関であり、また実際、社長が出席する場面や、社長の意見を仰いだ上で委員会決定を回答する場面もみられた (加藤 [2008] 365頁)。

さらに、小弥太の側近の一人であった船田一雄の伝記である『船田一雄』には、社長としての小弥太に関して、次のような記述がある。

>　……他の財閥と違つて三菱では社長が陣頭に立つて指揮もすれば決裁もした。小弥太は、副社長時代から通じて40年もの間本社を主宰し、一時は商事、鉱業の二社の取締役会長も兼ねたから、傘下各位の枢要なポイントは悉く心得て居られた。そして気宇は豪宕で思慮は緻密、意志また鞏固で実行力が旺盛であったから、社内の重役達も社長には太刀打出来なかつた。しかし決して専制横暴の君主ではなかつた。着意発想は自ら採つたにしても、それぞれの機関をして充分に議論をつくさして決定実行にうつしたのであつて、さればこそその直下にあつては船田さん以下の専務、また各分系会社の社長の献替が必要だつたのである。会社で議論がたたかわされ議論別れとなるようなことも度々であつたが、そんなときは必ず翌朝船田さんの宅に社長から電話がかかる。昨日の議論を昨夜またいろいろと検討を加えて見たが、矢張りあれは自分の主張が正当だと思ふというのである。社長はなかなか自信の強い人であった。……。（船田一雄氏記念刊行会編［1953］121頁）

　このような記述からは、小弥太による「着意発想」は、決して専断的な意思決定ではなかったものの、分系各社における実際の経営に大きな影響力をおよぼしていたのであり、小弥太が三菱財閥内の分系各社、ないしは三菱全体における意思決定に与えた影響はきわめて大きかったということが理解できる。財閥の規模拡大に従って、組織が分権化し、本社組織が集約化されていくなかにあっても、社長、すなわち小弥太が陣頭に立って指揮、決裁を行っていた。そして、専門経営者が経営に参加するという点については、それはあくまで、専門経営者も社長とともに協力して経営を行っていくという意味においてのことであった。

周知の事実であるが、1945年8月15日をもって太平洋戦争は終結し、日本は敗戦国となった。そしてその直後から、アメリカを中心とする連合軍による「経済民主化政策」のなかで財閥の自発的解体の方針が打ち出されることとなった。この方針に対して、小弥太の考えとしては、三菱は過去において軍閥と結んで戦争を挑発した事実もなく、岩崎一族が資本を独占している事実もないということから、反対の立場であった。病苦を押して小弥太は上京し、同年10月22日には児玉終戦連絡事務局総裁、23日には渋沢蔵相と会見し、連合国の命令によって日本政府が三菱に対して解散を命ずるのであればやむをえないが、自発的に解散するのは承服できないという旨を伝えた。しかし、このような期待が叶うことはなく、政府は同年10月31日を期して三菱を含む四大財閥に命じて自発的解体の共同声明を発表させる準備を行った。なお、この会見の翌日の10月24日から、小弥太の病状は急激に悪化し、同月29日には東大病院に入院をした（船田一雄氏記念刊行会編［1953］125-126頁）。

　最後まで自発的な解体に拒否をする姿勢を見せていた三菱も、結局、連合国の方針に従うことになった。そして1945年11月1日の本社株主総会において、三菱本社からの岩崎一族の引退が議決され、小弥太はすべての役職から退任することになった。なお、入院中の小弥太はこの株主総会に参加することはできなかった。小弥太は総会が無事終了したことをその病床で耳にしたが、冬が近づき病状は日に日に悪化することとなり、同年12月2日、大動脈瘤破裂によって死去したのであった（岩崎小弥太伝編纂委員会編［1957］386-391頁）。このように、小弥太は三菱がコンツェルン形態の整備を開始する時期から、三菱がまさに財閥としての生涯を終えるときまでの間、社長として三菱を統率し、そして財閥の終りとともにその生涯を閉じたのであった。

3　『随時随題』から読み解く岩崎小弥太

　さて、小弥太の考え方について知る手掛かりとなるものとして、『随時随題』という資料が残されている。これは、大正はじめから1944年にかけての

間に小弥太が社内で発表した訓示や挨拶など16編をまとめたものであり、1915年4月に発表された「倶楽部に対する希望」から、1944年4月に発表された「三菱化成工業株式会社の始業に際して」まで納められている。なお、『岩崎小弥太伝』にはこの16編に加えてさらに、1945年1月1日に発表された「新年に際して」、同年4月21日に発表された「告示」、そして1945年11月1日の本社株主総会において発表が予定されていた「告辞」の3編が収められている。

　このように『随時随題』をのこした理由について、その冒頭で小弥太は次のように記している。

　　巻中に収めた十数編いづれも既に一度は発表したもののみである。過去の残滓を蒐録して再び人に示すのも愚の至りだが、読む人が之に由りていつも変らぬ与の素心を掴み取つてくれたならば、其処に三菱の伝統も明かとなつて自ら嚮ふ所も定まらう。婆心の繰言が斯くて涓埃を将来に致し得たら、此こそ望外の仕合せである。

　この『随時随題』が発表された翌年の8月には敗戦を迎え、11月には本社解散が決議され、12月には小弥太自身が死を迎えることになる。この時期において、このような自身の発言についての記録を残したということは、財閥だけでなく自身についても終りを迎えようとしていることを予期しての行動だったのであろうか。

　さて、内容について話題を戻すと、『随時随題』のなかには、すでに述べたように16編の論述集が収録されているが、そのなかで1920年2月の「鉱業会社臨時場所長会議席上に於ける告辞」および同年5月の「商事会社場所長会議席上に於ける挨拶」からは、従来の「事業部制」から分系会社が株式会社として独立したころ、すなわちコンツェルン統轄組織を整えつつあった時期における小弥太の発言が明らかとなる。ここにおける内容について、興味

深い点について指摘すると、以下のようになる。
　まず、「鉱業会社臨時場所長会議席上に於ける告辞」に関して、注目すべき点を記すと次のようになる。

　　……其は要するに「鉱業会社の公開」即ち会社事業に他人の資本を加へ、更に大いに会社の発展を計るという問題なのであります。此れは……三菱社全体の経営方針の一変に因ったものであります。従来の三菱事業経営の方針は、たとへ其の経営の精神が常に国家を対象とし社会を対象としてましたとは云え、兎に角形式の上では、所謂集中主義であり、資本を一家に独占する形でありました。然るに今回其の方針を改めまして、社会の進歩に応じ事業の発展に伴ひ、資本の一部を社会公衆に頒ち……申す迄もなく、我々の職業は、労力（Labour）、資本（Capital）、組織（Organization）、の三要素を適当に利用し、其の結合の力に依つて生産に従事するのであります……。

　このように、小弥太はコンツェルン統轄組織を整備した大正期において、企業について「労力」、「資本」、そして「組織」の重要性について述べている。
　その一方で、次に記す「商事会社場所長会議席上に於ける挨拶」においては、組織について以下のような説明が述べられている。

　　今回改正された組織を一見した多くの人の評によりますと、……此の複雑なる組織を如何にして統一し、如何にして一致協力の実を挙げ得るであらうかと、此が多くの人々の疑ひでありました……然しながら退いて静かに考へて見ますと、協同一致又は統一と言ふことは、必ずしも組織のみを以て其の目的を達することは出来ない。要は其の組織を形づくる人に存するのである……。

組織の重要性については、先述の「鉱業会社臨時場所長会議席上に於ける告辞」においても、またそれ以外の小弥太の発言のなかでも、しばしば述べられたところであるが、それを形作る「人」の重要性について指摘している点は、注目に値する。

　また、『岩崎小弥太伝』には『随時随題』に収録された16編のほかに、1945年に発表され、また発表が予定されていた小弥太による原稿3編も同じく収められている。このなかで、1945年11月の株主総会における発表を前提として執筆されたものの、情勢の急変により、結局は発表されることはなく、結果として小弥太の「遺稿」となってしまった「告辞」には、終戦後、三菱が採るべき方向性などについての小弥太の考えがよくまとめられている。そのなかで幾つかを抜粋すると、次のようになる。

　　……三菱は元来国家の利益、社会の福利の為にすることを念と致して居りました。……今後は岩崎一族の盛衰によりて此の三菱の事業に煩なき形態を整へて置くことが、我々岩崎の者の責務であると考ふるのであります。
　　新株主には岩崎一家の親類縁者を採らず……将来は他の株主中より重役も加へ、取締役も社長も副社長も真に実力あり、株主の利益と共に国家社会の公益を図り完全に事業の経営に当り得る人を挙ぐるのが当然であると信じます……。

　このように、小弥太は三菱の経営を行う上で常に自社のことを考え、組織や人材の重要性について認識し、さらに戦後の三菱の方向性についても自身のつよい考え方を持っていた。また、自主的な解体が無くても、自身は会社経営から身を引く決意はできていたようである。結局最後の「告辞」は公表されることなく、また小弥太自身もこの直後に亡くなってしまったが、小弥太の『随時随題』や、「告辞」などから明らかになる考え方は、「組織の三菱」

と称されることも多い現在の三菱のカラーに通ずる、精神的な源流にもなっているのではないか、と考えられる。

4 　文化人・教養人としての岩崎小弥太とその社会への貢献／周囲からみた小弥太

　本章ではこれまで主に、岩崎小弥太の「経営者」としての側面について論じてきたが、ここでは「文化人」・「教養人」としての小弥太について述べていくことにしよう。また、周囲からみた小弥太像についても少し述べておくことにしたい。

　とくに、副社長時代において小弥太は、文化・教養面において大きな貢献を果たした。

　まず文化面についてみてみると、注目すべきこととして、交響楽の普及に熱心であったということをあげることができる。イギリスへの留学中から西洋音楽に関心をもっていた小弥太は、1910年に友人とともに、日本において最初の民間交響楽団である東京フィルハーモニックソサイエティを設立した。その目的は西洋音楽の普及振興を図るために、前途有望な音楽家を後援して立派な音楽を社会に提供しようというものであった。なお、この会は約10年間活動を続け、数多くの音楽会を主催し、多くの新進音楽家を輩出した（岩崎小弥太伝編纂委員会編［1957］81-82頁）。

　そのなかの一人に、山田耕筰がいる。小弥太は東京音楽学校教師のハインリッヒ・ヴェルクマイスターに師事してチェロを習っていたが、そのハインリッヒ・ヴェルクマイスターの紹介で、東京音楽学校を卒業したばかりの山田耕筰に小弥太はベルリンへの留学費用を与えた。また、帰国後の山田を指揮者として、1914年12月には東京フィルハーモニックソサイエティにおいて音楽会が開催され、その会の成功とそれが投じた波紋は意外と大きかったという（宮川［1996］72-73頁）。

　このような活動は、日本における西洋音楽の推進のために、大きな役割を

果たすものであった。しかしながら、交響楽の運動は、まだこの時期においては時期尚早であり、山田耕筰は「日本における交響楽の最初の運動と日本人の真の芸術的作曲の道は、岩崎男爵（小弥太のこと――筆者注）と私が大正の始めに創始したものである」と述べたという（岩崎小弥太伝編纂委員会編［1957］88頁）。

　また、教養人としての小弥太について考えてみると、教育面での小弥太の遺した大きな貢献として、成蹊学園の創立をあげることができる。成蹊学園の創立は、1912年4月の私立成蹊実務学校開設にはじまる。小弥太と今村繁三が、高等師範付属中学校以来の友人である教育者・中村春二を支援して開設に至ったのであるが（創立者中村、賛助員今村・小弥太）、小弥太の支援の背景には、単に中村や井上と友人関係にあったためという理由だけでなく、イギリス留学時から抱いていた、自由な雰囲気のなかでの学校教育の重要性についての認識と、日本において官庁の制約を受けない学校を建てて理想的な教育を行いたいという思いが根底にあったからであった（岩崎小弥太伝編纂委員会編［1957］151-152頁）。

　1912年に開設した成蹊実務学校は、乙種の商業学校であったが、中村の理想とする精神主義の教育と、その実現のための少人数の英才教育の必要性、そして小弥太や今村が理想としたイギリスの学校のような寄宿舎を中心とする教育とを実践する場としての必要性から、定員1学年20名の少人数主義、無月謝、教科書貸与、活きた学問の指導というような特色が打ち出され、生徒は全員校内に寄宿することとされた（成蹊学園編［1973］74-76頁）。さらに、1914年には成蹊中学校（旧制）、1915年に成蹊小学校、1917年には成蹊実業専門学校および成蹊女学校が創設され、その規模は拡大することになる。

　成蹊学園への経済的な支援に関して、設立当初は小弥太と今村が援助していたが、1918年には岩崎久弥（3代目三菱社長）が加わり、小弥太・久弥・今村・中村の4名で財団法人成蹊学園を組織することになった。そして、三菱本社からも成蹊学園に理事として役員が入ることになり、翌1919年には小

弥太は同学園の理事長に就任した。その後、1921年には今村が成蹊高等女学校（旧・成蹊女学校）の経営に専念し、中村も1924年に46歳の若さで亡くなり、小弥太は事実上学園の柱石となり、その発展に大きな役割を果たすことになった。

　このように、成蹊学園の創立からその発展まで、大きな役割を果たした小弥太であったが、小弥太の学園に対する態度は、「自分は学校に財的援助をしたのみである。後援者が教育の実際に介入することはよくない」ということで、教育については学校の当局者に一任し、自分は一切介入をしないという立場をとった。このように、あくまで資金面に徹する、という立場はつらぬいたものの、資金面における三菱の果たした役割はきわめて大きく、たとえば終戦も近い1943年から1945年にかけての三菱本社『決算書類』・『決算勘定書』においても、成蹊学園資金として3年賦で150万円の寄附が計上されている（石井［2015］58-60頁）。会社経理統制令による寄附金支出額の制限があるなかにおいても、このように多額の寄附を行っていたという点からも、成蹊学園に対する三菱による経済的な支援が、いかに大きかったかを理解することができよう。

　では、経済的な支援に徹したとはいえ、なぜ小弥太はこのように教育活動への支援を積極的に行ったのであろうか。この点に関しては、イギリスへの留学経験から得た影響が大きく関わっているといえるであろう。すでに述べたように、小弥太は三菱入社前の1900年から1906年にかけてイギリスに留学しているが、そこでふれた教育のあり方や思想は、彼の考え方に大きな影響を及ぼした。たとえば、小弥太が中村春二に宛てて誕生日祝いとして送った手紙（1901年3月31日付）には、次のような内容が記されている。

　　……英国の学校教育は、個性を尊重し、自由なる雰囲気により行われ居り候。これに反し、日本の学生が教科書の詰込主義に毒され、自主的精神を喪失し居る現状に比するに、誠に羨ましき限りと存じ候。小生

帰国の上は、官庁の制肘を受けざる学校を起し、理想的教育に専念してみたく感じ候。貴君におかれてもこの点御考慮あって然るべきかと存じ居り候。（成蹊学園編［1973］11-12頁）

また、イギリス留学中に小弥太が中村に宛てた書簡は数通あるというが、1903年4月4日にイタリア旅行中、滞在先のジェノバから小弥太が中村へ宛てた手紙には、次のように記されている。

英国における教育は貴族富裕階級の教育に偏し、教育の普及に関しては欧米先進国に立遅れ居る感有之候。教育は一般国民にまで普及すべきものにして階級による教育の差別は撤廃すべきものと存じ候。日本帝国の将来について考ふるれば教育の事誠に重大に御座候。（成蹊学園編［1973］12頁）

このように、小弥太は留学先のイギリスの個性を尊重する教育に影響を受け、さらに欧米を旅するなかで、イギリスのように富裕層に偏った教育のあり方ではなく、一般国民にまで教育が普及している欧米諸国での教育のあり方にも影響を受けた。そして、こうした英国や欧州での教育のあり方を、日本の教育に組み入れるべきであると考え、帰国後に「理想的な教育」を実践してみたいとも考えていた。

このような留学中における小弥太の手紙の内容から考えてみると、単に経済的な支援者としての立場を超えた、小弥太の「理想的な教育」に対するつよい思いと、その実践の場としての成蹊学園への小弥太のつよい思い入れについても見てとることができる。三菱財閥の社長という立場からは、経済的な支援に徹することしかできなかったものの、多大なる支援を続けた背景には、小弥太の教育の重要性に対する認識と、「理想的な教育」に対する熱意が確かに存在していたのであった。

また、こうした活動に加え、社長時代および晩年においては、小弥太は東洋文化の収集も積極的に行った。これに関連して、静嘉堂文庫に関する活動も、小弥太の行った文化活動として高く評価できる。静嘉堂文庫についていうと、元々は父である岩崎弥之助が1890年頃から和漢の古典籍を中心に蒐集をはじめたことに由来するが、弥之助の没後しばらくの間そのままに放置され、一般の利用に供することもなかった同文庫を事業として大成させ、公開するに至ったのは、小弥太の貢献によるものであった。具体的には、1921年に歴史学者である諸橋轍次を文庫長として迎え、まず蔵書の調査・整理を行わせ、公開図書館としての体制を整える準備を行った。そして、継続して書籍の蒐集を行い、1924年には弥之助の17回忌の記念事業として、世田谷区岡本に新文庫を建設し、静嘉堂文庫としたのであった。その後小弥太は、1940年に財団法人静嘉堂を設立し、文庫の蔵書と一切の設備をこれに寄附した。そして小弥太自らが理事長となって財団の管理を行い、図書の蒐集をすすめ、大正・昭和の間において4万冊以上の図書を文庫に購入させたのであった（岩崎小弥太伝編纂委員会編［1957］166-168頁）。

　さらに、文化的な活動に関して、小弥太は茶道や俳句にも深い関心を示した。とりわけ、俳句に関しては、1936年に句集「巨陶集」を出版して480句を収め、さらに1944年には「早梅」を出版して202句を収めた。いつごろから俳句を日常的につくるようになったのかについては不明であるが、病気療養中（1929〜1931）のころから、心境の変化により詠句をはじめたのではないかとされる（宮川［1996］176-177頁）。これらの句集には収められていないものの、亡くなるおよそ一月前に病床で詠まれた句「秋さまざま病雁臥すや霜の上」（宮川［1996］264頁）は、結果として小弥太の最後の詠句となった。なお、この句に関して、孝子夫人に「霜の上とは真白いシーツの上に横たわっていることだよ」と言ったという（宮川［1996］264頁）。

　以上のような検討からも明らかなように、ともすると「経営者」としての役割のみが強調されがちな小弥太ではあるが、文化・教養の各方面において、

実にさまざまな活動を行っていたということが理解できる。また、副社長時代のように経営者としての活動初期のころから活発な文化的活動を行い、それを長きにわたり継続していた。文化人・教養人としての小弥太の、社会・文化活動への貢献について、理解することができよう。

また、『岩崎小弥太伝』には、同誌編纂にあたり小弥太の周辺にいた人物から寄せられた論稿が載せられているが、それらにおける小弥太に関する意見として一致するところとして、「大道を行く者」・「理想家にして実行家」・「文化人」・「平和の巨人」であるということに帰着するといえる（岩崎小弥太伝編纂委員会編［1957］393頁）。こうした周囲からの評価については、本章において述べてきたところと一致するものであり、実際の行動においても、また周囲からの評価においても、バランスのとれた理想的な人物としての小弥太の生き方をみてとることができるのである。

おわりに

本章では、三菱財閥4代目社長である岩崎小弥太をとりあげて、財閥の展開とあわせて論じつつ、経営者としてだけでなく、文化人・教養人としての側面にも目配りしながら、彼の足跡について多面的に論じた。

岩崎小弥太は、財閥がコンツェルン形態を整えはじめた大正初期から、その解体が決定した終戦時まで、副社長、のちに4代目社長として三菱を牽引した。彼が経営に関わった時期を通じて、三菱は財閥としての形態を備え、多角化を推進し、その規模を拡大していったのであるから、まさに小弥太は三菱財閥発展の中枢にあった経営者であるといえよう。

そして、研究史上においては三菱の「精神的な結集軸」という表現がなされることもあり（三島・長沢・柴・藤田・佐藤［1987］260頁）、とりわけ戦時期においては財閥の「人的象徴」としての役割が強調されることもある小弥太であるが、経営資料などを読み解くなかでは、戦間期から戦時期を通じて巨大化した組織のなかにおいても、単なる「象徴として」ではなく、「経

営者として」実質的にも、自身の率いる企業の経営に大いに尽力した、一大経営者としての小弥太の人物像が浮かび上がってくる。

しかしながらその一方、文化・教養面における小弥太の貢献についてみてみると、もう一つの「岩崎小弥太像」——文化人・教養人としての岩崎小弥太——がみえてくる。イギリス留学時代に身につけた教養を活かし、副社長時代においては成蹊学園の創立や交響楽団の設立などといった文化・教養面における活動を積極的に行った。またその後においても、静嘉堂文庫の設立・公開を行い、晩年には句集を相次いで発表し、亡くなる直前まで俳句を好んだ。

しかしながら、このような文化人・教養人としての小弥太の側面については、副社長時代や晩年において活発にみられ、いわゆる壮年期にはあまり見られず、小弥太はその時期においては社長業に専念していたように思われる。

この点については、小弥太も本来であれば、このような文化的な事業と実際の財閥経営とをバランスよくこなしたかったのかもしれない。あるいは、社長業という名目だけで日々の業務は他の専門経営者にすべて任せるということも可能であったのかもしれないが、彼はそのようなことをせずに、あくまで社長業に専念し、経営者として拡大する三菱財閥を牽引した。時代の要請と彼の社長としての資質が、そういう選択に導いたのであろうか。彼はしばしば周囲に、55歳になったら社長を辞めたい、社会事業、まずは新聞事業に力を入れたい、と漏らしていたというが（宮川［1995］189-190頁）、小弥太が実際に55歳になったのは1933年のことであり、この時期は、重工業部門も含め、三菱は企業規模をさらに拡大させていく時期にあたった。そして、それが結局実現することはなかった。

歴史を語る上では「もし」や「れば」といった仮定はナンセンスであるかもしれない。しかしながら、「もし」、戦後の時代も小弥太が生きていたとす「れば」、公職から退いた彼は「大財閥の経営者」としての責務・重圧から解放され、文化事業や教育事業などにおいてさらにすぐれた貢献をしたかもし

れない。

　時代の要請を受け、それに翻弄された部分も持ち、時代とともに生き、そして戦前から戦後へと大きく時代が変わるその変わり目において、その生涯を閉じた岩崎小弥太。時代を越えて生きることはできなかったものの、彼の目指そうとした企業理念のあり方は、現在の三菱や現在の日本企業の根底に確かに根付いていると思われる。また、文化・教養といった側面における功績も大きく、その功績も現在まで続くものであるといえる。このように、時代を「越える」ことはできなかったものの、時代を「超えた」存在としての岩崎小弥太について、多くの読者に学び取っていただければ幸いである。

(参考文献)

石井里枝［2010］「1930年代の三菱財閥における経営組織──理事会・社長室会の検討を中心に──」『三菱史料館論集』第11号、三菱経済研究所。

石井里枝［2014a］『戦時期三菱財閥の経営組織に関する研究』愛知大学経営総合科学研究所叢書44。

石井里枝［2014b］「財閥の多角化と組織」宮本又郎・岡部桂史・平野恭平編『1からの経営史』碩学舎。

石井里枝［2015］『戦前期の日本企業における社会貢献活動──三菱財閥の寄附に関する検討を中心として──』愛知大学経営総合科学研究所叢書45。

岩崎小弥太伝編纂委員会編［1957］『岩崎小弥太伝』岩崎小弥太伝編纂委員会。

加藤健太［2008］「戦時期三菱財閥と査業委員会──企業買収とその審議──」『三菱史料館論集』第9号、三菱経済研究所。

成蹊学園編［1973］『成蹊学園六十年史』成蹊学園。

船田一雄氏記念刊行会編［1953］『船田一雄』船田一雄氏記念刊行会。

三島康雄編［1981］『三菱財閥』日本経済新聞社。

三島康雄・長沢康昭・柴孝夫・藤田誠久・佐藤英達［1987］『第二次世界大戦と三菱財閥』日本経済新聞社。

三菱経済研究所付属三菱史料館編［2003］『岩崎久彌小伝』三菱経済研究所。

宮川隆泰［1996］『岩崎小弥太（いわさき・こやた）』中公新書。

森川英正［1966］「岩崎小弥太と三菱財閥の企業組織」『経営志林』第2巻第4号、法

政大学経営学会。

7 ダイヤモンド社創業者・石山賢吉
―― 経済ジャーナリストの雑誌経営 ――

中 村 宗 悦

1 近代化と出版業

　幕末における開国・開港は日本の出版業にとっても大きな変革の契機であった。活版と西洋紙への印刷による印刷物発行技術が導入され、それまでの木版印刷とは量的にも質的にも異なる段階に入ったからである。

　日本の近代化・工業化にとって印刷物の普及が必須とみた渋沢栄一は、早くも1873（明治6）年、東京の王子に製紙会社を創設し（抄紙会社、のちの王子製紙）、紙の需要拡大に応じるとともに自らも銀行集会所雑誌を創刊、経済知識の普及を図った。この雑誌はやがて田口卯吉の『東京経済雑誌』に踏襲され、日本で最初の本格的経済雑誌へと発展していった。

　新聞もまたさまざまなスタイルのものが発行されたが、経済情報の価値にいち早く目を付けた三井物産の益田孝は、1876年に『中外物価新報』（のちの『中外商業新報』。現在の『日本経済新聞』）を発刊し、商業者に物価情報を迅速に提供した。

　書籍もさまざまな新知識の啓蒙媒体として数多くが発行された。経済書としては神田孝平の『経済小学』が西洋の経済書の翻訳本として1867（慶応3）年に日本ではじめて出版され、明治初年まで版を重ねて普及した（杉原四郎・長幸男編［1979］19頁）。

　西洋近代の出版技術導入は、このように明治の初期から出版業の発展を促した。しかし、より大きな飛躍の契機は日清・日露両戦争であった。対外戦争は戦地の動向に対する人々の情報需要を生み出し、新聞も雑誌もその発行

部数を拡大させた。また両戦争の「戦後経営」を機に活気づいた民間の投資ブームも、経済情報に対するニーズを拡大させた。1895（明治28）年には現在の『週刊東洋経済』の前誌である『東洋経済新報』が町田忠治によって創刊され、さらに1897年、光岡威一郎と増田義一によって『実業之日本』が創刊された。

本章で扱う石山賢吉は、『経済雑誌ダイヤモンド』[1]を創刊し、以後、雑誌や書籍の製作・販売を行うダイヤモンド社を発展させた経営者である。『ダイヤモンド』もまた日露戦争後の社会情勢を鑑みつつ、第一次世界大戦勃発前年の1913（大正2）年に創刊された。そして、第一次世界大戦ブームの時期に発行部数を飛躍的に拡大させ、先行経済雑誌である『東洋経済新報』『実業之日本』を追いかける存在となり、昭和初期には『東洋経済新報』『実業之日本』と並ぶ三大経済誌の位置を確固たるものとした。

戦後、ダイヤモンド社はピーター・ドラッカーによる経営書の翻訳など書籍販売でも実績を伸ばし、現在、『ダイヤモンド』のほか数誌を発行、資本金1億4,000万円、売上高124億円の大企業に成長している。

しかし、石山は出版社の経営者であると同時に、否、それ以上に経済ジャーナリストであり、優秀な編集者であった。以下では、石山賢吉の生涯をこの両面から追っていきたい。

2　『三田商業界』と石山

石山賢吉は、1882年1月2日、新潟県西蒲原郡曽根村（現在の新潟市西蒲区）に父賢次、母マスの長男として生まれた。出生したその年に父と死別し、同県中蒲原郡白根町（のちの白根市、現在の新潟市南区）にあった母方の実家で幼少期を過ごした。白根尋常高等小学校を卒業後、地元の白根郵便局、加茂郵便局勤務を経て22歳のときに上京し、短期間、日本大学別科（法律）に通ったものの中退。その後、慶應義塾商業学校（慶大の夜間商業学校）に通い、ここを卒業した。石山はこの慶應義塾商業学校在学中の1905年、『三

田商業界』という雑誌を後輩の野依秀市（秀一とも）とともに創刊した[2]。雑誌記事の執筆から編集、出版、営業といった出版に関する全般を経験する契機となったこの『三田商業界』との関わりはその後の石山の人生を決定づけることとなった。

　『三田商業界』の発行元になった三田商業研究会は、野依、石山のほか数名によって運営される非公認学生サークルであった。しかし、その行動力には驚かされる部分がある。半ば強引に慶應義塾教員の支援を取り付けたり、ライバルの早稲田大学の大隈重信に直談判で講演を取り付けに行ったりと、なかなか野心的であった。また慶應義塾出身で活躍していた人物を網羅的に紹介・論評を加えるというコンセプトの『慶應義塾出身名流列伝』（三田商業研究会編［1909］）を刊行するなどベストセラーも生み出している。石山の人脈は後述するように非常に多方面にわたっているが、この『三田商業界』時代に築いた慶應人脈がその基礎となっていることは想像に難くない。

　また石山は『三田商業界』で多くの経済記事を書いた。とくに会社の決算報告についての記事は石山の得意分野であった。『三田商業界』の経営自体については、あまり積極的な関与は認められないが、野依の雑誌経営の手法は近くで学んでいたに違いない。しかし、野依と石山の関係は決して順風満帆だったわけではなく、専制的に振る舞う野依のやり方に石山は少なからず反発を感じていたようである。とくに野依が編集長として白柳秀湖を呼んできて石山をその役割からはずしたことは、石山のプライドを傷つけたようである。

　もっとも、石山没後に『石山賢吉と野依秀市』（野依［1966］）を著した野依は、初期の石山との関係を振り返り、その関係が壊れた経緯に関して石山の『回顧七十年』（石山［1958］）で書かれていることは出鱈目だと批判している。しかし、野依が東京電燈株式会社の恐喝事件によって逮捕されたことをきっかけに石山は野依から距離を置き、最終的には袂を分かつことになったことは事実であろう。

石山は、『三田商業界』から身を引いた後、新聞『日本』を出していた日本新聞社に記者として一時身を置いた。しかし、間もなく病気療養のために退社して、1913（大正2）年、再度雑誌創刊に乗り出したのであった。

3 "経済戦"の時代を予言

石山はそもそもなぜ自分の雑誌を作ろうしたのか。少々時間を遡ってみよう。石山は上に述べた『三田商業界』の発刊の辞において以下の趣旨の文章を書いていた。

> 戦い［日露戦争］は終わった。だが、それは、力の戦争が終わったのであって、これから経済戦が展開される。銃を持った兵士が帰還する日は、算盤を手にした商戦隊が出発する日である。今後は、経済雑誌が大いに必要である。（石山［1963］136頁、引用中の［　］は引用者による。以下、同様）

本物の戦争の後に経済戦の時代がやって来る——。石山のこの予想は、実際には第一次世界大戦という「力の戦争」の勃発によって破られる。しかし、戦争の帰趨が経済力によって左右される「総力戦」の時代になっていくという意味では、正鵠を射ていたとも言える。少なくとも『三田商業界』の発刊時、すでに石山が野依らとともに本格的な「経済雑誌」を指向していたことは読み取れる。したがって、『ダイヤモンド』創刊に当たって「経済戦」の時代を先導すべく掲げられた理念は「算盤主義」であった。「算盤主義」というと、つい「算盤ずく」という言葉を連想してしまうが、もちろんそうした意味ではなく、実際の数値データに基づいて物事を判断するための基礎を提供したいという願いが込められた言葉であった。そして、雑誌の表紙には算盤のイラストもあしらわれた。

しかし、雑誌の創刊は算盤通りには進まなかった。まずは雑誌を編集する

ための場所がなかった。最初は、家賃月3円の貸間を借りてどうにか場所を確保する有様であった。また当時、雑誌発行には政府に対して支払わねばならない保証金1,000円が必要であったので、そのための資金も調達しなくてはならなかったが、自己資金はわずかしかなかった。印刷を引き受けてくれる印刷所も探さなくてはならなかった。こうした苦境の中、資金援助を行ってくれた篤志家がいた。日本橋の毛織物問屋商人であった米倉嘉兵衛がその人である。米倉からの30円の援助を得てようやく雑誌発刊に漕ぎ着けた。資金の貸し手がなくては『ダイヤモンド』が世に出ることはなかったかもしれない。

『ダイヤモンド』創刊号は、1913年5月10日発行となっている。創刊当初は月刊誌で1部10銭。当時最もポピュラーであったたばこの「敷島」20本入りと同額であった。ただし、1,000部刷られた創刊号は全部が無料で配布された。また斬新だったのは、当初は"引用転載ご自由に"という趣旨の文言を掲載したということだ。有益な情報であればどんどん世に広めて欲しいという思いがそういう方針の採用となったのであろう。しかし、数年後に丸ごとほとんど模倣の雑誌が出るに及んで、その方針は撤回されることとなった。

『ダイヤモンド』という誌名は科学的管理法、テーラーシステムの紹介者として有名な池田藤四郎によるもので、小さくとも光る存在でありたいという願いがこめられた誌名であった[3]。創刊号の冒頭に掲げられた「本誌の主義」では、ダイヤモンドと名付けた理由について「小さくとも相当の権威を持たせたいからであります。少なくとも我社同人の有する何物かは確にダイヤモンド以上の権威を以て臨む事を茲に声明して置きます」(1913年5月10日号、以下、『ダイヤモンド』からの引用は年月日号数で示す)と、石山の気負いが感じられる文章が掲載されている。一方、同じ号の編集後記(「編輯室より」)では、「ダイヤモンドも掘り出した時は、只の鉱石、それを研いてから始めて光る、雑誌ダイヤモンドも是から勉強して自ら之を研き、更に江湖諸彦の御忠告によつて研かれダイヤモンドをしてダイヤモンドたらしむ

るに努めたいと思ふ」（同上）と実に謙虚であった。そして、この「ダイヤモンド」という誌名は、第2次世界大戦中の"敵性語狩り"の難もくぐり抜け、今日に至っている。

　石山の雑誌作りの基本的な方針はなるべく安く作って高く売るという、非常にシンプルなものであった。安く作るとは造本などには金をかけずに、中身の編集費に費用を投じ、情報誌として中身の濃いものを作るということである。当時は雑誌の見栄えばかりを飾って中身のない雑誌が多かったとは、石山の述懐である（石山皆男[4]［1938］vii-ix頁）。「情報」という言葉はまだなかったが、経済雑誌の中身を実用に役立つデータの紹介と分析に集中させるという方針は注目に値するものであった。これもアメリカの情報誌を手本にしていることが、のちの回顧などから窺い知ることができる。

　このように高邁な理想を掲げて『ダイヤモンド』は創刊された。しかし、雑誌は3号までは何とか出せるが、その後が大変であるとよく言われる。『ダイヤモンド』も創刊号の次の号を出すのが大変であった。まず、最初に借りた貸間はランプ使用が禁じられており、これを変える必要があったが、同人たちの協力を得て赤坂山王下の表通りに事務所を借りることができた。また政府への保証金としての1,000円は同人の相沢周介が郷里で借りてきたお金でもって何とかすることができた。こうして第2号からは2,500部を印刷し、一般書店で売るようになった。しかし、8号に至って石山の次女が4歳でこの世を去るという不幸に見舞われる。葬式を出すお金すら不足し、雑誌の存続も危ぶまれたが、石山は必死に金策を行い、どうにか雑誌を継続して出すことができた（石山［1963］26-31頁）。そして、創刊時の危機を乗り切った『ダイヤモンド』は大戦景気の時代を迎えて飛躍することになったのである。

4　大戦景気によって躍進

　"誰が経済情報を必要としているのか"。この購読者ターゲットを明確に定めていた点が、『ダイヤモンド』の大きな特徴であった。「創刊の辞」をみる

とそのことは明確にわかる。つまり、株式投資を行う中間層以上の市民がそれであった。「日露戦後経営」は政府支出の大幅な増大をもたらし、株式市況も乱高下を繰り返しつつではあったが、活況を呈していた。拡大する経済、しかし、先が読みづらい経済の状況が、彼らの経済情報へのニーズを高めていったのである。そして、第一次世界大戦勃発後におとずれた大戦景気は『ダイヤモンド』を一層飛躍させる契機となった。これは開戦の翌々年に掲載された次の論説などにも明瞭に現れている。

　　欧州の大乱は我にとりて千載一遇の好機なり。その始め近く終局すべしとして、企業者帰向に惑ひたりしが、戦局永引くに従ひて、之が刺戟の齎(もたら)したる好影響は、海に陸に着々として現はれ来れり、今に於て戦乱の遷延を望む者寧ろ多きが如く、頃来株式界の活躍は、萎縮せる人心に一脈の活気を与へ、活発の気魄漸く上下に漲らんとす。(「大正維新の春」1916年1月号)

　実際、大戦景気の最中に『ダイヤモンド』はその部数を2万部にまで拡大させた。しかし、『ダイヤモンド』の部数拡大は大戦景気の波に乗じただけではない。創刊翌年には「臨時増刊号」を出したり、「特別号」を発行したりするなどの工夫を行っている。またはじめての単行本出版(石山[1915])を行うなどの積極的な経営方針を見て取ることができる[5]。さらに販売ルートの拡充など営業面にも力を入れている。1914(大正3)年8月に大阪出張所を設置したのもその一環である。また1915年10月には同人であった皆川省三を記者として台湾に派遣し、台湾糖業の視察調査を行い、記事として掲載している。後年になるが、石山も自ら満州、台湾等々の視察調査を行っているが(石山[1942])、数字だけではわからない現場の生の様子を取材して記事にするというのも『ダイヤモンド』の方針であった。
　1916年3月4日、姉妹誌として『ダイヤモンド通信』[6]の発行が開始され

たことも重要だ。『ダイヤモンド通信』は会員制（当時の会員数は700～800名）で迅速な株式情報提供を主目的とするものであったが、のちにダイヤモンド社の「米びつともいうべき存在」で安定した収入源になっていった（ダイヤモンド社社史編纂委員会：以下、社史編纂委員会［1988］31頁）。いずれにせよ、大戦景気はダイヤモンド社の経営安定化に寄与し、同社が5周年を迎える1918（大正7）年には麹町区内幸町に新社屋を設置し、また自社の印刷工場をもつまでに至った。創刊当初から印刷所の確保が安定的な雑誌発行に不可欠であることは認識されており、ここでダイヤモンド社は雑誌発行の安定性を確保することとなったのである。

　また1919年5月に資本金6万円の匿名組合（出資社員：石山賢吉、相沢周介、皆川省三、佐田富三郎）に会社組織の変更を行い、社屋の増築と大阪支局の移転を行った。1921年10月には美術印刷会社の経営も開始した。そのほか定価の改定（1920年3月から東京雑誌事業組合の決議に基づき、35銭へ値上げ）、増ページ、1919年4月から毎月3回の旬刊発行体制への変更などを行ったのもこの時期のことであった。内容面では特別記事や特設欄を新設したり、「新事業評」欄で新設会社の追跡調査を行ったりもして工夫を凝らしている。

　『ダイヤモンド』の記事に権威をもたせるために経済ジャーナリストの伊藤欽亮を監修者としたことも重要である。伊藤欽亮は、今ではほとんど忘れられた存在であるが、慶應義塾卒業後、いくつかの新聞等の記者を経て、1887（明治20）年以降、中上川彦次郎のあとを継いで『時事新報』の編集長となった人物である[7]。伊藤は、1906年、私財をなげうって新聞『日本』を買収し、社長となった。『日本』は1888年に陸羯南らが創刊した新聞であったが、当時経営に行き詰まっていたために伊藤に売却されたのである。先に述べたように、石山は短い期間であるが『日本』で記者として記事を書いていたことがあったため、その頃に伊藤の知遇を得たのであろう。『ダイヤモンド』創刊後の1915年には伊藤は同誌に記事を寄稿しており、その後、関係

性を深めていったことがうかがえる。『ダイヤモンド』1917年6月15日号より雑誌表紙には「伊藤欽亮監修」の文字が掲げられ、これは1928（昭和3）年4月28日に伊藤が亡くなるまで11年間続いた。石山は自分の一般経済問題の多くをこの伊藤から得たと述べている（石山［1938］162頁）。

5　大戦後の不況、関東大震災

　大戦景気によってその部数を飛躍的に伸ばした『ダイヤモンド』であったが、1920年の反動恐慌後、その部数は落ち込み、危機に見舞われた。ちょうどその頃、池田藤四郎が米国から帰朝し、その池田の情報をもとに副業としての新しい情報サービスを提供したのが、米国のブルックマイヤーの経済通信を手本にした『放資案内』であった。『放資案内』は1922年に創刊された『経済要報』とともに1924年12月には『ダイヤモンド・レポート』に併合されたが、この『ダイヤモンド・レポート』は新たな経済指標を開発し、経済観測をセールス・ポイントにしたものであった。石山はこうした副業について以下のように述べている。

　　　言論を独立させるには会計が独立して居なければならぬ。私は其必要から色々の副業をやってきたのである。雑誌だけの読者は、副業を余り面白くないと感じて居られるだろうが、是は言論独立の為であるから御寛容願ひたい。（石山［1938］224頁）。

　石山が言うように『ダイヤモンド』は言論の発表の場でもあった。とくに1918年8月以降の武藤山治と吉野作造との間で繰り広げられた誌上論争は注目に値する。武藤は、『ダイヤモンド』1919年8月1日号に論説「吾国労働問題解決方法」を掲載すると、吉野作造は『中央公論』9月号誌上で反論、さらに武藤が9月21日号に「吉野博士に答ふ」を掲載し、論争が展開した。第一次世界大戦後、ヴェルサイユ講和会議の一環で国際労働機関が設立され、

日本も労使および政府の代表を会議に送ったが、武藤は資本家代表としてこれに参加、国際的な舞台で持論を展開した。吉野作造はこうした武藤流の労使協調主義に批判的であった。しかし、武藤は逆に吉野の労使問題解決策を机上の空論と批判し、鐘紡の「温情主義」は温情主義ではなく、労使協調の労働問題解決策であると主張したのである。のちに武藤の代表的著作のひとつである『政治一新論』（武藤[1921]）も『ダイヤモンド』誌上の連載をまとめたものであった。また、1932（昭和7）年、武藤が時事新報社の社長に就任すると、1932年4月、石山は同社の取締役ともなっており、両者の深い関係をうかがわせる。

　大戦後の反動不況の中で「財界の前途を聞く」と題して、財界著名人のインタビュー記事を掲載したり、東京市電や日本郵船などの公営企業や大会社を槍玉に挙げた記事を掲載するなど誌面内容の充実も図られた。

　こうした経営努力を続けている最中、1923（大正12）年9月1日午前11時58分、相模湾沖を震源としたマグニチュード7.9の大地震が関東全域を襲った。被災者190万人、死者行方不明者合わせて10万人を超えるといわれる日本史上最大級の災害をもたらした関東大震災である。

　当時、ダイヤモンド社の社屋は先述したとおり麹町内幸町にあったが、幸いにも被災を免れ、9月21日号から刊行が再開された。同号の「編集余録」には、「シンサイ地に於ける定期刊行物として、復興の早き蓋し本誌が第一ならんと存候」（1923年9月21日号）と述べられている。ただし、印刷所の被害によって活字組版が十分復活しておらず、本来漢字になるべき部分の多くがカタカナやひらがなのまま組まれており、また校正も十分でないことがわかる。

　震災直後、社長の石山は「わが社は天運によって助かった。こういう場合、わが社のみ安逸をむさぼるべきではないと思い、困っている人を、わが社に収容することを心がけた」（石山[1963]214頁）と述べ、自ら日比谷公園を見て回り、ダイヤモンド社へ連れてきて、社の貯蔵食糧を差別待遇しないで

振る舞うように指示した。

6　昭和初期の『ダイヤモンド』とジャーナリスト石山

　大震災後の日本の経済状況は芳しくなかった。1926年末に大正天皇が崩御し、元号が昭和に改まったが、翌1927年にはいわゆる昭和金融恐慌が起こった。『ダイヤモンド』もしばしば金融恐慌問題や金輸出解禁問題を積極的に取り上げた。また雑誌の増ページと定価・体裁の変更が行われ、臨時増刊号の発行が「ボロ会社の研究」（1926年4月5日）、「優良会社の研究」（1927年8月25日）以降、恒例化していく。共綴付録と別冊付録の発行や愛読者アンケート調査と懸賞論文の募集などいくつかの新機軸も打ち出された。

　石山は臨時増刊号「ボロ会社の研究」についてこう述べている。やや長いが引用しておく。

　　その頃、見渡すと、株価は、概ね、払込以下に落ちていた。死屍累々と、いうような、有様であった。私は、それを異例と見た。産業資本の基礎をなす株式の価が、払込以下という事は、いつまでも続くべきでない。必ず後日回復する。回復しなければ、日本の産業は潰れてしまう。そこで株価の低落した会社の内容を書いて投資家に知らせよう。そうすれば、持株に対して安心も出来るし、進んで買って出る気にもなる。
　　［中略］
　　すると、発行前に、監修の伊藤先生が、首をひねって、
　　「君、自分の会社をボロと云われると怒るよ。強いて人を怒らすのは愚策である。何とか、もっと穏当の題号を考えてはどうだ」と、云った。
　　如何にも、思慮分別のある忠告であった。だが、私達は、販売政策を考えて、その方がよいと思ったので、その事を先生に説明した。すると先生は、
　　「それならば、ボロ会社ということに注釈をつけ給え。ここにボロ会

社というのは、内容が悪いからではない。株価が払込以下であるものを、総てボロ会社というのだ——と。さすれば、会社も立腹しないよ」と。
　私達は、その忠告に従った。
　この臨時増刊は非常に売れた。平素の雑誌よりも多く刷って、売切れになった。そのために、弊社の会計は、大に助った。
　たゞし、ボロ会社の名に対しては、果たして会社から抗議が来た。北海道炭鉱会社から「我社をボロ会社というのは、怪しからん」と、いって来たのである。私達は、伊藤先生から教わった通り弁解した。(石山 [1955] 172-173頁)。

　石山は、こうした逆境を逆手に取るような企画を出していったのである。同時に、石山は優れたジャーナリストでもあった。社会問題を鋭く捉えて取材を行い、記事を書くという仕事をいくつも残している。中でも昭和初期、社会問題となった庄川流木争議のルポルタージュである『庄川問題』(石山 [1932]) は注目に値するであろう。
　庄川問題、もしくは庄川流木争議とは富山県の庄川に小牧ダムを建設、電力事業を展開しようとする庄川電力株式会社 (浅野総一郎) と庄川の水利慣行権を守ろうとする飛州木材株式会社の平野増吉らとの間に生じた紛議である。
　1930 (昭和5) 年5月、飛州木材は、庄電を相手にダムの湛水を防ぐために「堰堤仮排水路締切禁止」の仮処分を申請、申請が認可された。これに対し、庄電は民事仮処分取消を申請、争いとなったが、同年10月大阪地方裁判所は、飛州木材による伐木流送の営業として、流木権を認めた。しかし、庄電は保証金を支払うことで、仮処分行為は取消され、飛州木材の主張する流木権は確立したものの訴訟に敗れた。続いて飛州木材は行政訴訟をおこしたが、それも却下されてしまった。庄川流木争議は、結局、庄電側の勝利に終わった (古賀 [2007])。しかし、電力開発という国家的な事業と水利慣行権

7 ダイヤモンド社創業者・石山賢吉　143

原稿執筆中の石山
（ダイヤモンド社石山記念ホール所蔵）

石山賢吉の自筆校正が入った『庄川問題』
（ダイヤモンド社石山記念ホール所蔵、筆者撮影）

の相反という大きな問題を世に問いかけたジャーナリズムの意義は大きかった。

　歴史的な大事件に際会したとき、ジャーナリストはそれをどのように世に伝えるのか。その意味で、1936年2月26日に起こった「二・二六事件」について書かれた石山賢吉による「今回の事変と私」（1936年3月1日号）も興味深い。

　2月29日朝、石山は戒厳司令部の「已むなく武力で解決」の発表をラジオで聞き、「いよいよ戦闘が開始されるかなと思つた。それにしても、どう云ふ戦闘の仕方をするものであらう」と書いている。前日28日に出社したときには「赤坂方面から攻撃して、虎の門方面に追ひ下ろし、其處で武装を解除させる」といううわさを聞いた石山であったが、29日のラジオでの「不幸兵火を交ふる場合に於ても、その範囲は麹町区永田町附近の一小区域に限定せ

らる可きを以て」との発表を聞いて、兵隊と兵隊が撃ち合いをするのではなく、飛行機で爆弾を投下するのかなどとあれやこれや想像を巡らした。

しかし、実際には有名な「兵に告ぐ」の放送があり、それを聞いた石山は、「逆賊としての汚名を永久に受けるやうなことがあつてはならない」と諭してから一転し、「今からでも決して遅くないから、直に抵抗をやめて軍旗の下に復帰せよ」との命令が告げられたときには、「思はずホロリとした」と感想を書いた。

当時のラジオ放送はほとんど録音が残っていないが、この「兵に告ぐ」については、一市民が当時は高価で実験的な録音機を用いて録音したものが残されており、戦後、原盤がNHKに寄贈され、同局サイト（http://www1.nhk.or.jp/a-room/jidai/）でも容易に聞くことができる。もっとも、このラジオ放送が慈愛に満ちたものであり、「此の諭告を聴いたら、首相官邸や山王ホテルに楯籠つて居る兵士もさぞ感激するであらう」と当時の人々が感じたことをわれわれが知ることができるのは、こうしたジャーナリストの記録あってこそである。

この「二・二六事件」で絶命した高橋是清による景気回復策は、1930年代のダイヤモンド社を一層発展させた。石山は戦前期のダイヤモンド社は第一次大戦景気の時期とこの高橋財政期とがもっとも雑誌が売れた時期であり、その発行部数は2倍となったと書いている（石山［1963］251頁）。1934（昭和9）年6月1日号でも「高橋蔵相は、犬養内閣以来二年半の在職中、一体、如何なる仕事をしたか」と問いかけ、ひとつには「金の輸出再禁止を行ひ、インフレーションを試み、景気を上昇せしめたこと」（「経済界の動向」）を評価している。

1933年、ダイヤモンド社は創刊20周年を機に株式会社に改組し、資本金10万円全額払い込み、商号を「株式会社経済雑誌ダイヤモンド社」としたが、さらに翌年2月には資本金を30万円に増資した。もちろん、石山が代表取締役社長となった。社員数は119名であった。3月には出版部が設置され、『ポ

ケット会社要覧』が出版された。この出版部はのちダイヤモンド出版株式会社となった。また印刷設備の増強と大阪支局の拡張・移転も行われた。

7　日中戦争勃発と戦時下での雑誌経営

　1931年の満州事変後、日本は「五族協和」を旗印に満州に新しい国家を建設したが、中国はもちろん、中国に対して既得権益を有する西洋列強を中心とした国際社会の理解を得ることはできなかった。1932年、国際連盟が満州国調査のため派遣したリットン調査団報告が出され、翌年、日本は国際連盟を脱退し、中国華北部への権益拡大を目指した。

　1937年7月7日の盧溝橋事件をきっかけに近衛文麿内閣は「支那膺懲」を掲げて、中国との全面戦争に突入していった。当初は短期間で中国を制圧できると考えられていたが、第二次国共合作による中国側の抵抗は激しく、やがて戦線は拡大し、戦闘は泥沼化していった。

　一方、日本人および日本企業の満州への進出も進んでいった。実質的に日本の傀儡国家であった満州国は、「五族協和」という高邁な理念にもかかわらず、日本民族の利権が最優先された。また、岸信介、星野直樹ら「革新官僚」と呼ばれた官僚の一部は、満州での「理想国家」建設を企て、実行に移していった。彼らは第一次世界大戦後の世界史的大変動の中で、国家が主導する計画経済体制の構築を目指したが、満州はその実験場とされたのである。

　『ダイヤモンド』は1937年からしばしば統制経済問題について特集を組むと同時に、1938年からは「統制と當業者の聲」と題したコーナーで現場の意見を適宜紹介していくという方法で統制経済に対する問題提起を行っていた。

　さらに石山は、「統制経済の不景気が来た」（1940年7月21日号）で本来景気・不景気の波がないはずの統制経済にも景気変動があると指摘し、日本経済の「半統制、半自由」の実態と問題点などを鋭く追及していた。

　基本的に石山の経済観は自由主義経済論に基づくものであった。伊藤欽亮からの影響が強かったのか、あるいは取材の過程で出会った武藤山治などの

経営者、企業家から自然と学んだものなのかはわからないし、『ダイヤモンド』掲載の多くの無署名記事から石山の経済思想を導き出すことは困難だが、各種論説記事には政府の市場経済に対する介入や統制についての鋭い批判が見られるのである。

　一方、石山は1940（昭和15）年に満州へ招待され、そこで星野直樹と出会った。星野は、1937年に満州国国務院総務長官となったが、その後、第二次近衛内閣の下で企画院の総裁に就任した。さらに1941年東條英機内閣が成立すると、内閣書記官長となり、東條内閣を支え続けた人物である。さらに戦後、星野はA級戦犯として巣鴨プリズンに収監され、終身刑の判決を受けるが、1958年に釈放され、東京急行電鉄、東京ヒルトンホテルなどの役員を務めるとともに、ダイヤモンド社会長にも就任した。石山が星野と親密で、かつ高く評価していたことがわかる。もちろん、そうであるからといって、『ダイヤモンド』が星野ら革新官僚の唱える統制経済論について賛成していたわけではないことは上述の通りである。

　しかし、太平洋戦争開戦直前の『ダイヤモンド』の論調は、近衛文麿らが主唱した「新体制運動」を支持するものであり、1940年9月11日号には、

　　皇国は、国内の新体制建設を声明し、あらゆる制度・機構を改革して、［中略］世界新秩序の形成者たる自覚へ進まんとしてゐるのであります。
　　かゝる際、経済界並に経済言論界も独り従来の行き方を許されるものでなく、一切を挙げて国家に奉仕し国策に協力し、以て国家目的の一日も早き実現へ進まねばなりません。

とした「声明」を掲載した（いわゆる"ダイヤモンド声明"）。そして、1940年12月20日、石山はダイヤモンド社会長職に、阿部留太副社長が社長に就任した。

　翌年末、太平洋戦争開戦直後の1941年12月21日号の表紙には「大詔渙

発・緒戦大勝・皇軍感謝・国民総進軍　宣戦記念号」との表題を大々的に掲げ、ダイヤモンド社会長・石山賢吉自ら「宣戦の大詔を拝して」と題する巻頭言を書き、戦争の勝利に期待を寄せたのである。

　しかし、緒戦の勝利もつかの間、1942年6月のミッドウェー海戦で連合艦隊が大敗北を喫して以降、戦局は次第に悪化していった。それと前後しつつ、当局による言論に対する圧迫も次第に厳しくなっていった。

　幸いにも『ダイヤモンド』は誌名変更を強制されずに済んだが、雑誌の体裁や言論の内容に圧迫がなかったわけではなかった。開戦直後の「宣戦記念号」は、戦争支持の大見出しが目立つものの、従来のように企業の広告が表紙を飾っていたが、1942年1月1日号から表紙が時局経済解説記事（グラフや図、イラスト等で日本が直面する経済問題を平易に解説する記事）に一変する。

　石山（［1955］183頁）はこの間の経緯を、表紙の広告が情報局にいる軍人の目に触れたことから、「『表紙にまで広告を取る欲張った雑誌社がある。悪資本主義の標本だ』と、やられたのである」からであると記している。内容面でも情報局の検閲によって「不適当」とされれば、印刷直前の鉛版の該当部分を削り、虫食いの状態で出版せざるを得なかった。

　1942年12月、野崎龍七が第3代社長に就任した。ここで野崎について一言述べておこう。1921年に東洋経済新報社を退社後、横山鉱業を経て、石山がスカウトし、ダイヤモンド社に入り主筆となった人物である。当時、「"私経済の石山"に対する"公経済の野崎"として健筆を振」ったと言われていたが（社史編纂委員会［1988］136頁）、とくに戦時体制下、近衛文麿の政策立案機関として設立された昭和研究会では常任委員17名に、後藤隆之助、賀屋興宣、後藤文夫、高橋亀吉らとともに名を連ねた。また長谷川国雄[8]が1926年に創刊した雑誌『サラリーマン』（戦時中は『時局月報』『国防国民』と改題）に論説・記事を多く寄稿して、戦時統制下の日本の経済社会に対して鋭い分析を行った。

この時期、『ダイヤモンド』の誌面刷新が行われ、石山の筆による「私の主張」(コラム)が掲載され始めた。また1941（昭和16）年5月21日号から1942年12月21日号まで55回にわたり、「指導論策」欄が設けられ、国策を支持した。執筆担当は、土方成美、下村宏、清瀬一郎であった。また森田久を社長とする雑誌『満州経済』の創刊に全面協力し、社員を数名譲っている。

しかし戦局悪化に伴う紙の配給統制によってページ数も削られ、戦前は200ページ近くあったものが、開戦時には80ページ、そして1944年5月1日号からは16ページにまでなってしまったのである。

8　空襲による被災、焦土からの復活

戦時中の雑誌出版は上記のような理由から非常に困難なものであったが、1944年11月以降の度重なる本土空襲はさらに決定的なダメージを与えた。そして、ダイヤモンド社社屋も1945年5月25日夜の空襲によって灰燼に帰した。年初から用紙の手配がつかず、事実上の休刊状態になっていた『ダイヤモンド』であったが、この被災によって終戦後の11月まで雑誌を発行することができなかったのである。

石山は、被災後にいったんは会社の解散を考えた。しかし、社員全員が復旧に全力を尽くすという意向を表明したため、焼け残った印刷所を拠点にして被災を免れた周囲の小印刷所の設備を買収し、再起を決意したのである。

敗戦から2カ月半後、『ダイヤモンド』は5カ月の休刊を経て再刊された。「復興号」と題されたこの号は、わずか26ページ。しかし、表紙に印刷された石山の「再刊の辞」（1945年11月1日号）には、敗戦を経験した日本がこれから「諸事新発足」をするため、雑誌も「新構想の下に新しい進み方」をしなければならないとの前向きの決意を巻頭で述べ、誌面作りに図解を導入した。

まず、創刊以来の正確な情報提供という方針にいま一度立ち返ること。戦争中に召集された記者も次第に現場復帰することによって、丁寧で正確な記

事を掲載することができる見通しが示された。

　次に文章中心の誌面から文章と図解を併せた誌面にしていきたいということ。これまで使っていた輪転印刷機が焼けて使用不能となったので、新しい平台印刷機を導入することによって以前よりも鮮明な印刷が可能となるということであった。転んでもただでは起きないという石山の経営方針が看取できる。そして、雑誌全体の方針として、その扱う範囲を極力狭めて従来以上に産業経済の専門誌化を目指すこと、以上であった。

　実際、再刊『ダイヤモンド』はどのような「新構想の下に新しい進み方」を示したのであろうか。

9　戦後混乱期も「質」を維持

　最初の「社説」欄には見開き2ページで「新日本の再建とその基盤」「高価でも堅牢な物を造れ」「農相処断せよ」の3本が掲載され、続く「世界経済」欄には「戦後のアメリカ経済」と題する記事が載っている。これらはいずれも無署名記事であるが、社長の野崎龍七を中心とした執筆陣によるものだと推察される。

　中でも「戦後のアメリカ経済」は戦後の世界的安定と平和において戦勝国アメリカが果たすべき対外経済政策について客観的に論じられており、秀逸である。敗戦国の一経済誌が堂々とこのような主張を述べているところに『ダイヤモンド』の新機軸が早々に体現されていたといってよいであろう。

　外部寄稿者の論説には、田邊忠男「綜合政策の必要に目覚めよ」、高垣寅次郎「平価切下問題の分析──当面すべき問題の正しい理解のために──」、木村禧八郎「終戦後のインフレーションの動向と対策の焦点」、森田久「経済は生きてゐる」の4本が掲載されている。そのうち、高垣、木村の論説はかなり長文のもので読み応えがある。高垣は金融学会（1943年創設、現・日本金融学会）を石橋湛山、山崎覚次郎らと創設したメンバーで、のちに1950年から1981年まで同学会会長職を務めた。木村は1947年に日本社会党から参

議院議員に立候補し、当選。長く野党きっての経済通として活躍した論客であった。

再刊された『ダイヤモンド』は戦後の混乱期にあってもそのクオリティを決して落としてはいなかったのである。そして、「巻末記」は「お互に頑張らう。頑張つて新日本の建設をしよう。[中略] 前途には光明がある。そして、一歩々々建設となる楽みがある」と結ばれていた。

しかし、復興が順風満帆であったわけでは決してない。戦後の復刊第1号は定価1円であり、創刊号と同様に無償で配布されたが、終戦後のインフレーションによって『ダイヤモンド』誌は値上がりを続けた。社史編纂委員会（[1988] 152-154頁）は、復刊後の定価の推移をまとめているが、増ページはあったものの、1951（昭和26）年には80円と、実に80倍もの値上がりとなった。

そのような戦後のインフレの中、1946年8月1日号からは表紙が二色刷り（青または赤）となり、戦時中に見られた図解と啓蒙的な短い記事の組み合わせとなった。諸物価の上昇、生産回復の度合い、失業者数、あるいは日本経済がいかに米国からの援助に依存しているかなどが、グラフなどを用いて簡潔にわかりやすく示されている。このような表紙のスタイルは、少しずつ変化しながらも1955年頃まで続いた。ちなみに横書きの『ダイヤモンド』のロゴを右から左に読む形から現在のように左から右に読む形となったのは1948年3月1日号からのことであった。発行頻度も1946年9月1日号から旬刊のペースを守りつつ、年数回程度の特大号、特集号も発刊されるようになっていった。

そのような状況下で1947年10月に会長の石山賢吉が公職追放に遭って、いったん社を去らなくてはならなくなったことは、ダイヤモンド社最大の危機のひとつであったが、翌年3月には追放解除がなされ、石山は取締役顧問で復帰した。

10　高度経済成長下の『ダイヤモンド』

　『ダイヤモンド』は1953年5月、創刊40年を迎えた。「創刊四十周年記念特大号」と題された5月1日号の巻頭には、社屋の変遷写真と歴代社長の顔写真が掲載されている。さらに「日本経済40年の歩み」と題して、日銀券の40年、生産活動の消長、産業構造の変遷などが、グラフなどを用いて示され、大正期から昭和戦前期まで右肩上がりの成長を遂げてきた日本経済が戦時の大きな落ち込みを経て、戦後、再び成長を開始している様子が一目でわかるようになっている。

　「刊行の辞」にはこのように戦後のどん底から立ち直ってきたという安堵感が漂う一方で、「日本の前途を見渡せば、決して、安心の行く状態ではありません」という不安感も表明されており、その不安感を取り除くには、日米のより緊密な提携、ありていに言えば、米国からの援助が何よりも重要であると述べられている。当時「一人当りの所得が世界の四十二位にある貧乏国」において、自国の安全保障と経済の自立・安定を達成するには米国からの援助は欠くべからざるものだったのである。

　しかし、どん底から立ち上がった日本経済と同様に、高度経済成長期に入るとダイヤモンド社も「時代に対応し、活動範囲をさらに広い分野にまで広げることを目指すとともに、業務拡大の路線をひたすら走り続けた」(社史編纂委員会［1988］273頁)。しかし、単なる拡大路線を取ったのではないことは、その誌面の変化に如実に表れている。それは一言で言えば、会社・株式分析を中心とした雑誌からビジネス総合情報誌への脱皮であった。

　日本のGNPが旧西ドイツを抜いて西側世界第2位となった1968年、『ダイヤモンド』の誌面も大きく変化した。まず1月15日号では「経済雑誌」の4文字が削除され、代わって「ビジネス活動に役立つ経済誌」となり、さらに2月26日号からは『週刊ダイヤモンド』と誌名に「週刊」を冠した。7月1日号からはサブタイトルも取り除かれ、現誌名と同じ形となった。

日本の高度経済成長期の発展の様子を『石山賢吉物語』は、次のように述べている。

　高度成長期には、「ダイヤモンドの週刊化と月刊『投資生活』の創刊に始まり、臨時号、特大号の発行ラッシュが続いた。［中略］編集面の体制としては［中略］編集作業を土曜正午まで繰り下げ、ただちに印刷・製本に取りかかって夕刻までにすべて完了する体制に移行したのである」。また「昭和30年代初めに発掘した国際的経営学の権威、P・F・ドラッカーの諸著作は相次ぐベストセラーになり、"経営書のダイヤモンド"と定評を得るようになった」。この時期は第一次大戦後景気の時期、1930年代に続く、「ダイヤモンドの"第三次黄金時代"であることは間違いないし、石山賢吉の経営における黄金期だった。人・モノ・金の三拍子が揃ったわけだ」。さらに「石山賢吉の長男である石山四郎がダイヤモンド社の常務として印刷事業を指揮してきたが、昭和38年4月、アメリカのタイム・ライフ・インターナショナルとの合弁事業として、ダイヤモンド・タイム社を立ち上げ、『フォーチュン』の日本版『プレジデント』を創刊した。『プレジデント』は大型で経営者向けのオピニオン雑誌であったが創刊2年目で黒字になった。以来40年、ダイヤモンド社の経営からはなれたが成功例である。（ダイヤモンド社［2016］）

高度成長を軌道に乗せた首相・池田勇人が東京オリンピック後に病を得て亡くなったのに対して、石山賢吉は東京オリンピック開幕を目前にした1964年7月23日、その生涯を閉じた。享年82歳。大正期における経済雑誌時代を先導し、その生涯を経済ジャーナリズムの発展に捧げてきた人物の死は、日本経済とダイヤモンド社の大きな転換期にまさに重なっていたと言える。

11 「人智無極」

　石山生誕100年を記念してダイヤモンド社は『人智無極』（石山賢吉翁生誕百年記念編纂委員会編［1980］）という本を出版している。"人の智は極まり無し"というタイトルは、まさに石山の経営活動や文筆活動を支えてきたさまざまな人々とのネットワークを象徴する言葉であると言えよう。郷里新潟の人々から始まり、『三田商業界』時代の慶応人脈、『ダイヤモンド』を出版してからのさまざまな各界名士たちとの交流などが石山の80余年にわたる生涯を支えてきたと言っても過言ではない。これまで本章で触れてきた人々以外にも、福沢桃介、松永安左エ門、小林一三、鈴木茂三郎、荒畑寒村、三宅雪嶺、堺利彦、大杉栄、安成貞雄、安田與四郎、菊池寛、芦田均、中野正剛、森田久、福田赳夫など、多士済々であった[9]。

　なかでも戦前のダイヤモンド社経営に陰ひなたで支えてきたのは、福沢、松永、小林といった財界人であった。本章では紙幅の関係で詳しく触れることはできなかったが、彼らの側面からの支援は重要であった。また石山が1937年に東京市議会議員選挙に立候補して当選、以後、1943年まで議員として政治活動を行った際や、戦後に衆議院議員選挙に日本自由党（総裁・吉田茂、政調会長・芦田均）から立候補し当選した際には、芦田は石山を支援した。石山もリベラルな外交官、政治家として活躍した芦田を尊敬し評価していた。荒畑寒村は社会主義者であったが、戦後、ダイヤモンド社編集顧問として招いてもいる。石山が左右イデオロギーによらず人物本位でつき合っていたことは、『ダイヤモンド』という雑誌の事実本位という編集方針にも一貫していたのではないだろうか。

注

1）　のちに誌名を『週刊ダイヤモンド』と変更し、現在に至る。本章ではとくに断りのない限り『ダイヤモンド』と略記する。

2） 石山が最初に関わった雑誌は『芸者評判記』という雑誌であったが（石山［1955］250-256頁）、事実上の最初の雑誌関与は、『三田商業界』と言ってよいだろう。また石山とともに『三田商業界』を創刊した野依は非常に個性的な人物であり、メディア史にもしばしば登場する人物であるにもかかわらず、これまでは本格的な研究はほとんどなかった。しかし、佐藤卓己［2012］によってその実像がようやく明らかになりつつある。

3） しかし、当時の読者からはこの誌名は不評であったらしい（石山［1938］4頁）。

4） 石山皆男は石山賢吉と同姓であるが、縁故関係はない。

5） この単行本の売り上げによって、ダイヤモンド社は日本橋蛎殻町の新社屋に移転した。

6） 『ダイヤモンド通信』はその後、『ダイヤモンド日報』等々に引き継がれていった。

7） 伊藤欽亮については、都倉［2012］に詳しい。

8） 長谷川國雄については、田中・中村［1999］を参照。

9） 石山に関係した人物一覧については、現・ダイヤモンド社取締役の坪井賢一氏からのご教示による。記して感謝申し上げる。

（参考文献）

石山賢吉［1915］『決算報告の見方』ダイヤモンド社。
石山賢吉［1932］『庄川問題』ダイヤモンド社。
石山賢吉［1942］『紀行　満洲・台湾・海南島』ダイヤモンド社。
石山賢吉［1955］『私の雑誌経営』ダイヤモンド社。
石山賢吉［1958］『回顧七十年』ダイヤモンド社。
石山賢吉［1963］『雑誌経営五十年』ダイヤモンド社。
石山賢吉翁生誕百年記念編纂委員会編［1980］『人智無極　石山賢吉翁生誕百年記念』ダイヤモンド社。
石山皆男編［1938］『ダイヤモンド社二十五年史』ダイヤモンド社。
古賀邦雄［2007］「文献にみる補償の精神【27】（小牧ダム）」(http://damnet.or.jp/cgi-bin/binranB/TPage.cgi?id=321：2016年11月閲覧)
佐藤卓己［2012］『天下無敵のメディア人間―喧嘩ジャーナリスト・野依秀市(のよりひでいち)』新潮社。
ダイヤモンド社社史編纂委員会［1988］『七十五年史』ダイヤモンド社。
ダイヤモンド社『不撓不屈の記者人生　石山賢吉物語』(http://www.dia-ishiyama-hall.jp/memorial/index.htm：2016年11月閲覧)。

杉原四郎・長幸男編［1979］『日本経済思想史読本』東洋経済新報社。

田中秀臣・中村宗悦［1999］「忘れられた経済誌『サラリーマン』と長谷川国雄」『上武大学創立30周年記念論集（上武大学商学部紀要第10巻第2号上武大学経営情報学部紀要第20号合併号）』。

都倉武之［2012］「〈第26回〉伊藤欽亮の時代　～明治29年12月」『時事新報史』（https://www.keio-up.co.jp/kup/webonly/ko/jijisinpou/30.html：2016年11月閲覧）。

中村宗悦［2013］「『経済雑誌ダイヤモンド』から見た大正期の経済社会問題」『近代日本研究』第29巻、慶應義塾福澤研究センター。

中村宗悦［2014］『「週刊ダイヤモンド」で読む日本経済100年』ダイヤモンド社（電子書籍）。

野依秀市［1966］『石山賢吉と野依秀市』実業之世界社。

三田商業研究会編［1909］『慶応義塾出身名流列伝』実業之世界社。

武藤山治［1921］『政治一新論』ダイヤモンド社。

8 政財学界の架け橋・渋沢敬三
―― 経営者における学術と実業の往来 ――

島田　昌和

はじめに

経営者の趣味とは

　本章では経営者の「趣味」について考えてみたい。趣味というといろいろなことを想像するだろう。例えば、経営者がオンとオフを切り替えてリフレッシュして仕事をするための趣味、車や装飾品、レジャー、バカンス旅行、別荘暮らしなどが思い浮かぶ。一方で飽くなき成長をめざし続けるベンチャー経営者、MBA を取得したアメリカ仕込みの経営者、世界のビジネスの頂点に立つような経営者たちにはどちらかと言うとビジネスのために体力づくりをし、四六時中ビジネス関係の人脈づくりをし、家庭を後回しにするようなモーレツ経営者のイメージがあるかもしれない。当然、それらを両立してモーレツに働き、ゴージャスに余暇を楽しみ、オンとオフの切り替えが上手にできる経営者もたくさんいることだろう。

　リゾートで休暇をとったりゴルフをしたりといったリフレッシュをすることで新しいアイデアが生まれるかもしれないし、打ち込む余技や趣味はビジネスにも何らかプラスに働くだろうが、それが過ぎると仕事の邪魔や阻害、人としての堕落の要因になることもあろう。それ位ならば経営者は24時間経営のことだけを考え続け、経営にのみ専心すべきものだろうか。

　昭和時代の日本の経営者では長らくゴルフや麻雀が趣味の王道だったかもしれない。これらの趣味を取引先や業界人等と共有することで仕事を離れた共通話題や共有する時間を通じて距離を縮めることが期待され、半ば営業

ツールの如く仕事の延長として取り組まれた。

　座禅を組む、お茶などの習い事や道具集めなども明治以来、昭和の名経営者たちによく見受けられた趣味だろう。座禅会への参加や、高名な僧侶への帰依などは、過酷な競争、労使問題等の軋轢、さまざま振りかかるトラブルへの対処等の多くのストレスに強い精神を鍛え、気分転換をし、新たな解決案や発想を想起するために役立った。

　茶道等は一般的に見ても極めて高尚な趣味であり、自宅や会社に茶室を築き、高価で名の通った茶器を手に入れ、財界人やエリート層としてのステイタス性を持った趣味であった。名をあげればきりがないが、三井財閥の益田孝や阪急グループを作り上げた小林一三などがすぐに思い浮かぶ茶人でもあった経営者たちである。阪急の小林一三は宝塚少女歌劇や東宝の映画づくり、ターミナルデパートの発想などで有名だが、多数のビジネスが「審美眼」とも言われる芸術品・骨董品のコレクションによくあらわれた、美意識、芸術センスの醸成無しには成功させることも残すことも不可能であったことは自明のことだろう（伊井［2015］）。

　珍しい趣味としては創作活動もある。例えば西武セゾングループを作り上げた堤清二の小説や詩の創作活動がある。ビジネス書を出す経営者は多いが、自伝小説的ではあるが、長きにわたって執筆活動を経営の傍らに継続した珍しい経営者であった。堤は西武デパート、パルコ、ロフト、無印良品などの新しい小売業を次々に生み出したが、文芸の創作活動が経営のプラスと働いたかどうかは、西武セゾングループだった多くの小売業がＩ＆Ｙホールディングスの傘下に入っている現在を考えるとすぐには答えを見いだすことが難しい（由井・田付・伊藤［2010］）。

趣味の功罪——渋沢敬三を題材として——
　趣味は高じすぎると本業に悪影響を及ぼし、それこそ身代をつぶすものとなる。よって無趣味を公言する仕事の虫のような経営者も多数いる。ストレ

スをためない何らかの発散があれば趣味は必要ないかもしれないが、その一方で体を悪くしたり、暴発的な問題を起こすような例が報道されることもある。

　経営者のさまざまな心のあり様を深く考察する事例として本章では渋沢栄一の孫・渋沢敬三の学術支援を取り上げる。渋沢栄一はあまりに有名であるが、いかなる経営者であったかイメージしづらい経営者であり、まして孫の敬三の経営者イメージは一般にはほとんど知られていない。一部の専門家の間では民俗学のパトロン、戦後の混乱期の金融のかじ取りを自らの犠牲のもとに成し遂げたことが知られている。一般の企業経営者とは異なる人であり、その趣味もほかにはなかなかない学術領域であった。あわせて財界の大御所の孫というサラブレッドであって、このテーマにふさわしいか疑わしいと感じる読者も多いかもしれない。

　長命だった栄一の跡継ぎに、女性問題を起こして廃嫡された父に代わって未成年のうちから指名され、政財界においても渋沢一族の中でも一世代以上若い跡継ぎであった。さらに時代は不可避的に戦争に突入していく時期であり、戦後の混乱に対処しなければならない過酷な時代であった。経営者になりたいと自ら望んだわけでなく、学者の道を断念して渋沢栄一の跡継ぎとして大きな期待をかけられてそれを担う決断をし、苦闘した人生であった。栄一が作り上げた多くのビジネスや財界人としての活動を継承し多忙な日々を送り、極めて難しい局面への対処を自分より年上の人たちに囲まれて求められる人生であった。そんな中で彼がアチックと名付けた民俗学や文化人類学とその担い手をサポートし、自らも週末に地方への調査活動に携わり続けた。何故、エネルギーを削って学術支援をし続けたのか、その意味合いを考えたい。趣味が高じすぎて渋沢一族は没落していったとみるべきなのか、好きでも望んでもいない経営者・財界人生活のストレスを和らげるための余暇・趣味活動だったのだろうか。

　その答えを急ぐことなく、彼の人生、人格形成をじっくり知ってもらうな

かでどう解釈すべきかをじっくり考えていきたい。大学で学ぶ学識が実際のビジネスマン生活でどれくらい役立つか疑われる現代にあって、身に着ける学識の意味を考えるためにあえて、いかにもビジネスに役に立たなそうな民俗学を愛し続けた意味を探っていきたい。そしてそれが若い読者にすぐに役立つことばかりが重要なものなのだろうかを考えてもらえれば幸いである。

1　生い立ち——ビジネスマンとして——

大学卒業まで

　渋沢敬三は1896（明治29）年8月に栄一嫡男・篤二の長男として深川福住町の渋沢栄一邸で生まれた。当時栄一は飛鳥山の別邸に移っていた（佐野［1996］77頁）。小学校・中学と高等師範学校附属（現・筑波大学附属小学校・中学校）に入学した。この学校は次世代エリートの育成を目的に開設された学校であり、渋沢家は親戚筋も含め実に多くの子弟がこの学校に通った。高い学究水準の教員陣に恵まれ、特に子供の頃から関心の高かった生物学、植物学、地理学などの分野で高名な教師に適確で先進的な学問の基礎を身につけることが出来た。

　将来、生物学で身を立てようと心に決めたまさにその時期に、その志を全否定される大難事が敬三に降りかかる。父篤二は家族を顧みることなく、愛人宅に入りびたりの生活をしていたが、ついに正妻を離縁して芸者出身の愛人を一家が住む三田の新居に入れたいという、栄一の跡継ぎとしては許すことの出来ない行動を取るにいたった。栄一は八方手を尽くして説得にあたるが篤二は考えを変えず、栄一は悩みに悩んだ末、1913年に篤二の廃嫡を法的に決定した。跡継ぎとしては篤二の弟たちではなく、一世代を飛ばして長男家の孫の敬三に渋沢家の家長として、栄一の財界や経済界での活動も引き継ぐ路線を決めたのであった（佐野［1996］82-85頁）。あくまで長男家が継ぐべきであり、同時に次男以下も頼りにならないという判断であったろうが、多感な思春期ともいえる時期に母とともに実の父に見捨てられ、さらにこれ

以上考えられないような重圧と重い責任を背負うことを課せられたのであった。これによって中学3年、17歳のときに不眠症となり、落第してしまったのも致し方ないことであろう。

敬三はすぐに受諾することなど到底出来ず、仙台の第二高等学校に進学し、東京大学への進学にあたって、再び理科への進学を懇願するが、栄一にこれ以上無い礼を尽くされ、文科甲類への進学、すなわち生物学者への道をあきらめ、経済界へ入って栄一の跡を継ぐ決心を固めたのであった。その頃の逸話として栄一の書いた『徳川慶喜公伝』の序文を読まされ、読み進むにつれ栄一の大きな思い、歴史を背負う気迫に感動し涙を流したという話が残っている。これ一つで敬三が覚悟を決めたわけでも、栄一が見どころを見抜いたわけでもないだろうが、双方にとってバトンを受け渡す覚悟に繋がるエピソードである（渋沢［1966］34頁）。

敬三は栄一の懇願により生物学、農学等の学問を学ぶ道をあきらめ、東大経済学部に進学した。経済学部での学問領域の中で社会問題や社会主義に興味を抱いていた。そして土屋喬雄とともにドイツ歴史学派に通じ、金融論と経済史を指導する山崎覚次郎教授のゼミナールに参加し、山崎から「カール・ビュッヘルの工業発展段階説を参考にして、『日本における工業の発展段階』を実証的に研究するよう」指示を受けた（由井［2014］23頁）[1]。

1920年5月に提出した論文が「本邦工業史に関する一考察」と題する論文であった（渋沢［1992］235-325頁、山口［1992］627頁）。由井はこの論文を「在来の商工業のなかで代表的な織物業を研究対象に選び、関東各地の機業地に出かけて、技術と製造、流通と販売、資本と組織の諸側面を中心に実証的な調査を試みている。特に原糸の入手から最終製品の製造まで行っている、行田の足袋業には、特別な関心を払っている」と評している（由井［2014］24頁）。論文のテーマは山崎が指示したと由井は示唆しているが、自らが進む予定の金融をテーマとせず、地域経済、地場産業をテーマとしたのは、その後のアチック、民俗学への興味関心を考えると自らも望んだテーマ

であったかもしれないし、山崎がその興味関心の方向性をうまく引き出したのかもしれない（由井［2014］23-24頁、由井・武田［2015］212-213頁）。それは山口が「いま一つ、この論文で注意されるのは、史料として古文献や文書のほかに、遺物や民間伝承がかなり使われていることである。……渋沢はすでにこの頃から民俗学と経済史の共生を考えていたようである」と指摘するように、十分にその素養が芽生えていたことを見て取ることができる（山口［1992］628頁）。

　このように指摘されている敬三の卒業論文の特徴をもう少し詳細に見ておこう。まず古文献や遺物・民間伝承の利用である。論文構成として、ドイツ歴史学派のカール・ビュッヘルの工業発展段階に従って、家内仕事・賃仕事・手工業・家内工業・工場制工業という諸段階に分けて論じている。

　それぞれの段階における日本の記述にそれらはちりばめられている。いくつかを列挙すると、家内仕事段階として、山梨県道志村普請組合、北海道阿寒湖畔のアイヌ族家内仕事などを紹介している。賃仕事としては千葉県印西地方や新潟県柏崎近辺の鋳掛屋、長野県梓村の唐簸張（とうぶりばり）、福島県相馬郡の漂民による箕直し、東日本全般の筬搔（おきかき）女などを紹介している。手工業では、京都西陣の同業組合を初めとして、奈良の晒屋、堺の煙草、庖刀打、江州八幡の蚊帳織、筑前博多織、肥前有田の金槌工などの座または組合などを挙げている。家内工業では、甲州郡内織、川越平、仙台平、米沢織などを挙げた上で、実例として、山形県・長井紬、愛知県中島郡・絹綿混織業、愛知県知多の白木木綿業、東京の医療機器製造業、小硝子工業、足駄爪革製造業、羽織紐製造業、草箒製造、嚢物煙草具製造業、北海道函館・漁網製造業、埼玉県忍町、足袋製造業などがそれぞれの特徴とともに紹介されている。驚くほどに全国にまたがり、直後に活動を開始するアチック・ミューゼアムにあい通ずる知識がよく利用されていると判断できるほどの、在来で一般庶民から地域の特産に至るまでの豊富な知識を用いたものである事が見て取れる。

　論文の結論として工場制工業の段階になっても、「大経営が増加すればす

るほど家内工業による小経営は工場制工業に圧迫されるよりはかえって助長され、従ってその種類に於てまたその数量に於てますます増加せんとしつつあるのを見るのである」、とか「工場制工業近時すこぶる殷盛を極むといえども家内工業を排除し得ず、かえって人文の発達とともに更に斯業の種類と数を豊富ならしむるを知るのである」と「家内工業の生存し得べき余地を見出す」ことに対して十分なほど思いの伝わる結論を展開している（渋沢［1992］319-332頁）。

経済人としてのキャリア

1921年３月に東京帝国大学経済学部を卒業し、横浜正金銀行に入行した。周囲は第一銀行への入行を期待したわけだが、本人はいきなりの縁故採用を嫌っての選択であった。とはいえ、財界大御所が一心に期待する孫の敬三である。栄一が正金に直接依頼に行き、入行からわずか１年程度でロンドン支店配属となっているのであるから、明らかに異例の特別待遇であった（由井・武田［2015］45-47頁、241頁）。

３年間ロンドンに滞在し、帰国後第一銀行に入行していて、通常では考えられないような他行での優雅な研修生活であった。当時のロンドン支店には日本人行員20数名、イギリス人50名ほどが働いていた。彼の身分は計算係、日本銀行支店詰めであったが、栄一宛に送った手紙に支店の日常業務や高度な金融知識を習得することを早々にあきらめていることを記している（由井・武田［2015］48-49頁）。敬三はイギリスの経済全般や企業家のあり方、ベルンシュタインやフェビアン協会を含む幅広いマルクス主義思想とその実践を学んでいった。敬三のロンドン勤務時代に学問的に摂取したものに関して由井は、当時のイギリスが功利主義一途の状況にあること、イギリスの社会主義、共産主義者らに対して白人種のみの思想でしかないと失望したこと、さらには労働党がマクドナルド党首による組閣があったにもかかわらず、敬三の興味関心を引くことがなかった点などをあげて、「人類文明の進歩・進

槌を持つ敬三 （渋沢史料館所蔵）

化は、ヘーゲル的な唯心論か、マルクス的な唯物論か、どちらで判断すべきかという哲学的課題は、在英時代の彼の心のなかにあり続けたが、解決できないままにおわった。自分自身を懐疑論者と規定するようになる」と評している（由井［2014］292頁）。

私的な問題としては在英中も敬三は父の復帰を願い、イギリスへの留学を献策して第一銀行や三田邸への復帰、すなわち、愛人を切り離すことでの公的な立場への復帰を訴え続けた。それを受け入れる父ではなく、いよいよ若い自分が栄一の次の世代の渋沢一族と第一銀行を代表していくことから逃れられなくなったのであった（由井・武田［2015］285-290頁）。

敬三は、1926年30歳にして第一銀行に入行し、いきなり取締役に就任した。（以下、特に敬三に関する略年表を参照しながら読んでいただきたい。）実は正金を退職してから半年ほど空白の時間がある。これは叔父の明石照男を先に取締役にすべきとの配慮によるようであった。5年後には栄一が亡くなり、長らく銀行を支えてきた佐々木勇之助も勇退するわけであるから渋沢栄一の経済活動の拠点とも言えた第一銀行を渋沢家の血筋にどう関わってもらうべきか難しいかじ取りをしなければならない時期であった。栄一自身は合本主義を唱え、財閥による独占と異なる立場であり、渋沢の名を冠した会社は渋沢倉庫のみにして、一族の者たちのビジネス関与も、道は用意するもののそれぞれの能力次第と考えていたように思われる。しかし、周囲には当然の如

渋沢敬三略年表

	財界・公職関係	学術関連
1908年（12歳）		高等師範学校附属中学入学
1915年（19歳）	渋沢同族株式会社社長就任	
1915年〜1918年		仙台の第二高等学校で学ぶ
1918年（22歳）		東京帝国大学法科大学経済学科入学
1921年（25歳）	横浜正金銀行入行	山崎覚次郎ゼミにて卒論「日本工業発展段階史」を提出
		第1回アチック会合
1922〜25年（26〜29歳）	ロンドン支店勤務	
1925年		帰朝しアチックミューゼアム再開
1926年（30歳）	第一銀行入行取締役就任、東京貯蓄銀行、澁澤倉庫の取締役就任	
1927年	東洋生命取締役、理化学興業監査役に就任	
1930年	魚介養殖取締役就任	早川孝太郎著『花祭』刊行
1931年	栄一死去、敬三子爵襲爵、東京貯蓄銀行会長就任	
1932年	同行常務取締役就任	養生先にて豆州内浦漁民資料発見
	父篤二死去	幸田露伴を訪ね、青淵伝執筆を依頼
1932〜1935年		青淵先生伝記資料編纂事業（第1次・主任　幸田成友）
1936〜1942年		第2次伝記資料編纂事業開始（主任・土屋喬雄）
		『いわゆる足半について（予報）』刊行
1937年		「一つの提案」にて近世経済史博物館構想提起・収蔵品購入開始
1939年		「実業史博物館」地鎮祭実施
1941年	同行副頭取就任、全国貯蓄銀行協会会長に就任	
1942年	日本銀行副総裁	アチックを日本常民文化研究所と改称
1944年	同行総裁	実業史博物館の「非開館」を決定
1945年	大蔵大臣就任	
1946年		日本民族学協会会長就任
1946〜51年	公職追放	
1949年	日本生物化学研究所取締役に就任	
1953年	国際電信電話株式会社社長就任	
1954年	ICC（国際商業会議所）日本国内委員会議長に就任	編著『明治文化史社会経済篇、生活篇』刊行
1954〜1971年		渋沢栄一伝記資料全68巻の刊行
1955年	日本文化放送会長就任	
1956年	金融制度調査会会長就任	
1960年		東京経済大学理事就任
1961年		東洋大学理事就任
1963年	敬三死去	
1965〜68年		『絵巻物による日本常民生活絵引』全5巻刊行

く栄一直系の敬三に期待し、いずれは頭取へとの思いは強くあったろう（由井・武田［2015］52頁）。

　1931年1月佐々木勇之助頭取が78歳にして15年間務めてきた頭取を辞任し、58歳の石井健吾がそのあとに就いた。石井は渋沢邸に書生として住み込んだ、栄一が若いころ影響を受けた儒者・桃井可堂の孫で東京高等商業学校を卒業した秀才であった。そして同じ年の11月には栄一が92歳の高齢で生涯を閉じた。1932年9月には栄一の3女の婿である明石照男が副頭取に昇格し、敬三は常務取締役に昇任した。未だ36歳の若さである。しかし、1935年には石井が病気のため頭取を辞任し明石がそれに代わった。このように第一銀行の頭取職は当面、渋沢家に近い人々で繋いでいっており、ゆくゆくは敬三へと誰もが考える路線であった。

　この時期の第一銀行の経営状態であるが、慢性的な不況の中で他の財閥系大手銀行に比べて良くはなく、預金残高でも貸出高でも順位を下げていた（渋沢敬三伝記編纂刊行会［1979］上 759-760頁）。敬三の勤務であるが、営業部長の明石、業務部審査課、頭取の佐々木の部屋にデスクを置いて重役見習いのような形で、一通り銀行業務や役員の仕事を覚えていくことを期待された（渋沢敬三伝記編纂刊行会［1979］上 763頁）。周囲には銀行の実務経験なしで入行して、いきなり役員になった敬三に対してよく思わない行員や幹部もいたようであるが、飾らず偉ぶらず、見習い行員とも肩ひじ張らず、分け隔てなく接する姿勢に自然と溶け込み受け入れられていったようである（渋沢敬三伝記編纂刊行会［1979］上 764-766頁）。とはいえ、金融機関を取り巻く環境は金融恐慌、昭和恐慌と一大不況期であり、有力銀行さえも破たんと吸収合併が続発した極めて厳しい時期であり、五大銀行に位置する第一銀行にとっても預金の取り付け騒ぎが起こるなど、重苦しくつらい業務の続く時期であった（由井・武田［2015］24-25頁、渋沢敬三伝記編纂刊行会［1979］上 768-771頁）。

　そんな中で敬三は徐々に仕事を覚え、1927年には本店新築の建築主任を命

じられた。関東大震災で焼失した日本橋の兜町にあった本店を丸の内1丁目へ移転しての新築工事であった。以前の総延べ面積1,562m^{2}に対して1万6,618m^{2}とおよそ10倍の規模であり、耐震耐火に最大限配慮した建物であった（第一銀行八十年史編纂室［1957］上 933頁、下 133頁）。敬三の独自の提案として役員大部屋制があった。のちにホンダで藤沢武雄がそれを採用したことのほうが有名かもしれないが、実は以前から横浜正金銀行がそうであり、イギリスからの帰途に立ち寄ったアメリカの大手銀行でも採用されていることを直接知り、決済の合理化・効率化、役員間の情報共有を促進する狙いで推し進めた。戦後に国際電信電電の社長就任時も同様の方式を採用していて、敬三にとっては強い意思を持って進めた施策であった（渋沢敬三伝記編纂刊行会［1979］上 774-776頁）。

また調査部の独立新設を推し進めたのも敬三であった。それまでは調査課と信用調査課に分かれていたものを一本化・専門化して格上げし、経営への発言力を持たせるように変革した。自らが調査部長となって変革のリーダーシップをとりつつも、やる気のある部下を募り、なおかつ他部署との連携をおろそかにしないように行動させた（渋沢敬三伝記編纂刊行会［1979］上 779-782頁）。

それ以外にも広告を積極活用したり、資料のファイリングシステムを導入したり、委員会制度を導入しての行内の意思決定のフラット化を図っている。あれほど、経済界へ進むことを嫌がっていたことを私たちに忘れさせるようなビジネスに対する積極性とセンスが感じられ、経営者としての能力を開花させていった。

1932年に敬三は常務取締役に昇任し、担当領域は業務部長となった。取り巻く環境としては満州事変の勃発からの財政の急激な膨張に伴い、物価は騰貴し、貿易額・生産額ともに増大に転じて行った。軍需に伴う重化学工業の巨大経営の顕著な発展により、銀行業も整理合同が進み、大手銀行による預金総額・貸出総額の集中化が進んだ。敬三は業務部長として企業貸し付けを

積極的に進めていった。支店長からの審査請求を迅速に処理し、同時に役員大部屋を活用して他の役員への情報共有を意識してさばいていった。血筋によりかかるだけでなくその血筋を大きく開花させ、まさに一人前のバンカーに立派に育っていった感がある（渋沢敬三伝記編纂刊行会［1979］上 791-796頁）。

学術支援者としての敬三

しかしながら、敬三は同時に銀行家として周囲から「怠け者」とも見られていた。（由井・武田［2015］31頁）それは、敬三に最も負荷のかかった1931年の栄一の葬儀その他の後始末の後、過労等から療養を必要とする状態になり、伊豆の三津浜で偶然発見した良質かつ大量の漁業史料と出会うことで一旦は封印しようとしていた研究や学究の領域にふれてしまったことによる。のちに「豆州内浦漁民史料」と名付けられた史料群に対して級友・土屋喬雄氏へ相談し、多くの若手研究者とともにこれを整理解明する面白さに引き込まれてしまったのである。

これがきっかけとなり、問題関心と学究的な交際の範囲はどんどん広がり、1934年秋に邸内にアチックミューゼアムと呼ばれるようになる資料収集とそれに基づく研究活動拠点を設置するまでにエスカレートしていった。出発点は1921年前後の横浜正金銀行入行前後に中学時代の親友二人と動植物などの蒐集物を標本として陳列し始めたことであった（宮本［1978］115頁）。そもそも敬三が民俗学に強い関心を抱くきっかけは、1914年に電車の中で偶然に柳田国男と出会い、その後ロンドン赴任中も教えを請うたことなどによる（佐野［1996］106-109頁）。朝早く起きて出勤前に、遅く帰宅して深夜まで自分自身も研究活動に時間を費やした（新谷［2011］102-103頁）。週末は宮本常一をはじめとする民俗学者たちと地方に民具等の収集に同行する生活にどっぷりはまり込んでいった。早川孝太郎の奥三河の花祭の研究に同行・支援し、大著の出版にこぎ着けたり、岡正雄、内田武志、宮本常一をはじめと

する数多くの新進気鋭の学者らの研究をともにし、物心ともに支援し続けた（新谷［2011］104-105頁、164頁写真参照）。

　自らが中心的なイニシアチブを発揮した共同研究としても、1935〜36年の「所謂足半(なか)について」、37年「民具問答集」そして同年刊行の『豆州内浦漁民史料』などに自らの文章を添えている（宮本［1978］170-213頁）。アチックミューゼアムの民具蒐集も1933年頃から本格化し、1937〜38年には保谷に民族学博物館が開設され、蒐集品はこちらに移管された。それら計2万1,000点の蒐集品は1962年に国に寄贈され文部省史料館に納められ、さらに1975年には大阪の千里の国立民族学博物館に移管されて展示に供されている（近藤［2001］145-146頁）。

　これだけでもビジネスマンの余技の領域を十分に超えているだろうが、彼の問題関心はさらに広がった。1936年には栄一の足跡を実証的に残すためのミュージアム「実業史博物館」構想とそのコレクション収集、栄一の伝記資料編纂であった。他に類を見ない、どちらも計り知れないほどの資金を投入して豊富なコレクションを収集し、膨大な伝記資料を編纂して、刊行する作業を長きにわたって維持していったのである。

　1937年に示された「実業史博物館」に対する敬三の考えは「一つの提案」と呼ばれた以下の通りのものであった。

> 我が国には官民様々な博物館が作られている。それらは我が国の歴史、美術、貴族文化、大名文化、軍事、運輸、自然科学等の高い成果を展示しているが、国民の最多数を占める常民の基礎文化の展示施設は未だ実現していない。特に栄一生誕の少し前、化政期から明治期にかけての経済・産業の状況を示す博物館は何処にも企画されていない。栄一の足跡と理念を後世に伝える施設を作るのであれば、近世経済史博物館の建設こそ最も相応しい。（大谷［2015］83頁）

日本実業史博物館構想は敬三による「『一つの提案』に書かれているように、『幕末から明治へかけての我々国民にとって最も異常なる画期的な変化』を明らかにすべく、『近世経済史ノ各部門ニ亘リ変遷及ビ発展過程、ソノ程度、ソノ方向、接触文化ニ依ル変移ノ度合又ハソノ反動等』について明らかにすることが方針となってい」た（原田［2010］33頁）。そして「この資料収集の決定において……土屋喬雄が主導的な立場を果たしていたであろうことは間違いない」とし、長らくの敬三の級友であった高名な経済史家も深く関与して収集されてきたコレクションであり、これは「渋沢敬三の立場には、渋沢栄一の後継者として、実業家として、また、研究者としてもあるという、3つの異なった社会的役割が重なっており、その構想も、また輻輳化されている」との評価に繋がっている（原田［2010］32頁）。同時に「渋沢敬三は、財界と研究の世界をつなぐ立場にあり、社会的な役割は重なっていた。そのため、その視角は輻輳化され、ハイブリッド化されており、モノである民具、生活用具などが表す文化の様相を捉えるときも、経済、流通などの側面から、社会の基底から物と人とが移動していく様態から捉えようとした」との評価に至っている（原田［2010］29頁）。

　この考えを土台に「渋沢青淵翁記念実業史博物館」の建設が正式に決定し、収集品は「商業、流通に関連したものを中心に構想」され、「現実の風物、世相を実写したものが多く収集され」た。収集品は絵図・文書・書籍をはじめとして「器物資料の大半も分銅、印象、鑑札、看板など商業に関連する道具類が多い」コレクションとなっている（原田［2010］31頁）。先にも示したように、渋沢敬三の学問スタンスとして一定のマルキシズムの影響を受けて民衆の生活を実証的に分析することの重要性に行きついたことが浮かび上がり、その影響が実業史博物館の収集コレクションにもよく反映されている。敬三の中では、祖父・渋沢栄一を生み出した経済的背景と一般の人々の生活に反映する経済的背景等を検証できる文物・器物等を収集し分析できる体制を用意することが、栄一が牽引した近代日本の発展を検証することになると

考えたのであった。そこには大学で学んだ経済史の思考と自らが先導、開拓したアチックミューゼアム・民俗学の2つの視点が融合した思考であったろう。

ところが1939年には資材調達のめどがつかなくなり実業史博物館の建築を事実上中止せざるをえなくなった。それでも標本購入は続けられ、1939年時点で2,235点、購入累計総額は2万4,125円に達した。さらに購入は続き、40年末には累計金額が3万1,859円となった（大谷［2015］101-123頁）。

新円切替『柏葉拾遺 315』（渋沢史料館所蔵）

大学時代に学んだドイツ歴史学派、実証的な社会経済史、山崎覚次郎の指導の下で書いた卒論、前近代段階の工業や在来的な中小商工業に着目した論文などをもとにして、一旦は封印したはずの学究の領域すなわち、漁業史から民俗学・文化人類学といった新しい学問領域において、そのもととなる現物資料がきちんと収集されないままに眠ったまま埋もれている現実を知ってしまったのであった。それを一堂に収集し、学問が進展すべく提供するという魅力に取りつかれてどんどんと時間を割く比重が上がっていったのであった。

開戦直前の1941年11月に栄一の娘婿・阪谷芳郎が死去し、生前の渋沢同族会社への巨額の債務を整理するために、小石川原町（現在の文京区白山または千石）にあった広大な阪谷邸を提供し、あきらめかけた実業史博物館の展示場として利用することを進める（大谷［2015］142-147頁）。そしてそこで展示公開することを準備したが、空襲が激化し始めた1944年7月に「非開館」

方針を決定する。旧阪谷邸は空襲によって周辺一帯が焼き尽くされる中、職員の献身的な消火等もあり標本類とともに焼失を免れた（大谷［2015］191-203頁）。この建物は戦後長らく接収を受け、標本類の保管先にも困るようになり、1951年に新設された戸越の文部省史料館（現・国文学研究資料館）に寄託され、1962年には寄託から寄贈に切り替えられ、敬三は翌年永眠する（大谷［2015］209-210頁）。現在は立川の国文学研究資料館で全体として絵画・地図・番付・古紙幣・器物・文書・書籍・広告・写真等の11部門、おおよそ3万8,000件の資料の保存・整理・公開が進んでいる。このコレクションを佐藤健二は「民間学」という括りで敬三を位置づけようと試みる新しい渋沢論を提起している。民間学に関して柳田国男や鹿野政直と対比しながら社会経済史的視点、実業から来る実物志向にその特徴を見いだしている。それは例えば「渋沢敬三は、柳田国男のいう心意現象や言語芸術の領域を軽視したわけではなく、実物の向こうにそれを読み取ろうとした」と述べ、同時に「渋沢敬三には、青淵・渋沢栄一の『実業』の重視をその本質において受け継ぎ、学問という局面において発展させた側面がある」と、あくまでも経済に寄り添った立ち位置であったことを指摘している（佐藤［2014］174-76頁）。

　もう一つ、長きにわたって敬三が取り組んだことに栄一の伝記資料編纂がある。これは余技や趣味とは言い難い、栄一の後継者としてなすべき必須案件であったかもしれない。しかも、その編纂方針や規模において敬三の独自の視点がふんだんに生かされたものとなっていった。

　そもそも栄一生存のころから敬三の独自の視点が発揮されていた。すなわち、1930年から4年弱かけて31回開催された敬三主宰による栄一の聞き取り調査とのその記録である。敬三は客観的事実と当事者の意識を残しておくことに重きを置いてこのヒアリング会を継続した（大谷［2015］14頁）。1931年の栄一永眠後、遺書が開かれ、竜門社理事会は遺志に沿ってその一つとして伝記の編纂を盛り込んだ。伝記編纂は幸田露伴に依頼する一方、敬三は伝

記資料編纂も同時並行で進めはじめ、1932年に露伴の弟で東京商科大学教授、『大阪市史』の編纂も手掛けた幸田成友に編纂主任を委嘱した。露伴による伝記は1939年に上梓された。成友の伝記資料編纂は3年の期間を費やし、日記類、書簡類、栄一作成または関与文書類、演説原稿やその速記記録・談話類、親交者による回想談類、関係会社の諸資料その他を収集し1935年末に完了した（大谷［2015］30-49頁）。

敬三は幸田成友による伝記資料編纂の終了とほぼ時を同じくして、仙台の二高、東大経済学部、山崎ゼミナールを通じて続いてきた学友で経済史家の土屋喬雄に第2次の伝記資料編纂を依頼したようである。その意図として大谷は栄一の伝記資料編纂にあたって経済史の専門知識を加味すべきと判断したことを推測している（大谷［2015］69頁）。土屋であるが、由井は土屋の研究上の特徴として1927～29年の欧州留学後に「第一に、理論と史料考証とを統一した実証的な経済史の研究に専念すること、第二に、重要な史料に近づきやすい立場にあるから、史料を編集・復刻して、広く学界に提供すること、をもって自分の生涯の仕事とすることを決意した」と述べている（由井・武田［2015］230頁）。そして誰もがよく知るように、主に岩波書店から出された『日本資本主義発達史講座』に論文が発表された講座派と土屋らの明治維新の近代的革命性を認める立場の労農派によって資本主義論争と呼ばれた活発な論争が戦わされた（由井・武田［2015］231頁）。

1936年4月からのこの第2次編纂が敬三の強いイニシアチブの下で進められたことは明白であり、竜門社での承認は1年近く後であり、当初は敬三等の寄付によってその経費が賄われた（大谷［2015］76頁）。当初3年の編纂期間はさらに2年延長され、期限が近づくと日米開戦が迫り編纂員が次々招集されながらもさらに2年延長された。この間、敬三自身はこれまで以上の寄付をこの編纂事業に行っており、その意気込み、決意のほどが感じられる（大谷［2015］133-141頁）。

1942年6月の竜門社理事会・評議員会においてこの伝記資料の出版につい

て協議され、60余巻構成が構想され、1944年6月に岩波書店から第1巻が刊行された。しかし戦局が悪化し、空襲被害が予見される中、編纂資料・原稿類は172個に包装され、第一銀行本店大金庫に保管されたのであった（大谷［2015］164-170頁）。

戦後しばらくして、敬三は再び、伝記資料の刊行を企画し、渋沢家も竜門社も大部の刊行を遂行できる財力はすでになく、財界有力者らの協力をとりつけて「渋沢栄一伝記資料刊行会」を組織し、1954年9月に第一銀行内に伝記資料刊行会事務室が置かれた。11月に大金庫から再び原稿が取り出されたが、完成原稿にするにはいまだ大幅な加筆修正作業が必要なことがわかり、1955年4月から改めて第1巻からの刊行が開始された。当初45巻の想定を途中で58巻に増やすこととなり、1965年にその刊行を終え、さらに切り離された日記等を別巻10巻として1971年までかかって刊行し続けた。土屋が招かれて以来、35年かかっての超長期の事業であった。これらは病臥中の敬三から、竜門社所有の旧阪谷邸を処分して刊行経費にしてほしいとの意向を受けて続けられたものであった。敬三の生前に刊行できたのは51巻までであった（大谷［2015］210-216頁）。

以上、相当の紙幅を使わないと紹介できないほどの、普通の実業人、銀行家、経営者等がただ豊かな余暇を持っているのとはだいぶ違った、本業とかけ離れた、あまりに度を越した余暇の使い方であった。

混乱の戦中・戦後

戦争への突入に伴い、敬三は日本の破滅的進路のかじ取り役に巻き込まれていく。敬三は開戦後すぐの1942年3月に日本銀行の副総裁に就任させられた。敬三に白羽の矢を立てたのは、戦局悪化の中で戦時金融統制を一層進めていくために民間から人を入れて民間金融機関の協力をなお一層取りつける必要があったからと言われている。この人事を推進したのは三井財閥の牽引役であり、すでに日銀総裁、大蔵大臣兼商工大臣を歴任していた池田成彬で

あった。戦時金融統制を進めるにあたって民間の金融機関の協力が必要であり、敬三の血筋の良さ、公正無私な態度が誰からも尊敬されたことから選ばれたのであった。敬三の就任に先だって日銀は政府に優越して産業金融も範囲とし、軍事費の支出増大を支えるために国債を積極的に引受けることを明確化していた。敬三は金融統制の推進を担い全国の金融機関の統制参加を進めて行った。その流れもあって1943年の第一銀行と三井銀行の合併についても仲介役を果たした（由井・武田［2015］72-84頁）。

　1944年にはそれまでおよそ7年の長きにわたり日銀総裁を務めた結城豊太郎が更迭されて敬三が総裁に昇格した。戦局悪化の中で日銀には軍需産業への資金供給のための日銀貸出の増大、戦費調達のための国債の増発とその引き受け、市中消化が求められた。敬三はインフレへの懸念を表明していたが、軍事遂行がすべてに優先する時代の流れに逆らって融資放漫・インフレーションへの拍車をかけることを止めることまではできなかった（由井・武田［2015］84-95頁）。

　敗戦後もしばらく日銀総裁として過ごし、1945年10月に幣原喜重郎内閣の大蔵大臣として入閣した。突きつけられていた財政課題は多々あったが、取り組んだのは軍事公債の償還財源としての財産税構想であり、戦争による社会的不均衡を是正するという目的も持って進められた。やはり、財界大御所渋沢栄一の後継者が自ら旗を振って推進するからこそ旧財閥家族等にも受け容れられた政策だった（由井・武田［2015］101-106頁）。もう一つが激しいインフレの進行に対応するための新円券への切り替えと預金封鎖であった。敬三は1946年5月にパージとなり、公職を離れるが、財産税支払いのために三田綱町の屋敷を大蔵省に物納し、片隅の執事の住んでいた家に移り住み、国民に自ら範を示したのであった（渋沢敬三伝記編纂刊行会［1979］下 795頁）。

　1946年から1951年の間、敬三は公職追放処分となった。食糧事情も極端に悪く、敬三は3000坪の三田の庭を畑にして大規模な農園を栽培し、自らを

「ニコボツ」(ニコニコしながら没落する)と称して、泰然と境遇の激変を受け容れていた（渋沢［1966］100-103頁）。この頃の状況を敬三の長男・雅英は以下のように記している。

　戦争前からとかくうまくゆかなかった父と母の関係はますますこじれて、それから1年足らずのうちに母はとうとう家を出て行くという破目となり、家庭生活はその根底からくずれてしまった。妹たちは当時まだ上が15、下が12くらいだったと思うが、複雑でやり場のない不幸な生活におちいってしまった。私自身も敗戦のショックからまだ覚めないころで、この事件によってますます虚無的にで反抗的な手のつけられない青年になって行った。そして父は、長い間この不幸な事態から起こってくるすべての結果を、黙ってじっと耐えて行かねばならなかったのである。（渋沢［1966］99頁）

　この間に、漁業史をはじめとするアチック活動に再び熱心に取り組んだ。1946年日本民族学協会会長となり、九学会連合（言語、考古、社会、宗教、心理、人類、地理、民俗、民族）を推進し、絵巻物の中から民俗資料を書き出す『日本常民生活絵引』（死後刊行）などの大きな成果を残し、亡くなる直前に朝日文化賞を受賞する一方で逆の評価もあった。

　銀行の頭取・総裁であり、大臣にもなり、一時期「公職追放」の処分をうけた渋沢に対する学界の誤解も、なお決して消えていない。かつて日本常民文化研究所に属していた私は、渋沢の下にあったが故に「アメリカ帝国主義の手先」といわれたことがあったが、いまなお渋沢の学問を「金持の道楽」といい、「民俗学に資本の論理を貫徹させた」などという、まったく的の外れた批評が後を絶たないのが現状である。しかし日本の近代が、まぎれもない資本家の中からこれほどに卓越した人物を

生み出したことに、われわれはむしろ誇りを持つべきであろう。(網野 [1992] 第3巻、579頁)

追放解除後、日本瓦斯化学工業、日本電気、東京急行電鉄、新日本化学工業の取締役、日本経営者団体連合相談役会相談役等に就任し、国際経済社会へ復帰すべく、国際商業会議所の総会の東京開催にあたっての議長役を担った。また53年に国際電信電話公社の社長に、55年に日本文化放送会長に就任している(渋沢敬三伝記編纂刊行会編 [1979] 下 848-851頁)。これらの活動に対して木村昌人は世代交代が進む間の戦前からの国際的人脈をもった敬三らが過渡期をつなぐ存在であったとしている(由井・武田 [2015] 165-177頁)。

2　敬三にとっての趣味＝学術の意味

以上のような戦争に突き進む時代から戦後の混乱期への処し方をどう考えるべきだろうか。巨大な暴力のもとに言論が封殺され、自由が奪われた状況下で逃避的とも見える彼の学問への没頭は致し方ない処し方とみるべきなのだろうか。それとも栄一の足跡を知るにつれ、渋沢家の人間としてそれを継ぐべきことを託されたにも関わらず、あまりに消極的、逃避的行動であり、現実を直視せず、官主導の社会に対して誰に対しても恐れず行動していった栄一に対して恥ずべき行動、その器にあらず、という行動でしかなかったのだろうか。どう考えるべきか、いくつかのヒントとなる証言を紹介しよう。

　　　敬三にとって民俗学とは、いうなれば実朝における歌だった。子爵家などという近代がつくりだした堅苦しい肩書きをとっぱらい、自分の祖父の元々の血につながる民俗学への埋没は、敬三のかけがえのない慰藉だった。もし敬三が民俗学という学問に没頭することで、たまゆらの自由をもたなかったならば、たちまち渋沢家の重圧に押しつぶされ、おそ

らく死を選んでいたに違いない。(佐野 [1996] 72頁)

次は栄一の娘婿阪谷芳郎の孫、阪谷芳直（大蔵省、日本銀行、日本輸出入銀行を経て東急ホテルインターナショナル常務取締役）である。渋沢同族会等で長年にわたって敬三を見続けたひとりである。

　渋沢敬三に対していると、結びつきにくい二つのものがその中に並存(へい)していることによく気付いた。だが、この人は旧いものと新しいもの、保守的と進歩的、情と知といった一般には相対立した要素を、単純な妥協ということでなく、端の眼からは矛盾と見えないほどに見事に調和させつつ、すべての面を聡明に捌いていった。そこには革命的、急進的な荒削りの処理は絶えて見られず、旧いものに惹かれる側に納得と満足を与えつつ、新しいものを求める側に希望と激励を感じさせるような好意に充ちた配慮が行われていた。高い社会的地位と財力を保持する人間が、無欲恬(てん)淡で「権力への意志」を些かも持たず、豊かな人間性と高い知性に基いて社会の進歩に寄与しようとする純粋な意欲に溢れて行動する場合、しかもそれが公的生活にまで拡大された「生活の智慧」によって肌目細かに裏打ちされている場合、社会的調整者として信頼され高く評価されない筈がない。(阪谷 [1979] 357頁)

一族に対して金銭的なサポートをできずとも、精神的支柱であり続けた敬三への暖かな視線であろう。それでも孤独を感じさせる1955年頃の記録も同時にある。

　戦後父はふと一人トランプをやり始めて以来、病気がかなり悪くなるまで、暇な時にはあきずにくり返していた。あまり使うのでカードがすり切れて汚くなったので、妹が新しいのを買って贈ったことがあったが、

やはり古くて小さいのが使いやすいらしく、同じトランプを使って同じ遊びを何百回、何千回とくり返していた。時にはお客がこられても気の置けない方の場合には、用談中でもトランプの手を休めないこともあった。精神を集中するのにいいということもあるにはあったかもしれないが、私にはやはりそれは戦後の父の生活に根ざしていた淋しさ、退屈、挫折感、手持ちぶさたなどの一つの表現であるように思われた。（渋沢［1966］229頁）

　もう一度考えたい。敬三の多彩で深い学術活動はあくまで個人的な趣味や余技なのか、それとも何らかの使命を果たすべきという信念に基づいた社会活動であったのだろうか。それを考えるためには、そもそも敬三の果たすべき「本業」すなわち、栄一の後継者としてなすべきことは何だったのだろうか、という意識をいかに持っていたかに大きく関係するだろう。
　それは第一銀行の経営、すなわち頭取になることだっただろうか。栄一にとって何よりも第一銀行が彼のビジネス活動の拠り所であったろう。しかしながらその実質的な経営は佐々木勇之助に任せていて、銀行の運営を担っていたわけではないし、すでに渋沢家以外から頭取を出していたわけであるから、それが必須ではなかったと言えよう。それでは財界人としての活動であっただろうか。確かに若い世代、次世代の財界プリンスを期待されただろう。戦後、一度は公職追放を経験するものの、国際電信電話会社の社長を務め、その資格を持っただろうが、戦後の荒波をくぐり抜けた新たな財界人は石川一郎や石川泰三のように幾人も輩出されていて、敬三でなければならなかったわけではない。はたまた栄一が山ほど担った、ビジネスのインキュベーター役、すなわち大口の株式保有を伴った新産業等への発起支援役だっただろうか。「財閥」の実態を持つとは言えないレベルにもかかわらず進んで渋沢財閥を解体した敬三にはそのような資産はすでに無かったし、銀行等の金融機関がその役を担うように時勢は大きく変化していた。

社会が必要とする渋沢栄一的役割はすでに機能分化してそれぞれの担い手が十分に役割を果たしていた。こう見てくると「清算」することと「検証」することが敬三に残された役割だったのかもしれない。「清算」とは新円切り換え、財閥解体、財産税などの政策によって戦前から戦争への道筋を経済界が無抵抗、従順に従ったことへの贖罪を言葉よりも行動で示し戦後の再出発への無言のメッセージとすることではなかったろうか。「検証」とは学術活動を通じて戦前の日本が見落としてきたもの＝民俗学の支援や「実博」構想と、発展させてきたもの＝渋沢栄一伝記資料編纂を後世に残し、これまでの道筋をきちんと理解し、二度と間違った道を歩まないことへの材料を残すことだったのではないだろうか。

　これらを考え構想できる能力を備えたことが素晴らしかった点ではないだろうか。中学・高校・大学と通じて身につけた学識こそが自身の役割を自覚させ、それを適確に導く力を発揮させた。栄一の光の部分だけでなく、家族が背負った影さえもともに知る血筋の者として、その影さえも社会的に拡張して社会活動の中で清算・検証する活動に身を捧げたという解釈は、あまりに敬三に身びいきだろうか。

　彼の人生は祖父・栄一と比較してあまりに短く、生きた時代の厳しさゆえに自分自身で成し遂げられたものはあまりに少ない。孤独であり未完であり、誤解された人生であったかもしれない。しかしながら『渋沢栄一伝記資料』別巻を含めて全68巻、国立歴史民族博物館開設のための基幹資料、さらに未だほとんど利用されていない国文学研究資料館が保有する日本実業史博物館旧蔵コレクションと、かくも膨大な知的財産を残してくれたった人物がそう簡単にはこの世にいないことを噛みしめたいものである。

注

1）「とくに指摘しておきたいのは、渋沢がすでにこの頃から経済史にも興味を持ち、それを研究のテーマにしていることである」と山口は指摘している（山口

［1992］627頁）。

（参考文献）

網野善彦他編［1992］『渋沢敬三著作集　第3巻』平凡社。

伊井春樹［2015］『小林一三の知的冒険』本阿弥書店。

大谷明史［2015］『渋沢敬三と竜門社──「伝記資料編纂所」と「博物館準備室」の日々』勉誠出版。

国際常民文化研究機構編［2010］『神奈川大学国際常民文化研究機構年報』1。

近藤雅樹編［2001］『大正昭和くらしの博物誌──民族学の父・渋沢敬三とアチック・ミューゼアム』河出書房新社。

阪谷芳直［1979］『三代の系譜』みすず書房。

佐藤健二［2014］「渋沢敬三における『もうひとつの民間学』」（神奈川大学常民文化研究所編［2014］『歴史と民俗』（神奈川大学日本常民文化研究所論集）30、平凡社）。

佐野眞一［1996］『旅する巨人──宮本常一と渋沢敬三』文藝春秋。

渋沢敬三［1992］「本邦工業史に関する一考察」235-325頁（網野善彦他編［1992］『渋沢敬三著作集　第1巻』平凡社）。

渋沢敬三伝記編纂刊行会編［1979］『渋沢敬三　上・下』渋沢敬三伝記編纂刊行会。

渋沢雅英［1966］『父・渋沢敬三』実業之日本社。

新谷尚紀［2011］『民俗学とは何か──柳田・折口・渋沢に学び直す』吉川弘文館

第一銀行八十年史編纂室編［1957］『第一銀行　上・下』第一銀行八十年史編纂室。

原田健一［2010］「モノをめぐる渋沢敬三の構想力──経済と文化をつなぐもの」神奈川大学。

宮本常一［1978］『日本民俗文化体系（3）渋沢敬三』講談社。

山口和雄［1992］「解説　渋沢敬三、人と仕事：戦前を中心に」『渋沢敬三著作集　第1巻』平凡社

由井常彦［2014］「渋沢敬三の学問、思想と人格形成──前半生の研究」『歴史と民俗　神奈川大学日本常民文化研究所論集』30。

由井常彦・武田晴人［2015］『歴史の立会人──昭和史の中の渋沢栄一』日本経済評論社。

由井常彦・田附茉莉子・伊藤修［2010］『セゾンの挫折と再生』山愛書院。

9 株式会社ヤナセ創業者・梁瀬長太郎
―― クルマ社会の礎を築いた企業家 ――

四宮 正親

はじめに

　日本の自動車産業は、1970年代の2度の石油危機を経て、世界へデビューすることになった。それは、日本製小型車の低燃費と品質の高さが消費者に評価されたことによるものであった。その後、日本は短期間のうちに自動車生産大国の座に就いたのである。しかし、歴史的にみると、欧米に比べて自動車産業の勃興が遅れたわが国では、戦前・戦後1950年代初頭にいたる期間を通じ、戦時期の一時期を除いて、輸入車に依存してきた時期が長い。

　換言すれば、戦前・終戦直後を通じて、わが国は輸入車による自動車社会の基礎をつくりあげてきたということになる。今日、登録車に占める輸入車シェアは9％ほどで、諸外国に比しても決して高いわけではないが、ユーザーにとっては国産車とともに輸入車が車両購入の選択肢の一つに挙げられることは、自動車社会の深まりを表している。そこで、本章においては、わが国の自動車社会を形成するうえで、大きな足跡を残した輸入車の販売業者・ヤナセの創業者である梁瀬長太郎の企業家活動を振り返ってみたい。

　本章では、まず、戦後におけるわが国の輸入車市場の動向を歴史的に跡付ける。次に、戦後の輸入車販売の雄となるヤナセ創業前後の自動車輸入販売の状況を概観する。そして本章の主題となる梁瀬長太郎の企業家活動について検討する。

1　戦後日本の輸入車市場[1]

わが国の外貨事情や国内自動車産業の保護育成を目的に、1948（昭和23）年以来続けられてきた外貨資金割当制度は、1965年10月に撤廃され、完成乗用車の輸入は完全に自由化された。1961年にすでに輸入が自由化されていたトラック・バスとともに、完成車輸入の自由化は本格的に進展することとなった。

この時期は、三種の神器とよばれた白黒テレビ、電気洗濯機、電気冷蔵庫が多くの世帯に普及し、次は新・三種の神器と呼ばれることになるカラーテレビ、クーラー、カーの頭文字から3C時代の到来も間近と喧伝される時代であった。しかし、乗用車の世帯普及率はわずか10％で、輸入車の台数は1万3,000台を数えるに過ぎなかった。

1966年には、日産・サニーとトヨタ・カローラが登場し、マイカー元年と呼ばれる時代を迎えたが、最もポピュラーな輸入車であったフォルクスワーゲン・ビートルの価格でも、カローラのほぼ2倍の約100万円であり、当時の大卒初任給（約2万4,000円）の40カ月分を超える高価な車であった。トヨタのクラウンや日産のセドリックといった高級車に匹敵する金額で、いまだ輸入車はステータスシンボルとしての役割を果たす時代であった。

1960年代を通じて、日本ではモータリゼーションが進行したが、70年前後から自動車排出ガス規制、欠陥車公表義務付け、交通安全対策基本法の制定など、安全や環境への配慮が強く求められる時代を迎えた。73年には第一次石油危機が起き、それによって輸入車人気もアメリカ車から燃費のいい西ドイツ車を中心とする欧州車へと移行した。78年には輸入関税が撤廃され、円高の後押しもあって輸入は次第に増加していった。

1980年代後半にはバブル景気の影響で年間登録台数は毎年前年比30％以上の伸びを示し、1985年から90年のわずか5年の間に4倍以上の増加を見た。輸入車が限られた富裕層のステータスシンボルの位置づけから、少しずつ変

わり始めていた。輸入車市場の変化を察知した海外メーカーは、ビジネス・チャンスの拡大を企図して、相次いで日本法人を設立したり、国内メーカーと提携したりして販売網の整備を進めることに注力した。

　1990年代初め、バブル経済は崩壊して長期にわたった好景気は終焉を迎える中、貿易収支のインバランスが国際問題として大きく取り上げられ、自動車分野におけるインバランス解消のために、輸入車市場の拡大が政府によって進められることになった。円高基調の下で輸入車価格は低下し、国産車ディーラーによる輸入車の取り扱いも増える中で、96（平成8）年には輸入車販売台数は過去最高を記録した。しかし、97年4月の消費税の5％への引き上げは、輸入車にとって打撃となった。

　2000年代に入ると、環境や安全対策に注力することが社会的な要請となり、ハイブリッド車、電気自動車の商品化、燃費の改善、運転支援機能の整備などが進展した。2007年には、アメリカのサブプライムローン問題を機に経済恐慌が起き、自動車産業も大きな打撃をこうむった。その緊急経済対策として、政府はエコカー減税制度やエコカー補助金の仕組みをつくった。海外メーカーも市場開拓のためにエコカーのラインアップを増やした。国産車メーカーがハイブリッド車を中心に置いたのに対し、海外メーカーはダウンサイズターボに中心を置いた。エンジン排気量を小さくし、過給機で出力を補うというこの技術は、燃料消費を抑制しつつ運転する楽しみを失わない商品としてユーザーの人気を博している。

　2015（平成27）年の国内輸入車販売は、日本メーカーの外国生産車を除くと前年比1.6％減の28万5,496台となり、6年ぶりに前年実績を割り込んだ。その原因の一つとして、フォルクスワーゲンの排ガス不正問題などの影響が認められる。しかし、国内の自動車市場の縮小が影響して、排気量660cc超の登録車に占める輸入車シェアは9.1％となり、3年連続で過去最高を更新した。輸入車販売が、近年好調な要因としては、外国車メーカーが比較的小型で、低価格な品ぞろえに注力している点があげられる。日本市場にもマッ

チするダウンサイジングにより、200万円台のベンツＡクラスを投入したメルセデス・ベンツが販売台数を伸ばしているように、国産の小型車からの乗り換え需要が生まれている（日本自動車輸入組合ホームページ）。

　欧州車メーカーは、従来のレクサスＬＳ（830万円〜）やトヨタクラウン（353万円〜）にそれぞれ対応するメルセデス・ベンツＳクラス（1,090万円〜）、アウディＡ８（948万円〜）、ＢＭＷ３シリーズ（448万円〜）、アウディＡ４（440万円〜）などに加えて、メルセデス・ベンツＡクラス（284万円〜）、フォルクスワーゲン・ゴルフ（249万円〜）、ＢＭＷミニ（219万円〜）フォルクスワーゲン・アップ（149万円〜）など、トヨタプリウス（217万円〜）、カローラ（137.7万円〜）、ホンダフィット（126.5万円〜）、スズキワゴンＲ（109.9万円〜）などの中級車やコンパクトカー・軽自動車のラインにまで相次いで車種を投入している。ＥＵの規制の下で、2021年には新車の平均燃費をガソリン１リットル当たり約７〜８キロメートル改善することが求められる欧州車メーカーは、小型化と低燃費化に大きく舵を切り、その影響は日本市場の開拓と結びついたかたちである（『週刊東洋経済』2014年３月８日号、107頁）。

　2003年から2015年にいたる車両本体価格帯別の輸入乗用車新規登録台数をみると、300〜399万円のクラスで10％台から20％台へ、200〜299万円のクラスで20％台から30％台へと推移している（日本自動車輸入組合ホームページ）。400万円以下のコンパクト車のラインアップが充実し、従来の国産車ユーザーの選択肢が輸入車にも広がっていることがわかる。また、「１車種にワゴンやセダンなどボディタイプのほか、ガソリン車やクリーンディーゼルエンジン（ＤＥ）搭載車などパワートレーンの拡充が国産車と比べて多様であることも、輸入車の魅力として消費者に大きな訴求効果があったものと考えられる」（日刊自動車新聞社・日本自動車会議所共編［2015］234頁）。1980年代末から最近までの輸入乗用車新規登録台数の推移をみた図１によって、輸入乗用車の増加について近年の動向を確認しておこう。

2　戦前の自動車輸入販売

　戦前戦後を通じて、自動車の生産・販売が軌道に乗るまで、わが国の自動車社会を下支えしてきたのは輸入車であった。輸入販売に携わる業者は、わが国の自動車社会を切り開いてきた開拓者であった。そして今日においては、消費者が購入する際、その選択の幅を広げ、豊かな自動車社会に寄与する役割を担っている。本章で取り扱うヤナセは、全国に230以上の拠点を持ち、8つの輸入車ブランドを扱い、輸入車の販売シェアは15％を占める国内最大の輸入車販売業者である。同社は、戦前から一貫して販売能力とアフターサービス能力を磨き上げ、日本の輸入車市場をリードする存在であり続けた。

　そこでここでは、わが国における自動車輸入販売の歴史について、ヤナセが創業する前後の時期にさかのぼって振り返っておこう。日本最初の自動車販売店であるモーター商会は、1901（明治34）年9月に外国商館ブルウル兄弟商会の販売代理店として、東京・銀座に開設されている。同社を設立した松井民治郎は、当時としてはきわめて高価な自動車の販売に際して、ドライブの楽しさを知ってもらうことが大切であるとの考えから、自動車倶楽部を主宰して会員を募った。自動車の運転を教える日本初の試みではあったが、倶楽部規則に「乗車スヘキ会員ヲ撰ムニハ前月中本会職員ニ於テ予メ抽籤ニヨリ其一人ヲ選出シ」と記されているように、教習車の不足が倶楽部会員の自由な練習を妨げ、加えて「本会ハ満一ヶ年ヲ以テ終了シ解散ヲ行フモノトス」という期間限定の存在であるため、予定した300人という人数が集まらず成立しなかった（佐々木［2004］36-66頁）。

　1902年6月、横浜に設立された自動車販売店ロコモビル・カンパニー・オブ・アメリカ日本代理店の活動は、歴史的に大きな意義を有している。東京に設置された店舗には、数台の自動車が展示され、自動車を見たことのない当時の日本人に、自動車の存在を知らしめたのである。また、自動車の運転方法やそのメリットも説明され、販売が行われている。ただ、同社の活動は

図1　輸入乗用車新規登録台数の推移

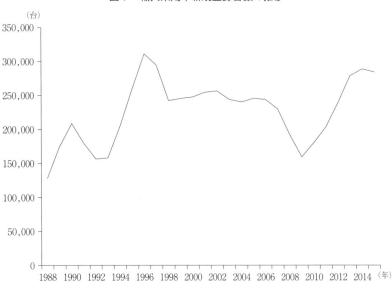

注：日本メーカーの海外生産車を除く。
出所：日本自動車輸入組合ホームページより作成。

長くは続かず、1905年の初めには閉鎖された。3年足らずの活動で販売された自動車は、10台ほどであったと伝えられている[2]。

　この間、1903年3月から7月まで大阪で開催された第5回内国勧業博覧会には、蒸気自動車、ガソリン自動車、電気自動車が展示され、500万人を超える入場者の目を引いたのである。また、梅田駅から会場までのシャトルバスの利便性に関心を寄せた企業家たちによって、博覧会の開催以降、日本各地で多くの乗合自動車事業が計画され、モーター商会をはじめ自動車販売店に問い合わせが殺到したが、京都・二井商会の営業を除いて事業が行われたのかは確認されていない。二井商会も、人力車業界からの反発やタイヤの技術的な問題を抱えて数カ月で廃業に追い込まれた（斎藤［1992］230-232頁、中岡［1999］17-18頁）。その後の日露戦争の勃発にともない自動車輸入は途絶し、軍需事業を除いて新規の事業が禁止され、自動車販売に大きな打撃と

なった。ロコモビル社は解散し、モーター商会も1905年2月に解散した（佐々木［2004］62頁）。明治時代、21もの自動車販売店が存在したが、横浜や神戸の外国商館が自動車の輸入販売権を独占的に所有し、自動車黎明期の輸入販売に貢献した（『日刊自動車新聞』1979年4月16日）。ただし、「自動車はまだ発展途上の新製品であり、一般に未知の貿易商品であったため成功の可能性に疑問があり、その販売に不安を抱いたのは当然」であり、「ある者は日本人経営の商店に試売させ、様子を見ようと考えた。そのような情勢の中で先走った日本人が、彼らの手持車を欲しがれば譲り渡すとか、または貿易に慣れた彼らとして場合により輸入の仲介に立つという消極的な形で、まず自動車の取扱いが幾らか行われたようである。もちろん初めは自家用または見本車としてわずかな台数に過ぎず、輸入販売などと仰々しくみなすほどのものではない。それにしても、彼ら外国系商社が海外の事情に詳しいことから、わが国の自動車利用とその輸入に先鞭をつけた」という点で、歴史的に大きな意義を有している（自動車工業会［1965］38-39頁）。明治末期には、東京を中心に上層階級の自家用として乗用車が少しずつ増加し、1912（大正元）年末の東京で260台ほどの自家用乗用車が存在したことが推定されている（自動車工業会［1965］96頁）。

　大正期に入り自動車の需要が増加すると、商社は直接外国のメーカーや輸出業者と契約し輸入販売を始めるようになっていった。1921年には、20もの商社が自動車の直接輸入を手がけ、外国商館の独占状態は崩れ去った（尾崎［1955］100頁）。大正時代を通じて外国車販売会社は、外国系の輸入販売会社を含めれば45社が存在し、取り扱い車種も英、米、独、仏、伊など各国の乗用車、トラック、バスに及んでいた（自動車工業会［1967］88-98頁）。特に、明治末に創業した米国系商社セール・フレーザー、日本自動車、そして1915年に設立された梁瀬自動車（現・ヤナセ）の活動は特筆すべきものである。

　セール・フレーザーは、1910年にフォードと輸入代理店契約を結んでフ

ォード車の輸入販売を開始した。特にT型フォードの販売は、各地の運輸業者から好評を博し、自動車販売としては最初の成功例といえるものとなった（自動車工業会［1965］325頁）。日本自動車は、東京自動車製作所をその前身とする。黎明期の自動車製作を代表する東京自動車製作所の経営者である吉田真太郎と交友をもった大倉喜七郎は、資金援助した東京自動車製作所の経営不振を打開すべく、主に外国車の販売を通じて経営を立て直す途を模索した。その一環として、同社は1909年に大日本自動車製造合資会社に改組し、代表者に大倉喜七郎が自ら就任した。大倉組が自動車を輸入し、販売を大日本自動車が担当するという形が出来上がった。その後、東京自動車製作所以来、自動車製作を念願とした吉田真太郎と内山駒之助が販売に主眼を置く経営方針に納得せず退社し、日本自動車合資会社への改組を経て、1913年に日本自動車株式会社となり、大正時代には多種の輸入自動車の販売、修理に乗り出していった（自動車工業会［1965］302-309頁）。その後、1928年頃から、同社は大倉組の手を経ずに自動車の直輸入を始めている（自動車工業会［1967］104頁）。

　梁瀬自動車は、1915年5月に三井物産で自動車係主任を務めた梁瀬長太郎が独立して設立したものである。三井物産から輸入自動車と輸入鉱油類の一手販売権を譲り受け、店舗と工場設備も借用して、東京・有楽町で梁瀬商会として開業した。第一次世界大戦のブームに乗って外国車の輸入も増大し、1920年2月には、梁瀬自動車株式会社と梁瀬商事株式会社がそれぞれ設立され、梁瀬商会の業務一切が継承された。梁瀬自動車は自動車の販売を、梁瀬商事は鉱油と雑貨の販売を行った。1923年の関東大震災後の復興に、梁瀬自動車が輸入したビュイックとシボレーは大きく貢献した（山崎編［1950］121-126頁）。

　セール・フレーザーは、1925年の日本フォードの設立に伴い代理店契約が解除され、日本自動車は戦後1960年代に破綻したため、今日にいたるまで輸入車販売の牙城を守り抜いてきたのは、ヤナセのみである。したがって、わ

が国の自動車販売の草分けであり、現在においても輸入自動車市場のおよそ15％を支配し、輸入自動車市場をリードする株式会社ヤナセについて、創業者梁瀬長太郎の企業家活動を辿ってみよう。

3　梁瀬商会の創業

梁瀬長太郎（株式会社ヤナセ所蔵）

1879（明治12）年、梁瀬長太郎は、群馬県碓氷郡豊岡村（現・高崎市）に梁瀬孫平の長男として生まれた。梁瀬家は農業、精米、養鯉を生業に二十数代続く旧家であった。長太郎は、1894年に前橋中学校（現・群馬県立前橋高校）に入学し、翌年に東京府立第一中学校（現・東京都立日比谷高校）に転校した。東京では間借りした古道具屋の仕事を手伝いながら、実業家への夢を育んだ。長太郎は、その後、東京高等商業学校（現・一橋大学）を経て大阪商船に入社し、購買係に配属される。購入先からの中元・歳暮攻勢に閉口した長太郎は、同社を1年で退社し、1905年に三井物産に入社した（山崎編［1950］19-32頁）[3]。

三井物産で海外駐在から帰国した1907年、長太郎は機械部鉱油係に配属される。長太郎在籍中の1910年代の初めには機械部は自動車の取扱いを始め、イギリスのダラック、ウーズレー、アメリカのビュイックを販売した（芦田［2012a］33頁）。

しかし、当時、日本の自動車保有台数は1,000台ほどという市場の未発達状況のなかで、自動車の取扱いは前途多難であった。長太郎自身も、1913年に物産から機械部自動車係主任になるように打診されたとき、鉱油販売を自

動車係に移管することを条件に承諾している。その後、第一次世界大戦勃発直後に不況が深刻化すると、販売活動はますます難航し、赤字決算を計上した（梁瀬［1981］14頁）。物産機械部は自動車係の廃止を決め[4]、事業の継承者として長太郎に白羽の矢が立った（梁瀬［1981］14-15頁）。長太郎も、自主独立の気概を実現する好機と捉え（山崎編［1950］30-31頁）[5]、1915（大正4）年5月、三井物産機械部自動車係の営業所を自らの名義として、梁瀬商会を日比谷に開業したのである[6]。店頭には、「三井物産株式會社礦油及自動車一手販賣」と「梁瀬商会」の2枚の看板が掲げられ、三井物産機械部の取扱商品のうち、輸入自動車の一手販売権と輸入鉱油類の一手販売権を三井物産より譲り受けて、事業は始められた（梁瀬［1981］15頁）。

「三井物産が獲得していたGMのビュイック、キャデラック、およびイギリスのウーズレー社の輸入代理権はそのまま同社に留められ、梁瀬商会は、三井物産が輸入するそれら自動車の民間向け販売の代理店となった」（芦田［2012b］20頁）[7]。

鉱油販売[8]に依存する梁瀬商会の経営は、第一次世界大戦ブームによって大きく変化した。ヨーロッパからの自動車輸入の途絶と、日本における自動車市場の成長は、アメリカ車を扱う梁瀬商会の経営を好転させたのである[9]。1917～18年にかけて、三井物産機械部の代理店で大口売約先にリストアップされた梁瀬商会は、三井物産機械部売約先の上位に位置し、梁瀬商会向け売約額が約181万円計上されている（麻島［2001］73頁）。1918～19年にかけて梁瀬商会向けの売約額は55万円に減少したが、いまだ物産機械部の大口売約先のひとつであった（三井文庫監修［2005］72-73頁）。1919年9月3日に本店で開催された三井物産支店長会議で、山本小四郎機械部長は、自動車需要の高まりについて報告している（三井文庫監修［2005］78-79頁）。

この頃、梁瀬商会は、自動車のボディ製造にも乗り出し、製造技術の習得と向上に努力した。当時の木製ボディの製作には車大工が、内装には馬具師が、塗装には当初漆器職人がそれぞれ腕を磨いた（山崎編［1950］64頁）[10]。

⑨株式会社ヤナセ創業者・梁瀬長太郎　193

1924年キャデラック用ボディの木骨　（株式会社ヤナセ所蔵）

1915年初輸入のビュイック　（株式会社ヤナセ所蔵）

　長太郎は、独立前後から販売に止まらず、バス・タクシーなどの自動車運輸事業にも携わったのに加え、自動車修理の技術者や運転手の養成も行っている（山本［1935］25頁）。自動車運輸事業に乗り出したのは、自動車の利便性を啓蒙するためであり、運転手の養成は自動車の購入者が運転できない

ため、運転手も一緒に付けてやらなければならなかったからであった。さらに1918年7月には、貸ガレージ業にも進出し、経営の安定を図っていた（梁瀬［1984］283頁）。

この間、自動車需要の急増に応じて、1916年5月、麹町区銭瓶町に、自動車組立、車室製作、修理を行う工場、店舗などの建物を建設した。1917年時点における梁瀬商会工作部には242名の従業員がおり、その設備をみると、8馬力モーター、旋盤、ボール盤、ミーリング、セービングなどがあり、「従業員や設備の構成は、修理だけでなくこうした組立・車体製造を反映したものだった」（呂［2011］44-46頁）。このように輸入商は、コストアップ要因となる完成車輸入を避け、シャシー輸入後、組立てや車体架装を行い、コストの削減に努力した[11]。翌年1月には、本社も同地に移転した。

4　GMとの決別

1920（大正9）年1月、長太郎は梁瀬商会を改め、自動車販売を業務とする梁瀬自動車株式会社（資本金500万円）と鉱油及び雑貨販売を業務とする梁瀬商事株式会社（資本金100万円）を設立し、両社の社長に就任した。新しく設立された2つの会社の株式は、梁瀬家がそれぞれ60％以上を所有し、所有は梁瀬家とその支援者および内部関係者に限られていた（梁瀬自動車・梁瀬商事1920年10月「株主名簿」）。長太郎は、各業務の専門性を考慮して自動車部門と雑貨部門の2社に分けた。そして、第一次世界大戦後の不況を予見するとともに、競合企業の増加による競争環境の悪化の下で、株式会社組織への転換を行い万が一に備えた（山崎編［1950］78-79頁）。同じ頃、梁瀬自動車は芝浦に工場を設置した。長太郎は、梁瀬自動車の設立を機に、自動車の販売および修理技術の習得のため、従業員の中から選抜して12名もの人々を欧米に派遣した（表1）。表1に示したように、彼らの多くはその後の自動車業界において大きな足跡を残した。

創業間もない梁瀬自動車の経営は、1920年不況の下で不振を極めた。不況

表1　梁瀬自動車からの欧米派遣者一覧

氏 名	備 考
清水雄太郎	初代ニューヨーク駐在員
保坂万一郎	2代ニューヨーク駐在員、のち商事の鉱油部長
橘戸義雄	取締役
相良亮吉	のちに三昭自動車に転じ、その後エンパイア自動車にも在籍
吉崎良造	のちに東京ダットサン商会を創立
田中常三郎	のちに日産自動車取締役吉原工場長
大沢喜市	常務取締役
梅村四郎	常務取締役、のち豊国自動車社長
泉藤吉	独立して泉自動車工業株式会社社長
堀久	梁瀬から青バスに勤務、のち日本自動車興業社長
山県政夫	
富安良三	元高田商会勤務

出所：山崎編［1950］99-100頁より作成。

の到来する時期を見誤った同社がGMに自動車を大量発注したことや、東京駅前におけるビル建設が災いしたかたちとなった（山崎編［1950］90-95頁）。

　1922年10月の時点で、繰越損失は30万円を超えていた。1923年に入ると自動車の売れ行きも回復しその後に大きな期待を抱かせた。1923年9月に起きた関東大震災でその期待は裏切られることとなったが、同社は、被災を免れた芝浦工場に拠点を置いて復興需要に応えた（梁瀬自動車『営業報告書』各期）。

　この間、長太郎は、1923年5月10日から約5カ月間にわたって欧米視察の旅に出た。アメリカではゼネラル・モータース（GM）、イギリスではウーズレーなど取引のある会社を訪ね、自動車を巡る世界の情勢を視察する旅を続けている最中、フランスからアメリカへ向かう船上で関東大震災の知らせを受けることとなった。船上で震災の善後策を考えた長太郎は、「復興を相談する人間の活動が主になり、何を仕様かという人と人との動きが活発になされることよって、復興が早められる」（山崎編［1950］120頁）との結論に至り、さっそくGM本社で乗用車の買い取りを申し込んでいる。復興に必

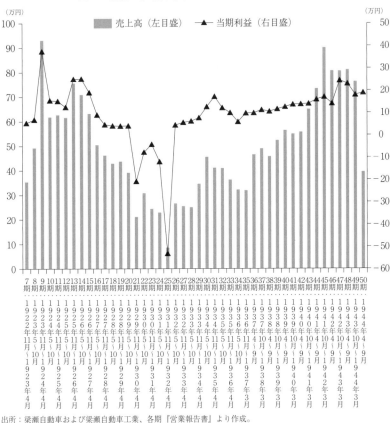

図2　戦前の梁瀬自動車の売上高と当期利益の推移

出所：梁瀬自動車および梁瀬自動車工業、各期『営業報告書』より作成。

要なのはトラックであるとの見解を持つGMや三井物産を尻目に、横浜正金銀行ニューヨーク支店から信用状開設の同意を得てGMと再交渉し、ビュイックとシボレーの乗用車合計2,000台の買取契約を結んだ。復興需要によって、入荷した乗用車の売れ行きは順調であり、品薄ということもあって1台あたり500円ほどのプレミアムが付いたという（山崎編［1950］122-125頁）。

1923年陸揚げされるビュイック（株式会社ヤナセ所蔵）

　震災直後の業績（9期）は、図2にみるように復興需要の下で37万円余の利益を計上し、繰越損失を一挙に解消した。震災の影響を前向きに捉え、経営を軌道に乗せつつあった梁瀬自動車に次の試練が訪れたのは、1927（昭和2）年のことである。

　1927年4月、梁瀬自動車が従来取り扱ってきたGMの製品が一切取り扱えなくなったのである。関東大震災後の自動車市場の拡大を受けて、フォード、GMは相次いで日本に進出した。GMは大阪に日本GMを設立して組立生産を行い、全国にディーラー網を整備することとした（四宮［2008］32-39頁）。これに際して、GMの広範な車種を取り扱っていた梁瀬には、GMから次のような案を提示されたが、GM製品の普及に貢献してきた梁瀬には到底納得できる内容ではなかった。その間の事情について、長太郎は次のように述べている。

　「お前（梁瀬――引用者）の方はシボレーの販売に就て、これまで骨を折ってくれたのであるから、今後全国に三十以上のデイラーを設置するに就ては、お前の方では東京を除いて総ての地方に設立するデイラー

の各店に於て majority の株主となり、大阪モータース、名古屋モータース等の名称の下に経営に当り、全国を Control してやってくれてもよいから、是迄のシボレー自動車の Distributer としての権利は総て GM 社の方へ返還して貰ひ度い。但し、カデラックとかビュイック、オールズモビルと言った set-up の自動車の権利は今迄通り、お前の方に預けて置いて宜しい。それから新規にシボレー自動車以外の車を販売する為に、お前の方では此際更に日本中に八軒許りの店を作って車の販売に力を入れてはくれないか」と、云う申出であった。その頃、私共の会社には五ケ所（当時の支店は横浜、名古屋、大阪、福岡「博多」、仙台）の支店があったので「それは私達の五つの店だけで宜しいではないか、八軒などは不要ない、充分私の店の暖簾があるから売って見せやう」と私は云ったのである。然し、それにしても、どうしても店を八軒に増やしてくれと云う話しなので、いつまでたっても GM 社と私の方の意見が纏まらなかったのである。「シボレーの販売に就ても、全国に三十以上などゝ云うデイラーを増やさなくとも、私がチャント売ってみせるから、いゝじやないか」と云ったが「GM 社の方針では現在の世界中の販売網を小さなデイラーに仕切って販売するという方針にこれからのセールズを持って行かうと云うのであるからその方針に従つて遣つてくれ」と云うのであった。（山崎編［1950］164-165頁）

上に見たように、長太郎と GM の主張が相容れることはなく、最終的に長太郎は、考え方の違いは埋められないので、お互いに自由にやってみようと述べ、GM 車の販売権を返上した（山崎編［1950］165-166頁）。その後、アメリカのスチュードベーカーやレオ・トラック、乗用車のほか、イタリアのフィアット、イギリスのオースチン、ドイツのオペルなどヨーロッパ車の取扱いを始め、市場支配を強める日本 GM、日本フォードの製品と販売競争を展開した。

しかしながら、図2にみるようにGM車の販売を返上した1927（昭和2）年4月（16期）以降の梁瀬自動車の業績は芳しくなかった。長太郎自身、「シボレー自動車の代理権を環つてGM社とトラブルを起してサッパリと別れて仕舞つてから四ケ年後＝たしか其頃になつたものと思ふ＝私の方もGM社と競争はして見たものゝ一向に、はかばかしくなくて、エライ思ひをし乍ら遣り続けて居つた」（山崎編［1950］168頁）と述べている。

そのうえ、世界大恐慌と1930年1月の金解禁実施の影響の下で、政府の緊縮政策と一般購買力の激減があいまって、自動車販売は不振を極めた。そこで、経営合理化の実をあげるため、130万円に減資の上、7月に梁瀬自動車が梁瀬商事を吸収合併した[12]。

その後、梁瀬自動車は、1931年8月、ほぼ4年ぶりにGMとの関係を修復し[13]、同社の高級車ラインを取り扱うことになり、それにともなってスチュードベーカー、オペル、オースチンの販売を取りやめた。日本GMの大衆車ディーラーの経営は順調であったが、キャデラック、ビュイック、オークランドなどの高級車を扱うディーラーの経営は、昭和恐慌の下で多くが破綻してしまった（山崎編［1950］167頁）。その結果、GMは再度梁瀬に高級車ラインの販売を任せることとなったのである。1920年、麹町の本社は土地賃貸契約が終了し、それ以来転々とした本社は、1931年8月、日本橋に本社ビルを建てることで落ち着いた。

しばらくすると、満州事変の影響を受けて、軍部やその他の官庁より注文が多数寄せられた。梁瀬自動車はこの機会をとらえて、企業規模の縮小による経営の立て直しを図り、1932年10月、資本金を130万円から91万円に減資した。2度の減資にみるように、経営の安定を求める長太郎の経営判断は迅速であった。

1930年代半ばには、政府による自動車産業の保護と育成を企図した1936年の自動車製造事業法の制定・公布に向けての動きを受けて、梁瀬自動車は国産自動車製造の動きに目配りを絶やさず、外国車輸入販売事業の前途を誤ら

ないように考慮することも、当時の同社の重大な関心事であった（梁瀬自動車『第参拾参期営業報告書』）。

5　戦時期の経営

　戦時期を迎えると輸入は制限され、梁瀬自動車を取り巻く環境は厳しさを増していった。1937（昭和12）年7月の盧溝橋事件を契機に経済統制が進み、高級車の輸入も制限される一方、修理や車体製作が繁忙を極めた。1938年に梁瀬自動車は、木炭車の加工や部分品の製作等にも進出し経営基盤の強化を進めざるを得なくなった。さらに、燃料統制が強化されるなかで、木炭ガス発生炉の製作、天然ガス自動車、アセチレンガス自動車の研究に邁進した。他方、38年には、生産が本格化し、売れ行きの伸びが期待されたダットサンについて、梁瀬自動車は九州地方の販売権を取得して、梁瀬モータース株式会社を設立し、九州地区におけるダットサンの一手販売を始めている。

　1938年の為替管理の強化のなかで、アメリカからの自動車輸入は途絶した。戦時期、自動車製造を行わず、輸入車に依存する梁瀬自動車の事業は、大きな転換を迫られることになった。梁瀬自動車は、事業の中心を自動車の修理と加工に置き、芝浦工場における修理加工と代用燃料使用装置の製作に注力した。日中戦争の進展につれて、石油統制は厳しさを増しており、ガソリンに代わる自動車燃料の開発と使用装置の製作が急務であった。

　この間、陸海軍から軍用の特殊ボディが発注されその数も増えるにつれて、「民間自動車の修理と、陸海軍の特殊ボディの製造を同一工場で行っていては軍の機密を維持できないとの理由で、特殊ボディに特化した工場を持たないと、陸海軍の仕事を直接受注できない状況となってきた。陸海軍の仕事がないと工場が成り立たないことから、特殊ボディ製作専門工場」（出版文化社編［2015］36頁）の建設に着手し、1939年6月、高浜工場が完成した。同工場では、主にレントゲン車、除雪車、雪上車、患者輸送車などの特種自動車の車体製作を行った。12月には、高浜工場に鋳工所を設け、自動車部品の

製造を始めている。

さらに梁瀬自動車は、1939年12月、日本瓦斯自動車株式会社（資本金10万円、社長は梁瀬長太郎）を設立し、薪炭ガス、アセチレンガス、天然ガス、メタンガス、石炭ガス、プロパンガス、その他の液化ガスなどを自動車燃料に利用できる諸機械の製作加工と販売事業に乗り出した。

芝浦工場における天然ガス、木炭ガス使用装置の開発と製作、および自動車の修理は好調で、高浜工場における特種車体の注文も陸海軍需に支えられ、梁瀬自動車の事業は次第に工場に中心を置いたものに推移しつつあった。なかでも、天然ガスおよび液化ガス自動車の装置一式に関する業務は、当時の梁瀬の事業の柱であった。工場生産に事業の中心を置くようになったことを受けて、梁瀬自動車は、1941年11月、同社の製造中心の業務実態に沿うかたちで、社名を梁瀬自動車工業株式会社へと変更した。同社は、電気自動車、オートバイ、中古車の販売も行ってはいたがわずかなものであり、名実ともに製造会社への転換を機に、資本金も100万円から125万円に増資して、設備機械の充実を図った。

年を追うごとに、軍需に応じる形での同社高浜工場における特種車体製造が大きな位置を占めていったが、「企業としての収益は、芝浦工場（軍需自動車の組立て、一般自動車の修理加工、代用燃料機の製作を行う――引用者）の利益が会社の収益の大半であった」（梁瀬［1981］149頁）という。

おわりに

最初、三井物産が手掛けた自動車の輸入販売業務の状況は、自動車という商品の価値が一般に認識されることなく、富裕層の玩具という存在でしかなかった当時にあって、きわめて厳しいものがあった。しかしながら、梁瀬長太郎は斯業に乗り出すと、第一次世界大戦によるブーム、関東大震災後の復興需要と相次いだビジネス・チャンスを確実に事業の成長に結び付け、輸入車販売の雄に躍り出たのであった。この間、コスト削減のためにボディの製

造に乗り出すとともに、バス・タクシーなどの自動車運輸事業をも手掛け、自動車の利便性を啓蒙しつつ市場を拡大するという役割を担った。また、それに加えて、自動車の運転手や修理の技術者も育成するなど、戦前における日本の自動車産業開拓に不可欠なインフラ整備の役割を果たしたといってもいいであろう。その後、戦時体制下で自動車の輸入は途絶し、燃料統制も進む中で、梁瀬長太郎は国産車の修理や代用燃料使用装置の開発と製造に邁進し、創成期のわが国自動車産業を支えた。

梁瀬自動車[14]は、戦後、1946年には用品部を新設し、自動車修理の需要の高まりに応えて自動車部品の販売を再開した。同社が自動車の輸入販売を再開したのは、1948年9月のことであった。GMの全車種販売権を取得し、日本在住の非占領軍人、非日本人対象に販売した。このGMとの再契約にとって有利であったのは、梁瀬自動車が高い販売能力とアフターサービス能力を有していたことである。その後、同社は、1954年にはダイムラーベンツ、フォルクスワーゲンの日本における輸入総代理権を獲得する。これも、梁瀬自動車のアフターサービス能力の高さが評価された結果であった。

これまでみてきたように、梁瀬自動車は、創業当初から単なる完成車の輸入販売に止まらず、修理、組立、車体製造など、高い技術力を育んできた。輸入車販売にとってアフターサービス能力の高さは、極めて重要なセールスポイントとなる。ユーザー側からみると、販売業者の補修用パーツの在庫や修理加工の能力が、輸入車に対する信頼を向上させるからである。梁瀬自動車は、戦前から磨き上げた修理加工能力の高さを武器に、戦後も輸入車販売の開拓者の途を歩み始めるのであった。

注
1) 特に断らない限り、日本自動車輸入組合編・刊［2015］2‐3頁。
2) 自動車工業会［1965］32-37頁。日本自動車工業会編・刊［1988］2頁。ただし、同社の設立時期については、佐々木［2004］の記述に依拠して修正した。
3) 長太郎は、「人間として、こんなに人に煽てられて他人様から物品を意味なく

貰って居ては所詮ゆくゆく先は馬鹿とならざるを得ない」(山崎編［1950］29頁)と述べている。

4) 梁瀬次郎は、これについて「自動車の販売は大企業の一部で取扱うことに無理があり、パーツ・サービス工場が絶対必要であり、むしろ中小企業体の方が適切であるとの結論に達したのであろう」(梁瀬［1981］14-15頁)と述べている。

5) 梁瀬長太郎は独立について、自らの理解者であった三井物産役員の山本条太郎に相談したところ、山本は「それは面白い考へである。辞職るならば、今の方がよかろう、働き盛りの今の時代にやつて見給へ、僕が必らず尻押しをして遣ろう」(山崎編［1950］31頁)と援助を約束した。

6) 梁瀬の独立に際して、「三井物産は日比谷の店舗も電話も安く譲渡してくれ、自動車も四十台程、(此の当時としては此の車輛数は日本中のストック自動車の大部分を占めたものであった。) 売上げて払へばよいと云ふ條件で、これを貸与してくれたのであった」(山崎編［1950］31-32頁)。

7) 芦田によれば、「三井物産は自動車輸入販売ビジネスのうち自らが不得手な分野のみを切り取って梁瀬に任せたと考えるのが、素直な見方」ということである (芦田［2012a］42頁)。

8) 鉱油類は、全国の機械工場、炭坑、鉱山、電灯会社、変電所等に販売され、大口得意先には、三井物産系列の日本製鋼所や三井鉱山などがあった (出版文化社編［2015］16頁)。

9) 輸入代理権を三井物産が握っていたため、梁瀬は資金と海上輸送の両面でコストを削減することができた (これについて詳しくは、芦田［2012a］42頁を参照)。

10) 当時、輸入車は、体積を小さくし輸送費の低減を図るため箱詰めで輸入され、輸入後に国産のボディを架装したのち完成車として販売された。

11) 当時の自動車関税は、完成車が50％ (日仏協定税率35％)、エンジン20％、その他部品30％ (同25％) であった (大蔵省税関部編［1960］172-181頁)。

12) 1932年に鉱油部門は分離され、1927年1月、梁瀬自動車が日本での一手販売権を得て設立した日本フィアット株式会社が梁瀬商事株式会社に社名変更し、同時に鉱油部門が同社に移譲された。梁瀬商事は、1941年梁瀬実業株式会社に社名を変更し、天然ガス、液化ガスの製造・販売に事業の主体を転換した (出版文化社編［2015］205-206頁)。

13) 梁瀬長太郎は、後年、アメリカ車について「極めて割安で、而も用に足りて、部品がふんだんにあるために、之を取扱う人が一番便利で利益が多く、取扱い

口銭が多くなっている」（山崎編［1950］135頁）と述べている。
14）　梁瀬自動車工業は、1945年11月、社名を梁瀬自動車に復旧した。

（参考文献）
麻島昭一［2001］『戦前期三井物産の機械取引』日本経済評論社。
芦田尚道［2012a］「第一次大戦期の梁瀬商会と三井物産——梁瀬長太郎の『独立』を
　　めぐって——」『関東学園大学紀要　Liberal Arts』第20集。
芦田尚道［2012b］「日本における自動車販売の胎動——梁瀬長太郎・柳田諒三——」
　　宇田川勝・四宮正親編著『企業家活動でたどる日本の自動車産業史　日本自動車
　　産業の先駆者に学ぶ』白桃書房。
大蔵省税関部編［1960］『日本関税税関史　資料Ⅱ　関税率沿革』。
尾崎正久［1955］『自動車日本史　上巻』自研社。
斎藤俊彦［1992］『轍の文化史』ダイヤモンド社。
佐々木烈［2004］『日本自動車史』三樹書房。
自動車工業会［1965］『日本自動車工業史稿（1）』。
自動車工業会［1967］『日本自動車工業史稿（2）』。
出版文化社編［2015］『ヤナセ100年の轍』株式会社ヤナセ。
四宮正親［2008］「日本における自動車販売の萌芽」関東学院大学経済学会『経済系』
　　第237集。
中岡哲郎［1999］『自動車が走った』朝日新聞社。
日本経営史研究所編［1976］『挑戦と創造——三井物産100年のあゆみ』三井物産。
日本自動車輸入組合編・刊［1986］『外車の歩みⅡ』。
日本自動車輸入組合編・刊［1996］『輸入車の歩みⅢ』。
日本自動車輸入組合編・刊［2015］『2015年版日本の輸入車市場』。
日本自動車工業会編・刊［1988］『日本自動車産業史』。
日刊自動車新聞社・日本自動車会議所共編［2015］『自動車年鑑2015〜2016』日刊自
　　動車新聞社。
三井文庫監修［2005］『三井物産支店長会議議事録13』丸善。
梁瀬次郎［1981］『轍１』ティー・シー・ジェー。
梁瀬次郎［1984］『轍３』ティー・シー・ジェー。
山崎晃延編［1950］『日本自動車史と梁瀬長太郎』日本自動車史と梁瀬長太郎刊行会。
山本豊村［1935］『梁瀬自動車株式会社二十年史（本邦自動車界側面史）』極東書院。
呂寅満［2011］『日本自動車工業史』東京大学出版会。

カーグラフィック編［2015］『YANASE 100 YEARS×CAR GRAPHIC』株式会社ヤナセ。

ヤナセ公式ホームページ（http://www.yanase.co.jp）。

（付記）本章の作成にあたり、株式会社ヤナセ前代表取締役社長・西山俊太郎氏、秘書室長・西村秀視氏、総務部副部長・中山太郎氏には格別のご配慮をいただいた。記して謝意を表したい。

10 パイオニア株式会社創業者・松本望
―― 徒手空拳からオーディオ産業のリーダーへ ――

中島 裕喜

はじめに

　世の中に新しい製品が登場し、それが産業として確立するまでにはさまざまな障害を克服しなければならない。現在では多くの人々に愛用されているオーディオ機器も同様である。日本は後発工業国として先進諸国からの輸入に依存していたが、やがて国内に優秀な製品を製造販売する企業が現れ、世界の市場を席巻するまでに成長した。本章で取り上げるパイオニア株式会社（以下、パイオニア）はそうした企業の一つであり、同社を創業した松本望は日本のオーディオ業界の草創期から発展期にかけて活躍した企業家である。
　松本望は学業をあきらめた後に商店の丁稚奉公から身を起こし、やがてダイナミックスピーカーの製品化に成功してパイオニアを大企業に成長させた。その人生は必ずしも順風満帆ではなかったが、「何ごとをやっても結果がオーライということが、パイオニアが今日のような大きな企業になったのだと思っており、私のような幸運児はいない」（松本［1979］715頁）と本人が述べているように、幾度も訪れる困難を前向きにとらえて自らの成長の糧とする能力を持つ人物であった。また困難に際して、救いの手を差し伸べてくれる人々との出会いに恵まれ、そうした関係を大事にしていたことが、やがて松本をオーディオ業界のリーダーへと導いていった。
　本章では松本が自らの半生を振り返った自伝『回顧と前進』（松本［1978］）を中心的な素材として用い[1]、幼少期から業界を代表する人物にまで成長した歩みを辿っていきたい。またその際に、松本が生きた時代の社会の動きに

松本望（提供：パイオニア株式会社）

も目を向けたい。ジャーナリストの立花隆は「自分という人間」と「自分が生きた時代」は不即不離の関係にあると指摘しているが（立花［2013］4頁）、松本の人生も当時の社会状況と無縁ではないと思われるからである。以下では、まず第1節で松本が携わったエレクトロニクス産業の戦前から戦後にかけての流れを概観する。続いて第2節では幼少期から青年期にかけて商売の基本を学んだ時期、第3節ではスピーカーメーカーとしての独立と戦争による苦難の時期、第4節では戦後復興のなかで再起を図り、スピーカーメーカーとして飛躍する時期をそれぞれ見ていくことにしたい。

1　松本望とエレクトロニクス産業

戦前のラジオ産業

松本望が携わった事業分野は、広い意味でのエレクトロニクス産業、とりわけ個人消費者や家庭向けに生産販売される民生用品としてのエレクトロニクス産業である。その端緒は1925（大正14）年から始まったラジオ放送に求められる。当時は『無線と實驗』『無線電話』『ラヂオの日本』などの雑誌が発刊されて人々の関心が高まり、誰もがラジオ受信機を手に入れたいという思いに駆られた。しかし雑誌の広告欄に掲載された輸入品や国産品のラジオおよび部品は非常に高額で、とても庶民が手を出せるようなものではなかっ

た。そこで上記のような雑誌を手引書として、多くのファンがラジオ受信機を自作した（田口［1993］6-7頁）。松本もラジオに憧れた1人であった。

　国内でラジオ受信機の生産に最初に着手したのは、東京電気（現・東芝）、沖電気、日本無線、日本電気といった日本を代表する無線機メーカーであったが、安価な製品を求める大衆のニーズには応えられず、やがて撤退していった。また松下電器のように技術改良によって高品質のラジオ受信機を販売しようと努力する企業も存在したが、事業は未だ成功したとは言えない状況だった。その後、日本が戦争に向かう時期になると、政府による統制がラジオ産業にも及び、結果としてラジオ受信機の技術は停滞した（平本［2010］）。

　しかし日進月歩で進化するエレクトロニクスの世界は大きな成長の可能性を秘めており、大企業だけでなく零細業者も商機を見出して安価なラジオ受信機の製造販売事業に参入した。業界には粗悪品が横行するという大きな問題が残されていたが、一方では技術を高めるために努力を惜しまない人々もいた（平本［2010］第1章）。つまり松本のように工学的な知識や資金力に乏しい者にも事業を始める機会が開かれていたのである。松本が人生を捧げたスピーカーはラジオ受信機や電気蓄音機（以下、電蓄）に欠かせない部品であり、戦後にはテレビ受像機などにも用途が広がっていった。

戦後におけるオーディオ産業の形成

　敗戦直後の日本のエレクトロニクス産業を復興に導いたのもラジオであり、とくに零細工場や商店が中心的な担い手となった。その後、朝鮮戦争による特需景気が到来すると、大企業が大量生産体制を整えて、エレクトロニクス産業も本格的に発展した。また電子回路の小型化が進み、トランジスタラジオが1950年代後半から商品化された。大手家電メーカーが国内市場を支配したのに対して、アセンブラーと呼ばれる規模の小さい組立メーカーはアメリカを中心に輸出市場を開拓した。それにともなって優れた機能や品質を備えた電子部品に対する需要が急速に高まり、優秀な部品メーカーは専門メー

カーと呼ばれるようになった（中島［2015］）。高品質なスピーカーで頭角を現した松本が率いるパイオニアはその代表的な存在であった。

同じ頃、オーディオの世界でも技術革新が起こっていた。世界のレコードの主流は録音時間5分ほどのSP盤であったが、戦後アメリカで30分の録音が可能なLP盤などが商品化され、1953（昭和28）年に日本ビクターがモノラルLPレコードを発売したことでレコードブームが生じた。他方、同年暮にNHKはステレオ実験放送を開始した。また東京通信工業（現・ソニー）が「テープレコーダ」の商標で磁器テープを用いた録音機の商品化に成功し、そのステレオ化においても独自技術を開発した。ハイファイ（High Fidelity：高音忠実）という言葉が流行したのは1955年頃のことである（日本電子機械工業会［1999］127-129頁）。

1960年代に入ると、レコードのステレオ演奏とラジオ受信の機能を備えたオーディオセットが一般家庭に普及しはじめ、さまざまな機能が付加されたり、家具として斬新なデザインや塗装が施されたりした（電子機械工業会［1968］81-83頁）。また1964年からFMステレオ放送が始まると、FM放送から音楽をテープレコーダーに録音して聞く「エアチェック」が流行し、新たなオーディオのファン層が形成された。この時期に「オーディオ御三家」として急成長を遂げたメーカーが、トリオ（現・JVCケンウッド）や山水電気、そしてパイオニアだった（高橋［2011］279頁）。ステレオセットの国内生産台数は1950年に1万1,000台だったのが、東京オリンピックが開催された1964年には125万7,000台へと急増し、1972年に625万8,000台でピークを迎えた（日本電子機械工業会［1998］資料編、18頁）。

以上のように日本のエレクトロニクス産業は戦前の黎明期、戦時や敗戦後の混乱期、および1950年代以降の発展期を経験した。松本望はそれぞれの時代をどのように生きたのであろうか。彼の生い立ちから見ていくことにしよう。

2　独立を夢見た少年時代

父から教えられた勤労の尊さ

　松本望の人生を辿る前に、父の松本勇治について触れておきたい。松本は「ひたむきさと、独立独歩の精神と、人との交わりの大切さ。そういう生き方を、私は父からの遺産として受けているように思う」（松本［1978］30頁）と述べているからである。

　松本勇治は函館商業学校を卒業した後、1893（明治26）年に貿易研究を志してアメリカへ渡った。ところが、そこで出会ったのが後年、第2次近衛文麿内閣で外務大臣を務めた松岡洋右であった。熱心なキリスト教信者であった松岡の影響によって勇次は貿易ではなく聖書の研究に没頭し、日本に帰国してからはプレマス兄弟団のキリスト教伝道師として各地を旅した。その生活は厳しかったが、伝道を通じて多くの人々との出会いがあり、そのなかには無教会主義者の内村鑑三に入門した矢内原忠男や黒崎幸吉がいた[2]。松本勇治は伝道で訪れた栃木県桐生町で菊池けいと出会い、二人は1901（明治34）年に結婚した。翌年二人は伝道のため神戸に移住し、そこで松本家の次男として望が1905年5月2日に生れた（松本［1978］25-35頁）。

　父は小学校3年生の松本に「アメリカではどんな良家の子どもでも、みんな働いている。そして働くことの尊さ、独立心や、忍耐、責任、奉仕などの精神を学んでいる」と話し、3歳年上の兄と2人で牛乳配達をするよう命じた（松本［1978］46頁）。勇次はアメリカで見聞した教育方針、すなわち勤労の尊さを松本に伝えたのである。

　松本が中学校へ進学する頃、世の中は第一次世界大戦の好景気の裏で生活物資の価格が高騰し、人々の生活は苦しくなっていた。松本家では父の収入が不安定で、夜に灯すランプの油すら買うことができないほどであった。そこで松本は牧師の子供の学費が免除される関西学院中学部への進学を希望し、試験に合格した。しかし先に関西学院中学部に進学していた兄は家庭を支え

るために学業を断念して家を出て行かざるを得ず、それにショックを受けた松本も自分だけが学業を続けていくことはできないと考え、入学後1年ほどで退学を決意したのである（松本［1978］65-66頁）。

丁稚奉公で商売の基本を学ぶ

松本は父が探してきた、神戸本町通りにある文具店に丁稚奉公した。店では販売、自転車での配達、御用聞きなど何でもこなしたが、なかでも製本と印刷の仕事を通じて一通りの技術を身に付けたことで後年、福音印刷という会社を興している。また文具店の店主はアメリカ製万年筆の有名ブランドであるウォーターマンの年間販売権を取得し、神戸旧居留地に在住の外国人や高給取りの会社員などに販売して成功した。店主にはこのような先見の明があり、また外国人との取引にも困らない語学力があった。中学校を退学したばかりの松本にとって店主は向学心を再燃させる存在であり、松本も店の仕事が終わってから小学校で開かれていた英語教室に通った（松本［1978］69-74頁）。

文具店で2年ほど勤めた後、次に松本は楽器輸入商で働くことになり、ピアノの訪問販売を行った。ところで楽器店の店主はイタリアやドイツのヴァイオリンを1度に100個ほど輸入しており、それら1つずつに弦を張って音を聴き、売値を決めていた。通常は原価5円程度の商品に10円から15円程度の売値を付けていたが、なかには30円から50円の売値が付く商品もあった。ここで松本は「物の価値は、必ずしも原価に比例するものではない、という私の価値観は、このときに教えられた」と述べている（松本［1978］82-84頁）。ところで原価に「適正利潤」を加えたものを「正価」とする松下幸之助の経営理念は有名であるが、ここで適正利潤は「社会に貢献した報酬」であり、具体的にはプロセスイノベーションによるコスト削減であるとされる（宮本［1999］429頁）。これに対して松本の経営理念は適正利潤すなわち付加価値が創出される源泉として、技術的優秀性に裏打ちされた製品の希少性を想定

しており、むしろプロダクトイノベーションを重視する考えに近いと思われる。

しかし楽器店の経営は芳しくなかったため、松本はこの店を辞めることになった。「かねてから自分の好きな道はものを造ることだ」と考えていたことから、次に考えたのは楽器を自ら製作するということだった。1923（大正12）年4月、18歳のときに松本は横浜に出て、楽器製作会社の徒弟となり、木工技術を学んだ。ところが同年9月に発生した関東大震災によって、勤めていた楽器製作会社の工場は全壊し、松本は志半ばで帰郷を余儀なくされる。神戸に戻った後は再び父の紹介で神戸市生田にある洋家具店に勤めることになった。店では事務用机、椅子、食事用テーブル、チェア、サイドボードなどの製造販売もしており、木工職人だけでなくニス屋、張り屋、生地屋などの職人とも知り合いになった。「後になって、パイオニアのスピーカー・システムの木工場を作るに当り、この時の経験が大いに役立っている」と松本は述べている。しかし、まもなく松本は肺を患い、1年間の療養生活を余儀なくされた（松本［1978］83-92頁）。

ラジオとの出会いと商売の挫折

ようやく病気から回復した頃、世間は冒頭で述べたラジオブームで賑わっていた。多くのファンと同様に松本もラジオに魅せられ、1925年3月に大阪放送局が開局されると「私は矢も盾もたまらなくなって、本を見ては部品を買い込み、独学で鉱石ラジオから始めました。そのうち三極真空管を手に入れ、レシーバーをドンブリばちの中に逆さに入れて、音を拡大して聴いていました。あるときは大倉山にある図書館へ足を運び、辞書と首っ引きで勉強した」（松本［1978］97頁）。

松本は神戸市生田神社の近くで米国製ラジオの輸入販売をしていた高木商会が無線技師を募集していることを知り、すぐさま応募して採用された。松本の初任給は40円であった（松本［1978］98頁）。1928（昭和3）年頃の三

井物産における中学校卒の初任給が40円なので（武田［2008］225頁、表7-2）、関西学院中学部を中退した松本にとっては良い待遇であったと思われる[3]。ラジオ受信機の組立や補修ができる技能者への需要があったのである。

　松本は高木商会の京都支店に配属され、谷山商店という地元のラジオ店に受信機や部品を販売したが、同店の娘である千代と出会い、1928年に23歳で結婚した。その際に松本は谷山商店の大阪支店を譲り受け、高木商店の勤務と両立しながら、「松本希望堂」という店を開くことになった。「私が少年時代から思い続けていた"独立"という念願が、小さい店ながら、かなえられた」（松本［1978］114-116頁）。

　しかし1929（昭和4）年にアメリカのウォール街で株価が大暴落すると、その影響が日本にも及び、1930年には昭和恐慌が発生した。松本希望堂では回収不能な売掛金が増加し、経営は芳しくなかった。またラジオ産業に商機を見た業者が参入してきたことで競争が激しくなったことが商品価格の下落に拍車をかけたため、利益を圧迫していた。さらにラジオ受信機メーカーである早川金属工業所（現・シャープ）との金銭的なトラブルがあり、松本は1931年9月に松本希望堂を閉じる決意をした。ただし、この決断は将来を見据えてのことでもあった。「いずれ電機業界で旗揚げする自分として、信用だけは失ってはいけない」と考えたからである（松本［1978］119-124頁）。

　勤務していた高木商会の経営も悪化していた。当初は米国製ラジオの輸入販売をしていたが、次第に国産品が市場に出回るようになったことから、コロナーという自社ブランドでラジオ受信機の製造販売を試みたのである（松本［1978］132-133頁）。卸商が出資して職人が下請生産するもので、技術的にも問題があった。冒頭で述べたような粗悪品の横行が問題になった時期でもあり、こうした生産形態でラジオ受信機を製造販売することは産業の発展にとって好ましいことではなかった。また高木商会は業界から注目を浴びていた三共電機の総代理店をしていた。1930年に設立された三共電機はアメリ

カ式経営の採用を謳い、積極的な投資とチェーンストアの活用によって大量生産と大量販売を結びつけた経営を目指していた。しかし同社が販売したシンガーブランドの商品は販売が伸びず、1933年には営業休止となった（平本［2010］90-91頁）。「銀行では、ラジオ屋には金を貸すな、という命令が出ていたほどです」（松本［1978］134頁）と松本が述べているように、ラジオ業界では不安定な状況が続いており、高木商店も倒産のやむなきに至った。

松本は高木商店の倒産から多くの教訓を学んだ。それは「企業には使命があるということ、メーカーを目指すなら専門知識を持っていなければならないこと、安く、しかもいいものを提供しなければならないこと、いくらいいアイデアを持ち、いい商品ができても、マーケットリサーチができていなければうまくいかないこと。そして物事にはタイミングがあること。経済の動きに敏感でなければならないこと」といった点であった。また松本は高木商会の社長について「勤勉努力家で、なんでもひとりでやらないと気がすまない人でした。また命令をするが相談をしない人でもありました……こんなふうですから、私は、いつの間にか、言い訳をすることだけが上手な、責任感の薄い社員になっていました」と述べている（松本［1978］151-152頁）。組織を率いるリーダーとして、社員に責任感を与えることの重要性を痛感したのである。松本希望堂と高木商店の仕事を失って、松本はブローカーになったが、仕事ははかどらなかった。松本希望堂を閉店したことで業界における松本の信用が失墜したためであった。上述のように借金を返済して、他社に迷惑をかけないことで業界の信用を保っていたと考えていた松本にとって「私の考えの甘さを、この時はじめて嫌というほど思い知らされ」た経験だった（松本［1978］153頁）。

3　動乱のなかでの創業と苦難

ダイナミックスピーカーとの出会い

松本が高木商会に勤めていた1931（昭和6）年頃、大阪船場の呉服屋のと

パイオニアが最初に開発したダイナミックスピーカー
(提供：パイオニア株式会社)

ころに「ものすごくいい音の電気蓄音機がある」ということで訪ねてみると、それは米フィルコ社製のダイナミックスピーカー付コンソール型電蓄だった。そこから流れるシンフォニーを聴いた松本はこれまで聴いたことのない素晴らしい音に圧倒された。「これだ。この音だ。ダイナミックスピーカーでなければ駄目だ。……いつかは、きっと、こんな、すばらしいダイナミックスピーカーを作ってやろう」との思いを抱き、松本の人生はダイナミックスピーカーの開発へと急展開していくことになる（松本［1978］139-140頁）。

　松本希望堂を閉じ、高木商店が倒産してからの一時期、松本は苦しい浪人時代を過ごした。戦後に隆々としたパイオニアを築き上げた後も「今でも、時々夢にみる」ほどの辛さであった。そこに救いの手が差し伸べられる。1934（昭和9）年、29歳のときに神戸市須磨の神玉商会からセールスマンにならないかという誘いがあったのである。神玉商会は国産品としては高級な音響機器をヴィーナスというブランドで生産しており、また日本に数社しかないダイナミックスピーカーのメーカーでもあった。松本は憧れのダイナミックスピーカーを手掛ける企業との出会いによって、再びオーディオ業界でのキャリアを歩みだしたのである。神玉商会は良い技術を持ちながらも販売力に乏しく、大阪にある2・3件の問屋に販路が限定されていた。そこで松本は大阪、神戸、京都などに取引先を拡大し、東京と名古屋の問屋も開拓し

た。また神玉商会の主任技師としてのちにパイオニアの技術部長となる内田三郎が加わった（松本［1978］162-169頁）。

　生活が安定したものの、松本は一国一城の主になる夢を捨てきれなかった。それは若い頃に学業をあきらめざるをえなかった悔しさに根ざした思いだった。「学校教育を十分に受けていない自分が、どんなに頑張っても、しょせん社員止まりにすぎない。頭角を現わすためには、どうしても自分で企業を興す以外にないのではないか……同じ年配の人たちが、たとえ大学を出ても、たいしたことはないじゃないか」（松本［1978］178頁）と考えていた。そこで友人に相談したところ、福音商会という教会の収益事業団体から資金を提供してもらえることになった。福音商会は米、材木、倉庫業などの事業部が組織単位で運営されており、その事業収入を資金として福音伝道の活動をしていた。福音商会と提携することで、1936（昭和11）年11月5日に福音商会電機製作所が設立された。これは松本が松本希望堂を閉じてから数年ぶりの個人事業であり、また初めて営むスピーカー製造業であった。福音商会が所有していた大阪市大正区の空き家を工場として借り受け、松本も神戸市六甲から十三へと住居を移した（松本［1978］181頁）。

　松本が事業目標に掲げたのは、当然のことながらダイナミックスピーカーの商品化であったが、当時主流のスピーカーはマグネチックスピーカーであった。マグネチックスピーカーはコイルに音声電流を流してできる磁力作用を可動鉄片に伝え、コーンを振動させるが、ダイナミックスピーカーは直接コイルを動かしてコーンを振動させる。鉄片を介さずに音を伝えるダイナミックスピーカーの方が、変化の激しい音声電流の動きに正確に対応することができるため、音質において優れている（パイオニア［1980］22頁）。

　のちにマグネチックスピーカーはダイナミックスピーカーによって駆逐されるが、松本がスピーカーの開発に取り組んだ1930年代には、輸入品のような優れた音質の国産品は存在せず、とくに高音が伸びなかった。そこで松本は実験を重ねた結果、コーン紙の中央に金属を使うことにし、飛行機用の材

料として新たに開発された軽くて硬いジャラルミンを採用した。他のスピーカーメーカーの多くは独自技術の開発よりも、外国製スピーカーの模倣品を生産することが多かった。松本は独自の発想で技術課題を解決したのである。また松本のアイデアを実現するためには下請の職人たちの協力が不可欠であった。コーン紙に用いる金属を製作するためには、0.3ミリの薄い金属板を盃のような形状に絞り加工するが、その際には「なまし」と呼ぶ熱処理を加えながら丁寧に作業しなければ完成しない。大阪には優秀なスピーカー部品の下請工場があり、彼らの技術力の下支えがあって初めて製品化できたのである。これには「A-8」という商品名とともに、のちに社名となる「パイオニア」という商標が付けられた（松本［1978］183-187頁）。

戦争に夢を阻まれる

ところが念願のスピーカー工場を創業した矢先、1937（昭和12）年に日中戦争が起こり、日本経済は軍需生産へと傾斜していくことになった。スピーカーのように不要不急な製品は生産が許可されなくなることが予想され、資金を供給していた福音商会からは損失を出す前に事業を停止するよう要請された。製品が完成し、販売先の目処もついていただけに松本のショックは大きかった。再び夢を阻まれたのである（松本［1978］189頁）。

仕事を失った松本は知人の勧めもあって東京に出ることにした。当時、東京には輸入品や高級なスピーカーを修繕できる業者は少なく、問屋は大阪に商品を送っていた。東京でスピーカー修繕業を営めば仕事があるのではないかという思いだった。大阪の福音商会電機製作所を清算して、東京に新しく同じ社名で事業をはじめた（1941年8月に有限会社福音電機製作所〔以下、福音電機〕となる）。顧客となったのは主に神玉商会で働いていた頃に開拓した東京の問屋であった。松本が考えたとおり、スピーカー修繕業は大盛況となった（松本［1978］191-193頁）。松本は4〜5円の修繕代を顧客に提示していたが、新品のスピーカーが小売値で7〜10円したというから決して安

くはなかった。松本は「修理代は、材料プラス手間賃とは考えませんでした。当時は、まだ誰にでもできる技術ではありませんでしたから、そのノウハウは、相当高く評価してもらってよいと思っていました」（松本［1978］198-199頁）と述べている。これは松本が少年時代に神戸の楽器店で学んだ「物の価値は必ずしも原価に比例しない」という考えに通じる。ライバル他社にはない、自分だけが持つ希少な技術や能力にこそ付加価値は生れるという思いであろう。

　次第にスピーカーだけでなく、電蓄のピックアップやマイクロホンなどの依頼も入るようになった。ある時、松本が神玉商会で働いていた頃に取引のあった大阪の工場を訪ねたところ、神玉商会でかつて製作していたピックアップのアームという部品が山積みになっているのを見つけた。神玉商会も戦時下でスピーカー製造業を営むことはできないと考え廃業していたので、納品されるはずの部品が放置されていたのである。松本は機転を利かせて急遽これを買い取り、他の部品と組み合わせて高級ピックアップを生産することを思い立った。当時の電蓄は米国ラジオ・コーポレーション・オブ・アメリカ（以下、RCA）製などが輸入されていたほか、技術的に優れた国産品はわずかであった。一方ではラジオ商がラジオと蓄音機を組み合わせたものを安価に販売していた。松本が製作したピックアップは前者の高級機種に使用されることを想定していたが、化粧箱代などの費用を削減して販売価格を引き下げた。また事業資金が不足したので東京のラジオメーカーに借金を申し込んだが、高級機種向けのピックアップを売り切るのは容易でないと考え、返済期限に余裕をもたせて1年間としたところ、予想通り期限内に完売することができた（松本［1978］207-211頁）。このように急遽手掛けることになったピックアップの製造販売に際して、価格設定や販売期間を的確に判断できた背景には松本の冷静な市場分析があったと思われる。また期せずして多くの職場を渡り歩いていたことで、ベークライト製ヘッドやマグネットなど、ピックアップに必要な各種部品を製作してくれる下請業者の分業生産を組織

することができた。

　ようやくスピーカー修繕業が軌道に乗ると、松本は再びダイナミックスピーカーの生産を目指した。しかし以前に開発したA-8と同じ品質の製品を生産するだけの資金や資材を得ることは難しかった。やがて電蓄に使用される大型ダイナミックスピーカーは贅沢品となり、ラジオ用の小型ダイナミックスピーカーしか生産できなくなった。これはパイオニアのブランドで市販する一方、東京の主要なラジオメーカーからも受注があり、OEMで収めていた（松本［1978］231-236頁）。またラジオ受信機は国民への情報伝達の手段として政策的に普及が進められ、1938年から「放送局型受信機」という標準型の生産が推奨されるようになった。これに対してラジオメーカーは利益率が低いために消極的で、しかも生産に必要な資材の配給も十分ではなかった（平本［2010］第5章）。こうしたなかでダイナミックスピーカーの生産も難しくなり、マグネチックスピーカーへの転換が避けられなくなった（松本［1978］239頁）。また工場で働いていた熟練工が戦地に招集され、代わって未熟な新人が作業するために生産性や品質は低下していった。松本は自分までもが徴兵されることを避けるために、軍需産業の協力工場になることを決意する。かつて福音商会電機製作所をともに興した友人に相談すると、無線機を生産している東京芝浦電気（以下、東芝）小向工場を紹介され、1943（昭和18）年から航空機無線用トランスを納品することになった（松本［1978］250-253頁）。

　敗戦を迎えた1945（昭和20）年8月15日のことを松本は「われわれ日本人にとっては忘れることのできない屈辱の日」と述べている。また「おろかな戦争ではあったが一億総国民が一丸となって戦ってきたことは、まぎれもない事実」であり、「汝殺すこと勿れ、という聖書の言葉は念頭になかった」と振り返っている（松本［1978］274-277頁）。松本が目標としてきたダイナミックスピーカーの事業化は、長年の努力の末にようやく実現の目処が立った矢先、戦争によって阻まれてしまった。戦争体験は勤労者の職業観や人生

観に大きな影響を与えたという指摘がある（間［1996］第1章）。松本の戦後も、戦争によって打ち砕かれた夢に向かって再起を図ることからはじまる。

4　専門メーカーとして躍進

部品メーカーの自主独立を目指す

　東芝の協力工場として携わっていた軍需産業は敗戦とともに消失し、またもや松本は仕事を失うことになった。しかし連合国軍最高司令官総司令部（以下、GHQ）は日本を民主化するための手段として、ラジオ受信機の普及を重要な政策に位置付けたため、大きな需要が生れた。一方で終戦直後は生産に必要な資材が不足していた。そこで大手の通信機メーカーは統制団体である日本通信機械工業会（以下、日通工）を設立し、一括して政府から配給を受けることにした。ラジオ受信機については日通工のなかに設けられたラジオ部が会員メーカーの生産計画を調整し、配給量などを決めて申請していた。ところが日通工ラジオ部に名を連ねていたのは、松下電器や早川電機などで、そこに東芝、日立、日本電気、沖電気といった重電機や通信機などの大手メーカーが参入してきた。政府からの資材配給がなければ生産を再開することはできないが、その大半が大手メーカーに配分されたのである（中島［2008］16頁）。

　しかし上記のような大手メーカーのラジオ受信機生産は期待されたほど増加しなかった。政府から支給される資材は工場を稼動させるには十分でなく、真空管などの重要な部品の不足が解消されなかったからである。また政府が決定するラジオ受信機の公定価格は業者が十分な利益を得られるよりも低い水準に設定されており、それにもかかわらず一般市民にとっては高すぎた。つまり大規模工場による生産販売が可能な状況ではなかったのである。そうしたなか闇市などで部品を買い集めて、簡素なラジオ受信機を組立て販売するラジオ商が多数現れた。ラジオ放送を聴きたいと思っていた人は多かったので、安価で販売された組立ラジオは良く売れた（中島［2008］20-21頁）。

そこで松本はダイナミックスピーカーの生産販売を再開した。それは「毎日が徹夜同然」という盛況ぶりで、組立ラジオを販売している「問屋さんが競って現金で買っていってくれ」た。またラジオ受信機と同じようにスピーカーにも公定価格が設けられていたが、「これは有って無きがごとくで、その日その日で値段が違うという、いわゆる"闇相場"が罷り通って」いた（松本［1978］282-283頁）。

スピーカーの資材不足には悩まされたが、「エナメル線やコアーなどは受信機メーカーのミタカ電機さんや山中電機さんにお願いして、分けてもらう」（松本［1978］282頁）ことができたことから、これら日通工の加盟企業にも製品を納入していたと思われる。しかし大手メーカーの下請をしなければ配給資材を獲得できない状況は、戦争中に東芝の協力工場にならなければ存続できなかったように、福音電機のような中小零細企業の自立的な経営の障害となっていた。そこで日通工に加盟していない中小規模のラジオメーカーや部品メーカーが直接的な資材配給を求めて、別組織として日本ラジオ工業組合（以下、日ラ工）が設立された。これは戦時中にラジオ受信機の生産統制のために設立された団体を受け継いだもので、松本は日ラ工の理事に選任された。結果的に日ラ工は当初の目標を十分に果たすことなく、GHQの指導によって日通工に合流することになったが、その際に中小企業が1会員1票の議決権を獲得した（松本［1978］285-290頁）。

やがて統制団体である日通工は独占禁止法に基づいて閉鎖されることになり、代わりに無線通信機械工業会が1948（昭和23）年4月に設立された。政府のラジオ受信機生産割当に基づく資材配給は継続していたので、福音電機のような部品メーカーも単独の加盟企業として独自に資材配当を受けるべきだという声が高まり、部品業界の意思統一を図る目的で工業会のなかに部品部会が設けられた。その背景には部品メーカーを完成品メーカーと対等の地位に引き上げようと考えていたGHQの存在があった（電子機械工業会［1979］32-35頁）。戦後のエレクトロニクス産業は自動車産業に比べて部品

メーカーの自主独立性が強い構造になっているという指摘がある（日本電子機械工業会［1998］通史編55頁）。下請の地位に甘んじることなく自立した企業として発展することは多くの部品メーカーにとっての悲願であり、スピーカーメーカーとして独立することを夢見ていた松本も、大メーカーとの対等な立場を築くために奮闘したのである[4]。

部品業界のリーダーになる

　終戦後のラジオ産業界では物品税の撤廃が大きな課題だった。物品税は支那事変特別税法により戦時中からラジオ受信機や部品に税率40％が課せられ、終戦後も商工省令によって据え置かれた。福音電機のような部品メーカーは市販する場合に物品税を納める必要があった。上述の資材配給とも連動しており、市販用スピーカーを生産するために資材の配給を受けるには物品税納税証明書が必要で、またラジオ受信機メーカーに納品する際には免税承認証明書が必要だった。一方、物品税から逃れるために不正な取引をする零細業者が現れ、それを松本たちは「ゲリラ業者」と呼んでいた。そこでゲリラ業者を業界から排除するため、1947年にスピーカーメーカーによる同業組合が関東と関西にそれぞれ設立された。松本は22社が加盟する関東の同業組合の組合長に就任した（松本［1978］295頁）。

　ところで物品税は部品メーカーよりもラジオ受信機メーカーにとって復興の足枷となっていた。1948年頃には大企業のなかにも資金不足から物品税を滞納するところが相次ぎ、東芝の滞納額は同年暮に1億4,300万円に達し、なかには税務当局に資産を差し押さえられる企業もあった（中島［2008］24頁）。その頃、福音電機は戦時中に協力工場をしていた東芝小向工場にラジオ受信機用スピーカーを納入していたが、上記のような理由で支払いが滞っており売掛金が増加していた。その東芝から新たにマグネチックスピーカー2,000本の発注があった。松本は営業担当者に「現金を受け取るまでは、品物をおろしてはいけないよ」と指示して納品に向かわせたところ、予想した

通り支払いに応じてもらえず、商品を積んだトラックを引き返らせるという一幕もあった（松本［1978］299-300頁）。

松本は1949（昭和24）年頭に次のようなことを述べている。「昨年は経済界不振のためにお互いに苦しい一年であった。メーカーはコスト高と税金に悩まされ大衆の購買力はドン底に落ちた……パイオニア高声器は高すぎるから値下げをせよとの声も大分きいた、然し私は値下げすることは自分としてももちろん辛いばかりでなく結局他の各社に迷惑をかけることになり、業界のために採るべきではないと考へたので遂にがん張り通した。本当のところ私はこの1年間、業界の第1人者になりたいと思って努力してきた……今年こそは製品の優秀性をもって皆様のご愛顧に応え、もって眞に業界のナンバーワンになりたいものと念願している」（『旬刊ラジオ新聞』1949年1月25日）。松本は業界のリーダーとなることを公言しており、また製品価格の値下げは業界の安定を乱すという認識を示している。これは部品業界を代表して、発注元企業からの不当な値下げ要求に応じるべきではないということを含意していたと思われる。

部品業界のリーダーとして松本が公の場で発言する機会は次第に増えていった。例えば1955年頭の座談会で、松本は中小部品メーカーの合理化が遅れている原因が大企業の支払サイトの長期化にあると批判している。「あの長い手形ではやって行けないですよ、合理化をやっても追付かない、われわれの資本ではですよ、中小企業は資金がなかったから出来なかった……大企業は襟度を失っていますよ、なぜ失わなければ成らなかったかというところに政治の貧困がある」（『電波新聞』1955年1月1日）と松本は述べ、この問題の責任の一端が政府にもあることを指摘している。当時は取引上優位に立つ発注元が一方的に支払いを遅らせることが社会問題化しており、1956年6月に独占禁止法の特別法として下請代金支払遅延等防止法が施行された（黒瀬［1997］67-69頁）。大企業と中小企業の格差から生じる日本経済の二重構造を解消することは、松本のような中小企業者にとって切実な願いだったので

ある。

アメリカ訪問から学んだこと

戦後日本のエレクトロニクス産業に大きな影響を与えた出来事の一つが、電気通信機械工業専門視察団によるアメリカの視察旅行である。アメリカ国務省国際協力庁の援助プロジェクトとして、業界関係者12名が1957（昭和32）年5月から6週間にわたってロサンゼルス、シカゴ、インディアナポリス、ワシントン、ボストンの各都市を訪れ、アメリカを代表する電子機器メーカーや電子部品メーカー、官庁、業界団体と意見交換を行った。日本の電子工業の代表として視察団長となったのが松本だった（日本生産性本部［1958］5-12頁）。

日本の電子工業は終戦後の混乱期を脱したものの、アメリカに比べると技術力や経営力において大きく遅れていた。大手企業はウエスタンエレクトリックやRCAといった企業と技術援助契約を結び、テレビ受像機やトランジスタに関する最先端の技術指導を受けることができた（平本［1994］23-24頁、中島［2012］80頁）。しかし福音電機のような中小企業にとって大企業と同じような技術導入は難しく、また海外渡航が容易でない当時、アメリカの工場を実際に訪れて関係者の話を聞く機会は滅多になかった。当然多くの参加希望が寄せられ、なかには政治力を使っての圧力まであったが、無線通信機械工業会で業務部長をしていた石塚庸三が松本に相談して12名を選抜した（松本［1978］391頁）。

視察団が帰国後に作成した報告書をみると、松本を中心とした視察団が、アメリカの企業の技術、生産や販売、組織や人事、業界団体の役割など多岐にわたって学んだことがわかる。その結論部分には「大企業の集中化の反面、その陰にかくれたわれわれと同じような中小企業がおう盛な開拓者精神をもって活躍している姿に、大きな希望と刺激を覚えたことを率直に告白したい」（日本生産性本部［1958］151頁）と述べられており、先進国アメリカで

も松本のような中小企業者が力強く発展している姿に感銘を受けていることがわかる。また具体的な中小企業のあり方として製品に特徴を持つこと、専門メーカーとして発展すること、研究開発に努力することを挙げている。さらに同業者組合の運営について、アメリカの業界団体では独占禁止法の影響により中小企業から役員を多く輩出し、それに大企業が協力しており、日本でも大いに学ぶべきだと指摘している（日本生産性本部 [1958] 152頁）。訪米視察に参加した片岡電気（現・アルプス電気）創業者の片岡勝太郎はのちに「日本の部品メーカーが念願していた自主独立の経営が、分業というかたちで米国では現実のものになっていた」（電子機械工業会 [1968] 368頁）と印象を語っている。このように松本たち視察団の旅は、中小企業の発展および大企業に対する地位向上という問題意識によって貫かれていたのである。

　このような報告書の内容だけでなく、松本はアメリカの企業について次のような感想を持った。「ウエスタンエレクトリックという電話機を作っている会社では、人々がこま鼠のように働きづめなのです。もちろん、能率を高めたでしょうが、まるで、その光景は、コマ落しのチャップリンの映画でもみているようなせわしさでした」。他方で試作品専門の会社を見学すると「至極のんびりやっている」ことから「精度の高い、よいものを開発するには、利益本位や効率本位じゃできないことだなと感じた」（松本 [1978] 403頁）。ウエスタンエレクトリックはアメリカ屈指のエレクトロニクスメーカーであり、多くの日本企業が同社から技術を学んでいた。しかし松本は同社の利益本位や効率本位の経営に疑問を感じていたのである。先に述べたように松本は、技術的優位性に裏打ちされた製品の希少性が不付加価値の源泉となるプロダクトイノベーションを重視していたと考えられる。専門メーカーとして特徴ある製品を開発することが必要だと学んだ松本にとって、ウエスタンエレクトリックがいかに先端的な大企業であろうと、自らが目指すべき理想の姿には見えなかったのである。

　松本が視察の旅の「最も大きな成果」として挙げているのが、シカゴで開

催された「電子パーツショウ」の訪問であった（松本［1978］397頁）。これは民生用エレクトロニクスの部品メーカーが参加する全米規模の展示会で、機器メーカーや販売業者との商談の機会が設けられていた。松本は帰国後に出席したある会合で土産話としてこの話をしたところ、「"日本版"をやってみようじゃないかという話に発展し……なにしろ中小企業のオヤジ連中ばかりですから、即断即決、さっそく実行委員を組織し」、松本が実行委員長となった（松本［1978］404頁）。第1回目のラジオ・テレビパーツショーが1958（昭和33）年11月に開かれ、部品メーカー92社が参加した。実行委員長として松本は部品メーカーの長年にわたる研究開発の努力がラジオ受信機やテレビ受像機などに活かされているが「どちらかというと完成品の中にかくれて下積みにされている」と述べ、パーツショーによって部品メーカーの努力が人々の衆目を集めることを期待している。また近年は終戦後からの一時期に見られたアマチュアによる電子機器の自作が影を潜めたことについて、「国民の科学教育といった大きな立場からみれば必ずしも良い傾向とはいえません。ショーの狙いは国民の電波に対する科学知識の高揚のためのPRも含まれています」と述べている（『電波新聞』1958年11月19日）。ラジオ工作を経験した少年の多くがのちにエレクトロニクス分野の職業に就き、高度経済成長期以後の日本のエレクトロニクス産業における技術者の供給源となったことが指摘されているが（高橋［2011］2頁）、前述したように松本もその1人であった。戦後のエレクトロニクス産業の飛躍的な発展を喜びつつ、その成長を育んだ科学文化が衰退してしまうことに松本は警鐘を鳴らしていたのである。

おわりに──次代へと受け継がれた企業家精神──

福音電機は1961（昭和36）年にパイオニア株式会社へと社名を変更し、それ以降は部品メーカーから総合音響機器メーカーへと業種転換を進めた。その結果、同社の販売高に占めるステレオの構成比率は1965年には58％に達し

た。中間財から最終財への転換には、販売網の整備や消費者への宣伝、もしくは資金管理などの変革が不可避である。とくに商品流通においては、松下電器に代表される大手家電メーカーの流通系列化戦略とは異なる、「ワンステップ販売」戦略を採用した点が重要であった（水原［2006］）。

　こうした大きな変革のプロセスにおいて、松本を強力にサポートしたのが前述した石塚庸三だった。石塚は1937（昭和12）年に東京帝国大学法学部を卒業し、東芝に入社した。1955年より無線通信機械工業会業務部長に出向し、そこで松本と出会ったのである。石塚の能力を高く評価した松本は、1963年に石塚をパイオニアの常務取締役として招き、1971年に社長職を禅譲した（パイオニア［1980］225頁）。

　松本はパイオニアを世界一流の企業へと成長させるため、積極的に他社から優れた人材を引き入れた。1980年3月末時点で管理職の63パーセント、また役員23人中15名が他社からの移籍組で、同社は「混血経営」と呼ばれた（パイオニア［1980］99頁）。終身雇用や年功序列などの、いわゆる日本的雇用慣行が多くの企業において採用されるなかで、こうした特異な人事戦略を松本が推し進めた理由は詳らかにできないが、貧しさのなかで勉学を諦めねばならなかった松本は学業を修めた者の見識の広さを正当に評価しつつ、丁稚小僧からの叩き上げで培われた徹底的な実力主義によって人材を登用したのかもしれない。三菱財閥の創始者である岩崎弥太郎の経営は人材主義と評され、ある種の知的エリート志向と合理主義志向を併せ持っていたとされるが（宮本［2002］31頁）、それは徒手空拳から事業を築き上げた者が共有する企業家としての理念なのではないだろうか。

　また松本は「物の価値は、必ずしも原価に比例するものではない」という価値観を一貫して持ち続けた。人々が求める希少な価値を提供できる者には正当な対価が支払われるべきであり、企業はその価値を創出するために努力しなければならないことを松本は若い日の勤労体験から学んでいた[5]。それは中小規模の部品メーカーが大企業と対等な立場を確立するための自主独立

の精神へと繋がり、ダイナミックスピーカーにはじまるパイオニアの技術力重視の経営姿勢を導いた。

　松本望は戦前におけるエレクトロニクス産業の黎明期、また戦時期から復興期にかけての混乱期、さらに高度経済成長下の躍進期を体現する人物だった。国内経済が成熟化し、またIT化、グローバル化、新興国の台頭といった不安定な外部環境に多くの企業が翻弄されている今こそ、見えない未来に立ち向かった先人たちの企業家精神からわれわれは学ばなければならないのではないだろうか。

注
1）　松本［1978］の内容は、パイオニア株式会社のウェブサイトで公開されている（http://pioneer.jp/corp/70th/kaikotozenshin/）。なおパイオニア［1980］には松本［1978］に基づいた記載があり一部で内容が重複しているが、本章では主として松本［1978］から引用する。
2）　プレマス兄弟団は1888（明治21）年に来日した宣教師ブランドによって日本に伝えられ、制度的な教会を持たず、形式的な規則を排し、聖書に基づく信仰を重んじる一派であった。日本では基督同信会を設立して伝道活動を展開したが、松本勇治もこれに属していた。こうした点で内村鑑三の無教会主義と共通する点があり、その門下であった黒崎幸吉や矢内原忠雄は松本勇治から洗礼を受けている（矢内原［1975］39頁）。
3）　ただし三井物産では勤務年数に応じて昇給するが、松本が勤めた高木商店については不明である。
4）　アルプス電気を創業した片岡勝太郎は「（戦後）下請け企業からの脱皮が真剣に取り上げられはじめた。まず取り組んだのが、みずからが設計し、みずからが作って、みずからが検査するという部品企業の自主独立である」と述べている（中島［2015］187頁）。
5）　ヤマト運輸社長の小倉昌男は、「翌日配達」が売りの宅急便を始めた際に料金の高さを指摘され、松本と同じ観点から次のように反論している。「小田急電鉄のロマンスカーは、新宿と箱根湯本を1時間で結んでいる。乗車するには乗車券のほかに特急券が必要だが、それはロマンスカーの方が普通列車より運行コストが高いからではない。……コストが高いから特急料金があるのではなく、

「より早い」という便益の対価として特急料金があるのである」(小倉 [1999]
120頁)。

(参考文献)
小倉昌男 [1999] 『小倉昌男　経営学』日経 BP 社。
黒瀬直宏 [1997] 『中小企業政策の総括と提言』同友館。
高橋雄造 [2011] 『ラジオの歴史　工作の〈文化〉と電子工業のあゆみ』法政大学出版局。
武田晴人 [2008] 『仕事と日本人』ちくま新書。
田口達也 [1993] 『ヴィンテージラヂオ物語』誠文堂新光社。
立花隆 [2013] 『自分史の書き方』講談社。
電子機械工業会 [1968] 『電子工業20年史』電波新聞社。
電子機械工業会 [1979] 『電子工業30年史』電波新聞社。
中島裕喜 [2008] 「ラジオ産業における生産復興の展開」『経営論集』(東洋大学)、第71号、15-29頁。
中島裕喜 [2012] 「トランジスタラジオ輸出の展開——産業形成期における中小零細企業の役割を中心に——」『経営論集』(東洋大学)、73-94頁。
中島裕喜 [2015] 「多様な顧客に育まれた競争優位——電子部品」橘川武郎・黒澤隆文・西村成弘編『グローバル経営史』名古屋大学出版会、第7章、176-198頁。
日本電子機械工業会 [1998] 『電子工業50年史』日経 BP 社。
日本電子機械工業会 [1999] 『電子部品技術史　日本のエレクトロニクスを隆盛へと先導した電子部品発展のあゆみ』。
日本生産性本部 [1958] 『電気通信機械——電気通信機械工業専門視察団報告書——』。
間宏 [1996] 『経済大国を作り上げた思想——高度経済成長期の労働エートス——』文眞堂。
パイオニア [1980] 『SOUND CREATOR PIONEER——40年を超えて歩み続けるパイオニアスピリッツ』同社。
平本厚 [1994] 『日本のテレビ産業——競争優位の構造——』ミネルヴァ書房。
平本厚 [2010] 『戦前日本のエレクトロニクス——ラジオ産業のダイナミクス——』ミネルヴァ書房。
松本望 [1978] 『回顧と前進』上・下巻、電波新聞社。
松本望 [1979] 「特別講演　私とオーディオ——幸運児にもツカないことがあった——」『日本音響学会誌』第35巻第12号、715-721頁。

水原紹［2006］「オーディオメーカーの流通戦略――1960年代におけるパイオニアの事例を中心に――」『大阪学院大学流通・経営科学論集』第31巻第 2・3 号、53-75頁。
宮本又郎［1999］『〈日本の近代11〉企業家たちの挑戦』中央公論社。
宮本又郎［2002］「岩崎弥太郎　専制主義、細心、人材主義――三菱財閥の創始者」宮本又郎編『日本をつくった企業家』新書館、25-31頁。
矢内原伊作「矢内原忠雄伝　42」『朝日ジャーナル』1975年 9 月 5 日号、36-40頁。
『旬刊ラジオ新聞』。
『電波新聞』。

＊本章の執筆にあたり「2016年度南山大学パッヘ研究奨励金Ⅰ-A-2」より助成を受けた。

11 北海道炭礦汽船株式会社社長・萩原吉太郎
―― 石炭産業衰退の流れに抗って――

牛島　利明

はじめに

　人間の生活や生産活動は、すべて何らかのエネルギーによって支えられている。われわれの日常生活にとって電気やガスは欠くことのできないライフラインであるし、鉄道や自動車も電気やガソリンがなければ動かない。食糧や衣服をはじめ、われわれが日常的に購入したり使用したりする商品やサービスは、すべて何らかのエネルギーを利用・消費することによって生み出されているのである。

　図1には、日本の1次エネルギー供給構造の変化を示した。1次エネルギーとは、石油・石炭・天然ガスといった化石燃料、原子力燃料としてのウラン、水力、太陽光、地熱など、自然に存在するままの形でエネルギー源として利用されるものを指す。これに対して、1次エネルギーを変換・加工して得られる電気・ガソリン・都市ガスなどは2次エネルギーと呼ばれる。2次エネルギーはもともと自然界には存在せず、1次エネルギーから作り出されるものであるから、この図に示された1次エネルギー供給（発電や輸送で生じるロスなどを含めて必要なエネルギーの総量）は、われわれの生活や諸産業の財やサービスの生産に必要なエネルギーが最終的にどのようなエネルギー資源に依存してきたのかを示している。

　この図から明らかなように、日本の1次エネルギー供給は1950年代から急激に変化している。1953（昭和28）年において1次エネルギー供給の約50％が石炭であり、水力とあわせて約75％を占めていた。しかし、1950年代終わ

図1　1次エネルギー国内供給の推移（1953〜2014年）

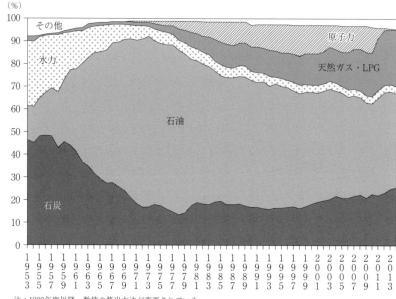

注：1990年度以降、数値の算出方法が変更されている。
出所：経済産業省資源エネルギー庁「平成27年度エネルギーに関する年次報告」、総務省統計局「日本の長期統計系列」より作成。

りから石油のシェアが急増し、高度成長期の終わりまでに約75％を占めるようになった。これにともなって石炭のシェアは1973（昭和48）年に約17％まで低下した。これがいわゆる「エネルギー革命」と呼ばれる現象である。しかも、国産よりも安価な海外産石炭の輸入が増加していたため、同年において国産石炭が1次エネルギー供給に占めるシェアは約4％にまで落ち込んでいたのである（石炭政策史編纂委員会［2002］資料編19頁）。

　石炭はかつて「黒いダイヤ」とも呼ばれ、石炭産業は基幹エネルギーの供給を担う日本で最も重要な産業の一つであったが、エネルギー革命による需要の減少によって経営環境が急速に悪化し、衰退へと向かうことになった。また、石炭需要の減少は、北海道、九州、常磐地域を中心とする国内の産炭

地域に大きな影響を与えることにもなった。これら産炭地域の経済は石炭産業に極端に依存している場合が多く、石炭需要の減少とともに地域としてどう生き残るかが問われることになったのである。石炭企業が炭鉱経営を継続するか、閉山するかという判断は、単に一企業の経営上の問題にとどまらず、場合によっては地域全体の浮沈を決定する重大な意味を持っていた。

　産業全体の急速な衰退が不可避な状況の中で、当時の石炭企業の経営者たちは、自社や地域社会の存亡の危機にどのように対応するかに苦悩し続けた。大手石炭企業の一つである北海道炭礦汽船の社長・会長を務めた萩原吉太郎もまたその一人であった。

1　戦後復興期の石炭産業と北炭

　萩原吉太郎は、1902年（明治35）年、東京の御徒町で生まれた。その後、慶應義塾大学に進学した萩原は仏教青年会で活動し、のちに日本医師会会長として活躍する武見太郎らと出会うことになった。彼は在学中から『三田学会雑誌』に貨幣論に関する論文を寄稿するなど、勉学面で早くから頭角を現した。いったんは研究者の道を目指したものの、希望する貨幣論講座の助手ポストを得ることができないことがわかると大学に残ることを諦め、教授の斡旋で三井合名に就職することになった。就職後すぐに肺尖カタルを患い2年間の病気休職を余儀なくされるが、復職後には調査課を経て秘書課勤務となり、当時同社で理事を務めていた島田勝之助の秘書を務めた。どんなに忙しくても夕方5時には退社する「童心会」を若手有志で結成するなど、三井合名在職中の萩原は必ずしも仕事熱心な社員ではなかったようである。しかし、島田とは厚い信頼関係を築いて重用され、1940（昭和15）年に島田が北海道炭礦汽船会長として移籍することが決まると、萩原もこれに従って同社に入社することになった（本章における萩原の経歴は、萩原［1980］、萩原［1984］、萩原［1992］による）。

　北海道炭礦汽船は、1889年に幌内炭鉱（北海道三笠市）と鉄道の払い下げ

萩原吉太郎（七十年史編纂委員会［1958］所収）

を受けて北海道炭礦鉄道会社として創業した企業である。同社は、夕張炭鉱（夕張市）、空知炭鉱（歌志内市）などの炭鉱を開発したほか、道内の鉄道網や小樽・室蘭等の港湾設備を整備し、石炭輸送用船舶を所有して海運業にも進出した。その後、明治政府の鉄道国有化政策によって鉄道部門を国に売却したため、北海道炭礦汽船株式会社（以下、北炭）と社名を改めることになった。北炭はもともと三井系の企業ではないものの、1913（大正2）年に三井財閥に吸収され、以来三井の傍系企業として位置づけられることになった（七十年史編纂委員会［1958］25-32頁、79-87頁、109-112頁）。北炭に入社した萩原は秘書部長に就任、1年半後には人事部長も兼務し、1945（昭和20）年8月、北海道駐在中に終戦を迎えることになる。

戦後、日本が深刻なエネルギー不足に陥ったことはよく知られているが、その原因は石炭産業における生産回復が遅れていることにあった。戦災による炭鉱の直接的な被害は地上の選炭・運搬に関わる施設に限られていたものの、戦争中の無理な増産と資材不足により坑内の荒廃と設備の老朽化が進行し、また終戦後の労働力の離散もあって生産回復はなかなか進まなかった。

政府は、戦後の危機を乗り越え、経済復興を目指す上で欠くことができない重要産業として石炭と鉄鋼の2部門を重要視した。1946年10月、吉田内閣は石炭出炭量を年産2,300万トンから3,000万トンに引き上げる目標を掲げ、「石炭特別小委員会」を設置して石炭増産政策を審議した。この委員会の答申をもとに策定された政策が、有名な「傾斜生産方式」である（浜野ほか［2017］第5章）。鉄鋼不足で炭鉱整備が遅れて石炭の増産に支障をきたし、

旧北炭夕張新鉱 通洞西口 (著者撮影)

石炭不足のために鉄鋼の増産ができないという重要産業同士の相互制約を解消するため、傾斜生産方式では石炭・鉄鋼両部門の間でそれぞれの生産物を優先的に投入することが計画された。この政策の効果については近年の研究で疑問が投げかけられているものの、傾斜生産方式という考え方が採用されたこと自体、石炭産業が鉄鋼産業と並んで日本の経済復興のために最も重視された戦略産業であったことを象徴している[1]。

　石炭企業には、重要産業の復興資金を提供する目的で設立された政府系金融機関である復興金融金庫から多額の低金利融資が供給された。また、石炭は石炭企業に赤字が出ないような価格で配炭公団が一手に買い上げ、石炭を需要する産業の復興を支えるために販売価格は政策的に低く抑えられた。これらの保護政策が1949（昭和24）年のドッジラインによって打ち切られるまで、石炭企業は政府の手厚い保護と統制のもとで経営を行うことができたのである。

　他方で、GHQによる戦後改革は石炭企業の経営に大きな影響を与えた。そ

旧北炭幌内炭鉱幌内立坑櫓（著者撮影）

の一つは、民主化政策の一環としての労働組合の結成と労働運動の促進である。石炭産業でも産業別組合が組織され、労働環境の改善や賃上げをめぐって労働争議が頻発するようになった。後年、萩原自身が「昭和20年代から30年に私が社長になるまでの間でなにがいちばんたいへんだったかといえば、結局労務対策、組合との交渉です」(萩原[1978] 89頁) と振り返っているように、北炭で人事部長を務めていた萩原は、人員整理問題についての組合交渉を皮切りに、たびたび厳しい交渉の前面に立つことになる。しかし、彼は単身で組合との交渉に乗り込むなど、一部の会社幹部からの反発を買いながらも、本音をぶつける手法で交渉を乗り切り、組合幹部との個人的な関係性を構築していった。(萩原[1978] 90-94頁)

　北炭に大きな影響を与えたもう一つの戦後改革は財界追放政策であった。1945 (昭和20) 年12月、GHQ は財閥解体の手始めとして会社制限令に基づいて336社の資産凍結を指令し、三井財閥の傍系企業である北炭もその対象となった (『朝日新聞』(東京版) 1945年12月13日朝刊)。そして、1948年2月には過度経済力集中排除法による会社分割対象として指定されたものの、最終的に分割は逃れ、会社組織は従来のまま維持されることになった。しかし、戦後改革の過程で経営陣については大きな変化が生じた。1947年、島田会長が公職追放政策の一環として行われた企業経営者の追放 (いわゆる財界

追放)の対象となることがわかると、これにあわせて戦時中の役員も全員退陣することになったのである。自発的な辞職と追放政策によって、旧財閥系企業を中心に当時の大企業の多くが経営陣の総退陣を余儀なくされたが、北炭もこの例外ではなく、文字どおり取締役会メンバーの総入れ替えが行われたのであった。

しかし、萩原にとって財界追放はチャンスでもあった。島田会長の後任には、部長クラスの最年長者として空知鉱業所長の吉田嘉雄が就任したが、取締役会の空席を埋める際に萩原は常務に昇進し、当時社長・専務を置いていなかった北炭において、44歳で会長に次ぐポストを射止めたのである。その後、萩原は中断期間を挟むものの1981年までの長きにわたって北炭の経営に関わり続けることになる。

1949年、アメリカ公使として来日したジョセフ・ドッジは日本経済の復興をアメリカの援助と政府の支援に支えられた「竹馬」にたとえ、構造改革のために緊縮財政、各種補助金の廃止、復興金融金庫の新規融資停止などの政策を打ち出した。いわゆるドッジラインと呼ばれた改革である（浜野ほか［2017］第5章）。ドッジラインによって石炭統制が撤廃され、価格調整補給金、復興金融金庫の融資が打ち切られると、石炭企業の経営は困難に直面することになった。翌1950年には朝鮮戦争特需による石炭需要の増加に支えられていったんは困難を脱したものの、1953から1954年には再び需要が低迷して休山・廃坑による炭鉱離職者の失業が社会問題化した。しかし、1955から1957年にかけては神武景気による需要増加による石炭ブームが起こるなど、1950年代の石炭産業は景気変動にともなう需要変化の影響を強く受け、短期間のうちに状況が目まぐるしく変化した（石炭政策史編纂委員会［2002］6頁）。

他方、朝鮮戦争特需期のインフレによって石炭生産コストが急上昇したことにより、1950年代には石炭産業の高コスト体質が問題となった。国産石炭の価格が高いことで、国産石炭の使用を義務付けられていた鉄鋼・化学・セメント・ガラス産業などの成長を制約しているという需要産業側からの不満

を受けて、石炭産業は合理化によるコスト削減を行うべきだという圧力が高まったのである。このような動きを受けて、1955（昭和30）年には石炭鉱業合理化臨時措置法が成立し、以後、石炭鉱業整備事業団による非能率鉱の買収を進めながら石炭生産を高能率鉱に集中するという「スクラップ・アンド・ビルド」による合理化政策が推進されていくことになる（杉山・牛島［2012］12頁）。

1955年、追放が解除されて復帰していた島田会長が健康上の理由で辞任すると、萩原が社長に就任することになった。その前年、1954年には販売統制廃止を受けて輸入重油の利用が進んだこともあり、石炭不況は景気変動の影響というよりも高炭価問題を背景とする競合エネルギーの登場による構造的な要因であるという見方もすでに出てきていた（石炭政策史編纂委員会［2002］4頁）。しかし、萩原が社長に就任した1955年は神武景気の最中であったから、石炭産業の行く末に不安が投げかけられてはいたものの、北炭の経営状態には比較的ゆとりがあり、将来に向けた新しい取り組みを行う好機に恵まれていたと言ってよいだろう。

2　経営者としての衰退への対応

萩原は、社長就任間もない時期からいくつかの新しい戦略を打ち出した。その第一は、石炭販売の安定化策である。1956年、北炭は富士製鉄（現在の新日鐵住金の前身の一つ）と10年、東京瓦斯（東京ガス）とは5年の長期契約を締結した。とくに注目されるのは、東京瓦斯と「大幅な市中価格の変動があった場合にも、これをそのまま契約価格に及ぼさず、長期にわたってならして調整する」としたことである（『朝日新聞』（東京版）1956年12月28日朝刊）。急激な価格変動のリスクを抑えながら取引量を確保することは需要側にとってもメリットがあると予想されていたのであろうが、炭価が下がり続けたため、この契約は結果的には北炭にとってきわめて有利なものとなった（萩原［1978］95-97頁）。

第二は、石炭化学分野への研究開発投資である。1958年、北炭は国内の有力研究者を集め、石炭化学研究所（埼玉県戸田市）を設立した。石炭はその品質上、原料炭と一般炭に大別される。原料炭とは鉄鋼業で鉄鉱石の還元剤兼熱源となるコークスに加工できる高品質な石炭であり、一般炭は発電用のボイラー、暖房ストーブなど燃焼による熱を利用するために使われる石炭である。一般炭は石油との競争によって需要が減少することが予想されるため、化学製品の原料として使うことで新しい需要を開拓しようというのが萩原の考えであった（萩原［1978］97-99頁）。

　第三は、観光開発事業への進出である。1958年に北海道の観光開発を目的とする北海道不動産株式会社を設立した（萩原［1984］46-50頁）。同社は札幌グランドホテルの経営を引き継いだのをはじめとして、全国各地のホテル、レストラン、ゴルフ場経営などに進出した[2]。

　また、社長就任後の萩原は1958年に設立された札幌テレビ放送会長を兼任するなど、北炭のみならず北海道財界を主導する人物として活躍が注目された時期でもあった。後年の回顧記事によれば、「社長に就任したころの石炭界は上向きにあったが、私は逆に警戒した。就任早々、私は今日のいわゆる"燃料革命"を予言したのである。現況に酔ってはいけない。世界のエネルギー情勢から遠からず石炭は斜陽産業になる。どんどん重油に食われていくだろう。これはもう景気の問題ではなくて、燃料革命だ。いま適切な手を打っておかねばいのちとりになる――と私は考えた」（萩原［1992］68頁）という一方で、「私が将来を洞察したのは、……昭和34年にヨーロッパに行ってからです」（萩原［1978］97頁）という矛盾した記述も見られる。社長として新事業を手掛け始めた当時、萩原が石炭産業の将来をどこまで正確に予想していたのかはわからない。しかし、長期的に見れば国内石炭産業の競争力が失われていくことを見越し、大口需要先との長期契約で5～10年間の販路を安定化させるとともに、石炭化学という新しい市場開拓のための布石を打ち、観光事業という北炭が持つ不動産を活かした多角化事業に乗り出すと

いう構想は、企業戦略としては積極的かつ先見の明に富んだものであったことはたしかであろう。

　もっとも、これらの事業が必ずしもすべて期待された成果をあげたわけではない。東京瓦斯との長期契約は先述のとおり北炭の経営にメリットを生み出したが、石炭化学研究所は投資に見合う成果を生み出せないまま、1965（昭和40）年に北炭化成工業株式会社として分離されることになった[3]。萩原自身はその失敗の原因を資金不足に求め、もともと一企業に成し遂げられる規模の計画ではなかったと回顧している（萩原［1978］98頁）。しかし、石炭化学の関係者には「しかしあれは何か別の思惑があってつくったのだと思う。つまり、研究所の成果があがらなくたって萩原さんの目的は達する……」と見る者もいた（村田［1978］145頁）。「別の思惑」が具体的に何であるかは述べられていないが、石炭の将来が危ぶまれるなか、新しい技術への期待を膨らませることで、北炭がリーダーシップを握りつつ石炭産業に対する政府の支援を引き出そうという思惑があったことを示唆していると思われる。

　社長就任以降、新手を次々と打ち出した萩原は、労働組合との交渉においても他の大手石炭企業との協調を破り、独自の立場をとった。1958年12月の期末手当交渉で炭鉱労働者の産業別労働組合である日本炭鉱労働組合と大手石炭企業が厳しく対立した際、北炭は単独で中央労働委員会のあっせんを受け入れて妥協を図る姿勢を見せたことによって他の大手12社と対立し、日本石炭鉱業経営者協議会（経協）を脱退することになった。

　この背景には、高品質の原料炭を生産可能な北炭は、需要が低迷する一般炭を中心とする他の大手企業よりも経営状態に余裕があったことに加え、ストライキなどの労働争議によって引き合いが多い原料炭生産が遅滞することを避けようとしたことがあると考えられる（『朝日新聞』（東京版）1958年12月16日朝刊、大同通信社［1959］167-169頁）。同様の理由で、萩原は需要低迷対策として石炭業界が協調して実施していた出炭規制についても、原料炭の規制反対の立場を貫いていた（『朝日新聞』（東京版）1959年1月30日朝刊）。

業界の歩調を乱す行動から、有力大手企業の社長でありながら業界の異端者とされ、「業界は萩原氏の一連の行動を苦い顔をして見守ってきた。だから石炭協会会長は中央五社長の回りもちという不文律があるにもかかわらず、萩原氏はいつもオミット」される状態にあったという（『朝日新聞』（東京版）1961年4月1日朝刊）。

　図1に示したように、日本の1次エネルギー供給に占める石油のシェアは1950年代半ばから増加し、1960年代初頭にはついに石炭を上回った。そして、第一次石油危機をきっかけに高度成長が終わった1973（昭和48）年には75.5％とピークを迎えた。他方、同じ年に石炭のシェアは17.4％にまで減少している。

　萩原が社長に就任した1955年は、日本経済が戦後復興から高度成長へと転換した年にあたる。1955年から1973年の石油危機で高度成長が終焉するまで、日本の1次エネルギー供給量は約5.6倍になり、その増加分のほとんどは石油という輸入資源によって賄われることになった。この間、国内生産では不足する原料炭は輸入で補われ、一般炭は石油に代替された。この結果、1960年に58.1％であった日本の1次エネルギー自給率は、1973年には9.23％まで低下することになったのである（経済産業省資源エネルギー庁［2016］144頁、総務省統計局「日本の長期統計系列」）。

　エネルギー革命の進行により、1960年代に入ると国内炭鉱の閉山が相次いだ。全国的に見れば、戦後閉山した915鉱のうち603鉱（全体の66％）の閉山が1960年代に集中している。ただし、北炭が炭鉱を経営していた北海道の場合には、高度成長終了後の70年代に閉山のピークを迎えたため、他の産業への転職がより難しかった。また、地域経済の石炭産業への依存度が高かったこともあり、閉山の影響は60年代にもまして深刻なものとなった（杉山・牛島［2012］14頁、18-19頁）。高度成長期を通じて安価な石油が供給され、エネルギー価格が低く抑えられたことは、重化学工業をはじめとする国内産業の発展に貢献した。しかしその一方で、石炭産業は深刻な経営危機に陥り、

炭坑や関連産業で働いていた人々、石炭産業に支えられた地域の多くが厳しい状況に陥ることになったのである。

政府は石炭産業の窮状に対処するため、前述のように1955（昭和30）年に石炭鉱業合理化臨時措置法を制定したほか、1959年には石炭鉱業審議会の答申に基づいて炭価引き下げのための合理化政策を決定した。1962年10月に石炭鉱業調査団が行った答申では、「わが国におけるエネルギー革命の進行は、いよいよその本格化を加えつつあり、石炭需要は著しい低下を示しつつある。適当な政策がとられないとするならば、今後も需要は激減すると想定せざるをえない」「石炭が重油に対抗できないということは、今や決定的である」とされ、この答申に基づいて1963（昭和38）年度から第1次石炭政策が実施された（石炭政策史編纂委員会［2002］資料編164-165頁）。以降、2001（平成13）年度にポスト第8次が終了するまで、45年余りにわたって石炭の生産、流通、財務、産炭地の地域振興等にかかわる構造調整政策が継続することになる。

初期の石炭政策は、低能率炭鉱のスクラップ（閉山）と高能率炭鉱のビルド（育成）を並行して進めることによって炭価を下げて石炭の競争力を維持することを目指す、いわゆる「スクラップ・アンド・ビルド」が基本方針であった。しかし、1969年度から実施された第4次石炭政策では、より積極的な閉山促進を行うことによって石炭産業全体のゆるやかな撤退を目指す方向へと方針が転換し、石炭産業の規模が大幅に縮小することになる。1970年代には石油危機の発生にともなって一時的な石炭資源の再評価が行われるが、その後の石炭政策は、突発的な倒産を防ぎながら、閉山による失業や地域社会への影響を緩和するために多額の補助金と融資資金が投入されることになったのである（杉山・牛島［2012］126頁）。

3 萩原のエネルギー政策論と業界再編

産業全体が衰退に直面する中で、萩原は日本の石炭産業の行く末をどのよ

うに考えていたのであろうか。彼自身の回想によれば、北炭の社長に就任してまだ間もない1957年頃、すでに「石炭・鉄鋼・電力、この三つの基幹産業は国有、国営にもっていかねばいかん」という「石炭奉還論」を訴えていたという（萩原［1978］99頁）。また、1959年9月から12月にかけて海外視察に出かけ、各国の政策を見聞した萩原は、政府主導で国産資源を確保すべきという信念を確固たるものにしたようである。

彼は視察目的について「国民経済の中に石炭鉱業を正しく位置づけたい、その一念からであった」と述べ、「石炭危機に取り組む態度は「救済」ではなく、「正しい位置づけ」でなければならない」と主張した（萩原［1959］12頁）。帰国後に与党幹部に提出した意見書の趣旨は、(1) エネルギー需要構造の変化に対応して石炭政策は縮小政策でなければならない、(2) エネルギー供給を確保するため国内資源である石炭の確保が必要、(3) 炭価引き下げのために政府が助成する、(4) 政府は縮小政策にともなう労務対策を計画すべき、というものであった（『朝日新聞』（東京版）1959年11月27日朝刊）。この意見書では石炭奉還論は正面から論じられてはいない。しかし、貴重な国内資源である石炭を将来の資源不足に備えて確保しておくべきという主張は共通している。そして、政府のみならず、「石炭鉱業者はもちろん、需要産業も、競争エネルギー産業も、しばらくのあいだ一企業の立場をはなれ、国民経済的立場から一体となって、国民経済のなかにおける石炭鉱業の正しい位置づけをはかり、立て直しに協力していただきたいとねがっている」というのが、その後の時期においても変わらず一貫した彼の主張であった（萩原［1959］14頁）。

先述のとおり、1950年代末まで業界の協調を乱す「異端者」と見なされていた萩原であったが、1961（昭和36）年から1965（昭和40）年にかけて、大手石炭企業の業界団体である石炭協会会長を連続4期務めるなど、業界のリーダーとしての役回りを積極的に務めるようになる。萩原が石炭協会会長に選出されたのは、人員整理問題を発端として労使が厳しく対立した1960

（昭和35）年の三池争議を経て、1963（昭和38）年の第一次石炭政策へと繋がる政策論議が行われつつあった時期である。石炭業界の動向に社会の注目が集まる中、政府の政策に不満を持っていた彼はかねてからの持論を実現するため、あえて業界のまとめ役を買って出た節がある。また、将来への不安が高まる中で、他の大手石炭企業の経営者も与党政府の有力政治家との繋がりも強かった萩原の手腕に期待したところもあったのではないかと推測される。

萩原と政界との繋がりは、北炭社長就任前の1950年頃までさかのぼる。当時、萩原は児玉誉士夫の紹介で公職追放中の鳩山一郎の知己を得て、1954年の鳩山政権の成立を支援した。以来、何度かの政権交代の裏舞台で政治資金の調達や調整役として活躍し、三木武吉、河野一郎、大野伴睦、岸信介、佐藤栄作、福田赳夫など自民党の大物政治家とも親交があったという（『朝日新聞』（東京版）1982年9月1日朝刊）[4]。

萩原は、会長在任中の1963（昭和38）年に英米独仏など産炭国13カ国の代表を招いた国際石炭大会を開催し、石炭・石油・天然ガスの競合領域と価格の調整、長期エネルギー計画の策定などを行う組織をOECD内、もしくは国際機関として設けることを提案するなど、エネルギー革命によって生じた各国の石炭産業問題を国際的な枠組みで解決しようという意欲を見せた（『朝日新聞』（東京版）1963年10月15日朝刊）。この大会は、萩原が4年前に視察した欧米諸国のエネルギー政策を国内に紹介し、彼の持論である国内資源としての石炭の重要性をアピールする場でもあった（『毎日新聞』（東京版）1963年10月19日朝刊）。北炭の利益のために政治を利用しているという批判を受けることもあった萩原には、彼の持論が世界的な視野に立つエネルギー政策論であることを示したいという意図があったのであろう。

石炭協会会長在任中の1964年、彼は、石炭企業が政府の助成金で能率改善と人員削減による合理化を進めたものの、炭価引き下げ政策と当時の物価・運賃の上昇によって合理化努力分が相殺されて財務状況が改善しないことを

訴え、石炭政策の不備を批判した。その上で、石炭産業は「成長産業にはならないことはたしかだ。しかし、私企業として存立しえないということは考えられない。成り立っていく。しかしそれでもなおかつ成り立たんときは、国営でも残さなければならない。私の考えをいえば、私企業として成り立つ。しかし、いまのような値段で下げっぱなし、コストはどんどん上がるような政策をとっていたら、私企業の限界にきている。国営でやるべきだ」と主張している（萩原［1964］47頁）。石炭産業を取り巻く状況が一段と厳しくなっていく中で、萩原の主張はふたたび国有化を公言する方向へと傾いていったのである。

　そして、石炭協会会長の任期を終えた後、萩原は新たに全国一社案を提唱することになる。その内容は国内石炭企業を一社に統合し、カナダ・オーストラリアの炭鉱を買収するというプランであった。

> そもそもエネルギー政策の目標は、必要なエネルギーをすべて安定して入手することであり、かつその価格を長期に亘り安定させることである。我国のように唯一のエネルギー資源である石炭埋蔵量が世界的に見れば極めて低く、しかも石炭生産量は減少の一途を辿る場合、予想されるエネルギー不足時代に備えて石炭資源を海外に求めておくことが重要課題である。カナダ並びにオーストラリアは有望な相手国と考えられる。そのために弱体な十六社を一本化しておくことが必要である。（萩原［1980］216頁）

1967年、政策支援を受けていた大手企業一つである大日本炭礦が経営破綻したことをきっかけとして石炭企業全体の財務状況の急速な悪化が注目され、政府も第4次石炭政策の策定に向けて動き出すことになった。この過程で石炭企業や労組から次々と石炭業界の再編論が打ち出される中で、萩原もかねて主張していた全国一社案の実現に向けて動き始めた。彼の回想によれば、

1967（昭和42）年11月、石炭協会の臨時評議員会で全国一社案がいったんは決定し、佐藤栄作首相と自民党の福田赳夫幹事長、田中角栄など政府与党の有力政治家に働きかけて好感触を得たものの、直後に大手他社が連携して反対に回ったため、構想は頓挫することになったという（萩原［1984］96-98頁、萩原［1980］216-217頁）。

　裏舞台でどのような交渉があったのか、その詳細は不明である。当時の新聞報道によれば、萩原の全国一社案は「萩原氏のかねての持論であり、業界にこれを支持する空気にはまずないといってよい」という状態であった（『毎日新聞』（東京版）1967年11月15日朝刊）。萩原は北炭経営者としての立場を離れるため、社長から会長に退くことを表明して全国一社案を実現するための調整にあたった。しかし、後年「あの全国一社案の中身は名前を変えた国有化なのです。国有、国営の変形です」（萩原［1978］100頁）と回顧しているように、経営の自律性を完全に失う全国一社案について、他の大手石炭企業の足並みは揃わなかったのである。

　結局、1968（昭和43）年12月に答申された第4次石炭政策（1969～72年度）では、業界再編論議は決着がつかず棚上げとなり、石炭の年間生産量5,000万トンを維持するという方針から縮小安定路線へと転換し、閉山支援を中心としながら、石炭企業の財務改善と炭鉱継続のための設備投資支援も行うという撤退・継続両面に配慮した政策が行われることになった。結果として国内石炭生産量は急激に減少し、第5次政策（1973～75年度）以降は生産を継続する石炭企業の突発的な破綻を防ぐための財務支援が政策の中心となっていく。第4次政策を境として石炭産業に対する支援のあり方は大きく変化したのである（杉山・牛島［2012］131-133頁、石炭政策史編纂委員会［2002］11-12頁）。

4　経営者としての再挑戦

　全国一社案が潰えた後、萩原は1969年10月に北炭会長から再び社長に復帰

し、同社の夕張新鉱（北海道夕張市）開発に着手した。夕張新鉱は1970年に通産大臣から開発計画の告示を受けて着工したが、工事途中での湧水によって予定より1年8カ月遅れて1975年6月に営業出炭を開始した（石炭政策史編纂委員会［2002］236-238頁）。夕張新鉱の開発を決めた当時、北炭の資金は枯渇していたが、石炭政策による新鉱開発貸付金や金融機関、石炭需要者である鉄鋼・ガス会社から資金を調達して開発に漕ぎつけた（『日本経済新聞』1982年8月23日朝刊）。開発に難色を示した大蔵省を説得するために親交のあった福田越夫大蔵大臣に直訴するなど、萩原は長年にわたって培ってきた自身の政界との繋がりを駆使して許可を得るために奮闘したようである（萩原［1980］217-218頁）。

北炭夕張新鉱は、1966（昭和41）年に開発許可を得た三菱南大夕張炭鉱（北海道夕張市）、有明炭鉱（福岡県三池郡）と並んで、日本における事実上最後の大規模新鉱開発となった。業界再編による全国一社化や国有化に失敗した萩原は、石炭産業の逆境が続く中、石炭企業の一経営者としてあえて社運を賭けた新鉱開発を行い、石炭企業として生き残ることに挑戦したのであった。

1972年、萩原はいったん社長を退いて取締役相談役となったが、夕張新鉱の開発遅延と経営状態悪化の立て直しを図るため、1975年3月に会長として復帰した。ところが、萩原が復帰し、夕張新鉱がようやく出炭を始めて間もないこの年の11月、北炭の既存主力炭坑である幌内炭鉱でガス突出と坑内火災によって多数の犠牲者を出す事故が起こった。行方不明者が坑内に残されたまま火災消火のための大量注水が行われ、炭鉱は水没状態となった。北炭は、いったんは役員会で廃山を決議したものの、萩原はこの決定に納得せず、あらためて役員会を招集し「全面復旧することに方針変更した」という（萩原［1980］192頁）。

通産省、大蔵省は北炭からの幌内炭鉱復旧資金の支援要請を拒んだが、ここでも萩原の政治力が発揮された。通産省首脳や間もなく政権の座につこう

という福田赳夫への強力な働きかけによって、石炭政策の根拠法である石炭鉱業合理化臨時措置法を改正して「特定災害復旧資金助成制度」が新設され、その適用第一号として約60億円の復旧資金が石炭鉱業合理化事業団から融資されることになったのである。事実上、一企業の救済のために法律を改正して新しい融資制度を創設させるという荒業であった。さらに三井銀行と三井グループ企業の支援も取り付け、1977（昭和52）年、幌内炭鉱の復旧は完了し、採炭が再開された（『朝日新聞』（東京版）1982年9月1日朝刊、石炭政策史編纂委員会［2002］322-324頁、通商産業省・通商産業政策史編纂委員会編［1991］324-327頁、萩原［1980］193頁）。

　1972年にいったんは経営の一線を退いた萩原であったが、夕張新鉱の開発と幌内炭鉱の復旧は、明らかに萩原の政財界との繋がりを活用した強引ともいえるリーダーシップなくしては成しえないものであった。

5　最後の抵抗

　多額の融資を受けた夕張新鉱の営業が開始し、幌内炭鉱復旧が決まった後も、北炭の経営は依然として厳しいものであった。1978（昭和53）年には北炭本社から夕張新鉱、幌内炭鉱など3鉱山を別会社として分離し、再建計画を進めることになった（通商産業省・通商産業政策史編纂委員会編［1991］324-327頁）。そこに追い打ちをかけたのが、1981（昭和56）年10月に発生し、93名が犠牲となる大惨事となった夕張新鉱のガス突出事故であった。坑内にガスが突出し、静電気による引火と見られる坑内火災が発生したために被害が広がったのである。政府事故調査委員会の報告書では、ガス突出の前兆があったにもかかわらずガス抜きのボーリングが不十分であったこと、救護隊が持ち込んだビニールシートか衣服で発生した静電気が火災の原因であることが指摘され、会社の保安管理が批判されることになった（増谷［1996］92-94頁）。

　多くの犠牲者を出した衝撃もさることながら、この事故の後には、大きな

ダメージを受けた夕張新鉱の再建が可能なのか、未払いの退職金・賃金、社内預金など115億円の労務債の支払いに誰が責任を持つのかなどをめぐって議論が紛糾し、社会的な注目を浴びることになった。そして、北炭夕張炭鉱は同年12月に会社更生法の適用を申請し、翌1982年10月に閉山を余儀なくされた[5]。

1982年8月に国会の委員会に証人として出席した北炭夕張労組の委員長は「その時点時点でストライキをかけて、退職金や未払いとなっている賃金の支払いを求めて長い闘いをしたら、必ずその時点時点で閉山になったと私ども判断したから、こういうふうな労務債の多額な金額になったと思っております」と証言している(第96回国会衆議院石炭対策特別委員会14号、1982年8月26日)。北炭夕張炭鉱の経営状態は、すでに事故発生以前に労働組合が未払い退職金・賃金の支払いを強く要求することができないほどに悪化していたのである。

萩原は事故直前の1981年6月、再建計画を軌道に乗せられない責任を取る形で北炭会長を退任していたが、三井観光開発の会長を務めていたこともあり、労務債の支払いや北炭グループとしての夕張新鉱再建支援の交渉に引きずり出されることになった。事故の翌年には北炭夕張新鉱の資産と鉱業権を200億円で国が買い取るよう、自民党の大物政治家に働きかけていると報道された。萩原自身は、国に買い取りを求めたわけではなく、三井鉱山を中心とする別会社に採掘権と設備を209億円で売却し、国がその資金を一時的に建て替えるという案であったと説明したという(増谷[1996]74頁)。真相がどちらであれ、萩原はそれまでと同様、政財界との繋がりを利用して夕張新鉱を再建すべく工作を試みたのであった。しかし、萩原の働きかけは失敗に終わった。

当初、労務債支払額が少ないことで大きな批判を浴びた萩原が会長を務める三井観光開発は、その後に支払額を大幅に積み増すことで交渉を妥結したが、夕張新鉱は1984(昭和59)年に再建を断念して清算が決定し、債務が膨

らんだ北炭の炭鉱各社の経営も行き詰った。1987年に真谷地炭鉱（北海道夕張市）、89年には幌内炭鉱が経営継続を断念して閉山した（『日本経済新聞』2013年7月7日朝刊）。そして、1995（平成7）年に北炭自体も会社更生法の適用を申請し、最後に残った空知炭鉱も閉山することになった。（『日本経済新聞』1995年2月6日夕刊）。萩原の剛腕により1970年代の新鉱開発と炭鉱事故の危機を乗り越えたものの、経営再建を目指していた時期にふたたび発生した大事故によって、北炭の経営は事実上とどめを刺されることになったのである[6]。

おわりに

萩原吉太郎は経営者として卓越した先見性と実行力を持った人物であった。1950年代末には鉄鋼・ガス業界との長期契約で需要の安定化を図りながら、新市場を開拓するための石炭化学の技術開発に着手し、観光開発による多角化にも乗り出すなど、石炭産業の衰退を見据え、きわめて早い時期から石炭企業としての生き残り策を模索していたことがそれを証明している。

そして、国内資源の確保に強くこだわる彼のエネルギー政策論は1950年代から80年代まで終始一貫していた。世界のエネルギー需要の増加や石油・天然ガス資源の枯渇に備えた総合エネルギー政策を策定し、唯一の国内資源である石炭を将来に残すことに政府が責任を持って取り組むべきだという頑なまでの信念は、一石炭企業経営者の枠を超えたものであったと言えよう。しかし、彼の構想が業界や政府に受け容れられ、政策として実現することはなかった。

1970年代の夕張新鉱開発と幌内炭鉱復旧への執念は、長年トップとして君臨した企業を維持することへのこだわりによるものであったかもしれない。萩原が政界有力者との繋がりを利用し、たびたび北炭への多額の助成や融資を引き出したことは、当時から批判の的にもなっていた。しかし、彼が石炭産業を緩やかに衰退させる政策に反対し、全国一社化という「名前を変えた

国有化」を実現しようとしたことを考えれば、国内資源を守るべきという信念を、北炭という一企業を通じて実現しようとしたようにも見える。

　政府の石炭政策では、エネルギー安全保障の観点から国内資源の確保を政府が主導するという姿勢は基本的に希薄であった。しかし、かといって石炭企業を市場メカニズムによる淘汰に任せるというわけでもなかった。国内に石炭産業を残すべきかどうかについて責任を伴う明確な決断は行わず、産業の急速な崩壊による連鎖倒産や、失業、地域経済への打撃などの社会的摩擦を回避するため、その時々の情勢判断に基づく政治的配慮として撤退支援と継続支援のバランスをとったという印象が強い。

　国内の石炭企業は、各時期における石炭政策で利用可能な政策支援のメニューと経営環境を勘案し、自社にとって最も有利な方法を考えて撤退か継続かを決断した。その点は北炭も同じであろう。しかし、北炭の場合には、萩原個人が政財界への強い影響力を持っていたが故に、政府の支援を過剰なまでに利用し、持論に基づいて自社炭鉱を残すことに固執した部分があったように思われる。

　夕張新鉱事故の前年に出版された著書で、萩原は次のように書いている。「もし夕張新鉱を開発せず、幌内炭鉱を廃山にしていたら、北炭は昭和51年［幌内炭鉱で事故が発生した年——引用者注］にその幕を閉じて消滅してしまったのである」（萩原［1980］193頁）。たしかに、新鉱の開発を政府・金融機関に認めさせて資金を引き出し、また石炭政策の一環として新たな災害復旧のための融資制度を創設させるという萩原の大胆な戦略は、いったんは北炭の窮地を救った。しかし、北炭の未来を託して無理を承知で開発した夕張新鉱は、計画生産量を達成できない状態が続いて経営状態が好転しないまま事故発生により閉山し、北炭の炭坑経営もやがて終焉へと向かうことになった。問題が起こるたびに政治力で資金を調達し、難局を打開するという方法が力を発揮することはもはやなかったのである。

　萩原は、夕張新鉱事故後に新聞のインタビューに次のように答えたという。

「国の石炭政策とは何の関係もない。政策に沿った開発なら、もっとガスが少なくて、炭量の豊富なヤマが他にもあった。夕張市には当時、北炭だけで五山あったが、いずれ炭量が尽き、大量の失業者が出ることは目に見えていた。つまり、失業者を出さない、夕張市をつぶさない、これが夕張開発の真の理由です」(『朝日新聞』(東京版) 1982年9月2日朝刊)。

　この発言は、新鉱開発後の生産が計画どおり進んでいなかったこと、また事故原因の調査で開発時のメタンガスを抜くためのボーリング不足が問題視されていたことを念頭に置いた釈明とも解釈できるが、夕張の状況については萩原の指摘のとおりであろう。かつて石炭産業の中心の一つとして繁栄した夕張においても石炭産業の衰退とともに閉山が進んでいたが、その流れに逆らって開発された三菱南大夕張炭鉱 (1970〔昭和45〕年営業出炭開始) と北炭夕張新鉱 (同1975年) は、夕張の将来にとって明るい材料であった。しかし、三菱南大夕張炭鉱でも1985年に大事故が発生、1990 (平成2) 年に三菱大夕張炭鉱とともに閉山することになり、夕張からすべての炭鉱が消えることになった。

　炭鉱の閉山が続く中、夕張市は「石炭から観光へ」をスローガンに地域振興策として観光事業に取り組み、1980年代には、「石炭の歴史村」を皮切りとして、ホテル、遊園地、劇場などの観光施設を開設した。1960年に10万人を超えていた夕張市の人口は、石炭産業の衰退とともに1990年には2万人まで減少していたが、1990年代初めには観光客入れ込み数が230万人に達し、地方活性化の成功事例として注目されることもあった (『日本経済新聞』2006年6月23日朝刊)。しかし、借金によって進めた市の事業は観光客数の減少とともに行き詰まった。石炭政策の終了によって2001年に産炭地域振興臨時措置法が失効し、国からの産炭地支援を失った夕張市の財政はさらに悪化し、事実上破綻した。このため、夕張市は2007年に財政再建団体の指定を受け、国の管理の下で財政再建を目指すことになったのである[7]。

　財政再建団体の申請を行った当時、夕張市の後藤健二市長は新聞取材に対

して、「何もしなければ借金はない。でも、何もしなければ、夕張はとっくに人の住めるまちではなくなっていた。他にどんな道があったんでしょうか」と答えたという(『朝日新聞』(北海道総合)2006年8月27日朝刊)。この発言は、萩原の「夕張新鉱を開発せず、幌内炭鉱を廃山にしていたら、北炭は消滅してしまった」という主張と奇妙に重なり合う。北炭も夕張市も撤退を選択せず、衰退に抗う道を選択した。しかし、その抵抗は事後的に見れば一時的な延命策に終わってしまった。そして、石炭鉱業合理化臨時措置法による助成事業が始まって以来、46年間にわたって継続した石炭政策もまた、結果的には一時的な延命を支援し、事態をより深刻化させる一因にもなっていたのである。

　萩原吉太郎は2001年8月に98歳でこの世を去った。そしてその約半年後、2002年1月末をもって国内で最後まで採炭を継続していた太平洋炭礦(北海道釧路市)が閉山したことにより、日本の石炭産業は事実上その幕を閉じることになった[8]。

注
1) 近年の研究では、戦時統制期から戦後復興期に行われた石炭増産政策は、一時的な増産を達成したものの、1950年代における合理化の足枷となったことが指摘されている(杉山・牛島[2012]11頁)。傾斜生産方式の評価については同書第3章を参照。
2) 同社は1963(昭和38)年北炭観光開発、1971年三井観光開発、2007(平成19)年グランビスタホテル&リゾートに社名を変更した。
3) 同社はその後も事業を継続するが2009年に倒産した。
4) 政界との交流については、萩原[1980]や彼のインタビューをもとにして書かれた塩田[1988]に詳しい。
5) この間には、北炭、労組、石炭協会、金融機関、自治体、政府など関係者間の激しい駆け引きが行われ、事態は二転三転を繰り返した。その経緯については、当時北海タイムス記者として取材にあたっていた増谷[1996]を参照。
6) 北炭は2005(平成17)年に更生計画を完了し、ロシア炭の専門商社として事

業を継続している。
7） 2009（平成21）年施行の自治体財政健全化法の規定により、現在は財政再生団体と呼ぶ。
8） ただし、太平洋炭鉱の採炭事業は地元企業を中心に設立された釧路コールマインによって規模を縮小して引き継がれた。同社は国内唯一の坑内掘石炭生産会社として事業を継続している。

なお、2014年度における日本の1次エネルギー供給に占める石炭のシェアは25.5％であり、石炭供給量は1億7,739万トンに対し、国産は132万トンとほぼ全量を輸入に依存している（経済産業省資源エネルギー庁［2016］）。

（参考文献）

経済産業省資源エネルギー庁［2016］『平成27年度エネルギーに関する年次報告』。
塩田潮［1988］『獅子奮迅──萩原吉太郎とその時代──』ビッグ・エー。
杉山伸也・牛島利明編［2012］『石炭産業の衰退』慶應義塾大学出版会。
石炭政策史編纂委員会編［2002］『石炭政策史』財団法人石炭エネルギーセンター。
大同通信社［1959］「企業格差の増大で遂に露呈した経協内部の不統一」大同通信社『石炭年鑑』（1959年版）大同通信社。
通商産業省・通商産業政策史編纂委員会編［1991］『通商産業政策史』第13巻、通商産業調査会。
七十年史編纂委員会編［1958］『北海道炭礦汽船株式会社七十年史』北海道炭礦汽船株式会社。
萩原吉太郎［1959］「欧米の石炭事情を視察して」『経団連月報』第7巻第12号、1959年12月。
萩原吉太郎［1964］「この人と一時間　石炭企業の生きる道　萩原吉太郎」『エコノミスト』第42巻第52号、1964年12月。
萩原吉太郎［1978］「崩壊の嵐の中で」エコノミスト編集部編『戦後産業史への証言　3　エネルギー革命・防衛生産の軌跡』毎日新聞社。
萩原吉太郎［1980］『一財界人、書き留め置き候』講談社。
萩原吉太郎［1984］『私の人生』財界さっぽろ。
萩原吉太郎［1992］「萩原吉太郎──青春の反抗を許す会社──」『私の履歴書』（昭和の経営者群像4）日本経済新聞社。
浜野潔・井奥成彦・中村宗悦・岸田真・永江雅和・牛島利明［2017］『日本経済史1600-2015　歴史に読む現代』慶應義塾大学出版会。

増谷栄一［1996］『昭和小史　北炭夕張炭鉱の悲劇』彩流社。
村田富二郎［1978］「石炭化学の挫折」エコノミスト編集部編『戦後産業史への証言
　　3　エネルギー革命・防衛生産の軌跡』毎日新聞社。

12 富士通第9代社長・山本卓眞
―― しなやかで強い「信じて任せる」リーダーシップ ――

宇田　理

はじめに

　本章で取り上げる山本卓眞（以下、山本）は、日本の情報通信産業の雄、富士通株式会社の戦後の成長を、エンジニアとして陰に陽に支え、同社社長に就任してからは、グローバル経営を積極果敢に推し進めた類まれなリーダーである。山本は、1981（昭和56）年から1990（平成2）年までの社長在任中、同社の売上高を8,000億円から2兆5,000億円へと3倍強に引き上げるほどの経営手腕を発揮した。山本が社長に就任したのは、グローバル化を推し進めてきた日本企業が米国のバッシングを受け始めた頃だった。さらに、米国IBMとの知的財産権紛争に見舞われるなど厳しい局面に置かれたけれども、しなやかで強いリーダーシップを発揮し、社の内外で筋を通し、成長を牽引してきた。

　興味深いことに、山本の富士通でのキャリアを見ると、技術畑一辺倒で、営業や経理部門での経験が一切なく、社長に就任した。山本の前3代のトップは、いずれも社長就任前、多彩な経歴を持っている。第6代社長、高羅芳光は経理部、企画部など幅広く経験してきたし、第7代社長、清宮博は逓信省の電気試験所の電子管部長から富士通に転じたため、政官に通ずるネットワークを持っていた。第8代社長、小林大祐は電気工学部出身だが、営業部でも腕を鳴らした。翻って、山本は大企業を束ねる社長になるための幅広い経験を積んだようには見えない。本章では、一見狭いキャリアの中で、彼が経営者としての手腕を、どのように身につけたのかを見ていくことにする

（宇田［2010］、川田［1991］）。

1　生い立ち

軍人という生き方から学んだこと

　山本は、1925（大正14）年9月11日に、父吉郎、母フジエの次男として、父の勤務先、熊本市で生を受けた。父は福岡県の農家の生まれで、熊本陸軍幼年学校、陸軍士官学校を経て軍人として身を立てていた。兄が仙台の陸軍幼年学校に入学したこともあって、山本も軍人を志した。山本が小学校6年の時、父は満州ハイラルへの転勤が決まったが、両親と一緒に満州へ行かず、母の知人宅に身を寄せながら進学を目指した。1939（昭和14）年、晴れて東京高等師範学校付属中学（現・筑波大学付属中学校）に入学した（山本［1999］15-18頁）。山本は、後にグローバル経営の旗振り役になるが、英語を勉強したのは、後にも先にも同校にいた1年だけであった。

　軍人を志す山本は、高等師範学校付属中学に通いながら、幼年学校専門の進学塾に通い、翌1940年に復校した名古屋幼年学校の第1期生となった。同校ではドイツ語を学んだ。1942（昭和17）年に予科士官学校へ進んでからは飛行機乗りにあこがれ、陸軍航空士官学校への入学を決めた（山本［1999］19-20頁）。

　航空士官学校での訓練は、戦局の悪化とともにエスカレートした。真夏に水筒一本だけを持たされて48時間ひたすら走り続けたり、三日三晩、不眠不休不食でいるという訓練が行われた。しかし、こうした厳しい経験が、大抵のことは我慢できるタフな精神を作り上げた（山本［1999］23-24頁）。士官学校はエリート養成学校でもあった。「将校になる者は矜持を持て、誇りを忘れるな」と叩き込まれただけでなく、戦いをうまく進めていくための戦略策定や、部下を統率するための組織づくりを学んだことが、後のビジネスで役立った（山本［1999］25頁、27頁）。

　士官学校を卒業し、見習士官になる頃には、第二次大戦も終局を迎えてお

り、特攻隊として戦地に送り込まれることを覚悟した。実機による訓練を受けるため向かった三重県の明野飛行場には捕獲された米軍機が置いてあった。機内に入ると油でベトついておらず、胴体のつくりもしっかりしていた。国産機はエンジンやプロペラからの油漏れで風防や機内が汚れて酷かった。こうした体験が、山本に科学技術の重要性を認識させ、のちにエンジニアを志望させるきっかけとなった（山本［1999］28-29頁）。

　米軍の空襲が激化し、訓練の場所を満州の佳木斯（ジャムス）に移した。しかし、ソ連が日ソ不可侵条約を破って侵攻してきたため、ソ連戦車隊への特攻が命じられた。山本らは、爆弾の装填設備のある奉天飛行場に向かい、8月14日の夕方には「隼」への爆弾装着を完了した。偶然にも、特攻命令が出された翌朝に終戦を迎えた。山本のいた部隊は徹底抗戦だといきり立っていた。部隊長、島田安也は独断で部隊のメンバーに航空士官学校付きを命じ、「これまでは死ぬことを求めてきたが、これからは地を這い、草を噛み、犬になっても、こじきになっても生き抜け。生きて祖国の再建に力を尽くせ……飛行機も私物もすべて置いて列車で一刻も早く帰れ（大河原［2010］、山本［1999］33-34頁）」と指示した。上官の指示には、血の気の多い若者が急いで暴走しないようにとの配慮と、まだ戦争に参加していない若者らは戦争犯罪人とされないため、戦後復興人材として温存させようとの意図があった。島田部隊長の的確な判断により、山本らは、ソ連侵攻前に本土に戻ることができた。山本の脳裏に焼きついた上官の合理的判断とその心意気は、のちの厳しいビジネスの世界で存分に生かされることになる（山本［1999］30-34頁）。

大学への進学と新たな生き方の模索

　本土に帰還した後、津田沼の実家から通える東京大学第二工学部を目指した。軍人を志した山本は、1942（昭和17）年に軍事技術強化を狙って設立された第二工学部にシンパシーを感じており、今度は技術で国の再建に尽くそ

うと決めていたからだった。陸軍士官学校卒は、特例措置で直接大学を受験できたこと、入試でドイツ語が選択できたことなど、いくつかの幸運が重なって、山本は、無事、第二工学部電気工学科に入学できた（山本［1999］36-37頁、46頁）。

　大学の学びの中で、山本の思考に大きな影響を与えたのが、法哲学者、尾高朝雄先生の講義だった。大学に入るまで「一心に日本のために尽くす」という使命感で生きてきた山本は、終戦で心の拠り所がなくなり、次なる道を求めていた。そんな中、尾高先生が「君たちはこれから社会に出ていくけれども、あまり単純な思い込みをしてはいけない。真理の探究というのはそんな単純なものではない。人から言われて妄信的に思い込むようなことは厳に戒め、自分の頭でじっくり考えなさい」（山本［1992］23頁）と語られたことに衝撃を受けた。人様から言われたことや既存の考え方がよさそうだからといって妄信せず、自分の中で何度もそれが正しいかを問うていく姿勢を学んだ。

　山本の大学生活は、農作業の傍ら勉学を行っていたも同然だった。学費を稼ぐために、実家の傍に土地を借り、米、麦、芋、野菜など何でも作り、取れた農作物は行商して歩いた（山本［1999］38頁、43頁）。そのため、卒業後はすぐ働きに出たいと考えていた。しかし、山本の卒業した1949（昭和24）年はドッジ緊縮財政の影響で就職難であった。加えて、実家から通える会社と選り好みしていたら、就職のタイミングを逃してしまった。最後は研究室の指導教官、星合教授の紹介を仰ぎ、「富士通信機製造株式会社（以下、富士通と略す）」の入社試験を受けた。星合教授には、同社はドイツのシーメンス社と技術提携をしている立派な会社で、不景気でも1人くらいは採ってくれるだろうと言われた。半信半疑で受けた入社試験は山本たった1人で、電気工学、作文、英語が課されたが、英語はほとんどできなかった。答案用紙に「私は、陸軍幼年学校に行ったので英語は中学時代の1年間しか勉強していない。そういう事情で東大の入試もドイツ語で受けた」（山本［1999］

51頁）と能書きを垂れたが、晴れて入社は許可された。時勢を反映して、この年の大卒入社は彼1人だけだった（山本［1992］18-23頁）。

2　エンジニアとして

交換機のエンジニアとして成長する

　山本が配属されたのは、交換機課の設計部門であった。社名も知らず、地味な部門に配属され、モチベーションが上がらなかった（山本［1992］26頁）。通信ビジネスは、電話線を使って情報を送信する「伝送」、複雑な電話網を交通整理するための「交換」、電話機たる「端末」の3つの技術からなり、山本の配属先で開発・製造している交換機は、通信局舎（電話局）に設置され、実物を目にすることも少ない黒子のような技術だった。それに引き替え、隣の電話機課は羨むほど活気にあふれていた。早期の通信網の整備を求めていたGHQ民間通信局の肝いりで、電話機の開発には政府の潤沢な予算が付き、通信機メーカー各社が沸いていたからだった。戦後すぐに富士通をはじめ日本電気、沖電気工業、日立製作所などがアメリカで設計された3号電話機の生産を再開したが音質が悪かった。そのため、通信省の電気試験所は独自に設計した4号電話機を手本に試作するよう、各社に要請した。試作を経て、4号電話機の最終設計案が決まったのが山本の入社した年の7月だった（中川［1990］29-32頁）。山本は、試作が終わり、量産に乗り出そうとしている現場を目の当たりにしたのだった。

　交換機課配属に落胆していた山本の思いにも変化の兆しが訪れた。交換機課は大卒が少なく、当初は簡単な筆算ができれば務まる部署に見えた。しかし、何も知らなくては仕事にならないと小島哲『自動電話交換機概論』を買い求め、勉強を始めるとだんだん面白くなってきた。また、先輩エンジニアがドイツのシーメンス社設計の複雑な交換機をより簡素な部品を使い、優れた機器に再設計する様に感銘を受け、いつか自分もこんな仕事をしてみたいと思うようになった。さらに、シーメンス社の説明書はドイツ語だったので、

ドイツ語を学んでいた山本は大変重宝された（山本［1992］29頁、山本［1999］58-59頁）。

コンピュータという新しい世界に触れる

　山本は、部門を超えて別の開発プロジェクトに借りだされることもあった。1952（昭和27）年の初夏、上司の小泉より「開発課で新しい仕事をする。君にも手伝ってくれということだから頼む」（山本［1999］73頁）と言い渡された。開発課に出向くと、開発課課長の小林大祐より「リレーを素子にしたコンピュータを開発して東証に売り込む。開発期限は1953（昭和28）年3月までの半年だと言われた」（山本［1999］73頁）。

　招集元の開発課は、富士通の未来を担う新規事業を考案するために、1951（昭和26）年に新設された部署だった。政府相手の通信事業では、まず筆頭メーカーの日本電気に注文がいき、次に沖電気、そして、富士通や日立という按配だったので、新規事業で巻き返しを図ろうとした。新規事業の目玉の1つにコンピュータ開発が挙がっていた。朝鮮特需で取引の急増した証券取引所が手作業だった株式取引精算作業を機械化したいという話を小林が聞きつけ、交換機に使っているリレー素子を使い、株取引のコンピュータが作れないかと考えたのだ（山本［1999］65-66頁、70-71頁）。

　この「株式取引高精算用計算機」開発プロジェクトに招集されたのは、開発課から池田敏雄、リレー素子を使うため交換機課から山本と山口詔規の3人だけだった。競合の日本IBMやレミントン・ランド社は、当時、世界中に販売していたパンチカードシステム（PCS）を売り込もうとしていた。PCSは、紙のカードに穴をあけてデータを入力する「キーパンチ」、データ入力したカードを分類する「ソーター」、分類されたカードのデータを集計し作表する「タビュレータ」の3つの機器を使って事務処理を行う電気機械式計算機で、当時の日本には現在のような電子式コンピュータはなかった。もっとも、富士通は、コンピュータはおろかPCSすら自社製造していない。

東証向け試作機の前で（左端が山本）（富士通株式会社所蔵）

　3人は何を開発したらよいかわからず、PCSが稼働している証券会社を見学させてもらい、0から設計を始めていった（山本［1999］79-80頁）。
　開発の分担は、山口がキーパンチ、山本がソーター、池田がタビュレータを担当し、設計を開始した。メンバーの1人、池田は数学が専門の天才肌で、演算回路の設計に夢中になると締め切りのことなど忘れてしまう。山本は、そんな池田を陰ながらサポートし、1952年末までに設計を完了させ、年明けには試作機の製造にこぎ着けた。また、期せずして3月の締め切りまで多くの同僚が協力してくれ、東証へのお披露目の日に稼働しているマシンを見せることができた。競合他社との処理スピードが1桁違うなど、結果は惨敗に終わったが、山本は、新規事業に賭ける社内の熱気に心打たれた。開発課長の小林が用意したプロジェクトにより、池田のコンピュータ開発熱に火が付き、同社の運命を変えていくと同時に、山本もその流れに巻き込まれていった（富士通株式会社［1978］33-35頁、山本［1999］82-86頁）。

クロスバー交換機の開発に乗り遅れる

　プロジェクトチームの解散とともに、1953（昭和28）年春、山本は再び交換機開発業務に戻ったが、通信機メーカーを取り巻く環境も変わり、交換機課も活気を帯びてきた。1949年6月、通信省は、郵便事業管轄の「郵政省」と通信事業管轄の「電気通信省」に分割され、より機動的に通信網の復旧が進められるようになった。さらに電気通信省は、1952年に通信網の復興資金調達を企図し、債券発行や資金借入が行える「公社」への形態変更が認められ、日本電信電話公社（以下、電電公社）へと改変された（武田編［2011］21-22頁）。翌1953年には、電電公社の電信電話拡充第1次5カ年計画が施行され、日本電気、日立製作所、沖電気工業、富士通の4社（電電ファミリー）に対し電話機のみならず交換機など通信機器の発注が増大したところであった。

　こうした拡充計画は、民間の電話機設置需要の高まりのみならず、電話サービスの高度化を背景にしたものだった。当時の市外電話は「汽車よりも遅い電話」などと酷評され、「すぐつながる電話」が求められていた（武田［2011］23頁）。そのため、電電公社の初代総裁、梶井剛は、通信設備の技術革新を行うと宣言し、より優れた交換機の選定・導入を始めた。クロスバー交換機の米国最大手ウェスタンエレクトリック（WE）社に白羽の矢が立ち、輸入の打診をしたが、独禁法に抵触する恐れから実現せず、代わりに1952年末、米国ケロッグ社のクロスバー交換機の輸入を決めた。ところが、同社の交換機は、電話サービスの高度化のために電電公社が想定した技術水準に満たなかった。電電公社は、当座ケロッグ社の交換機を輸入しながら、1953年9月より、国産メーカーとともにクロスバー交換機開発を進めていくことを決めた（川島［2015］229頁）。

　こうした電電公社の動きに対応して、日本電気、沖電気工業、日立製作所はクロスバー交換機の試作に着手した。富士通は、戦前からドイツのシーメンス社より技術導入を行っており、1952年4月にシーメンス社との技術提携

を復活させ、同社のEMD（エーデルメタル・モーター・ドレベーラー）方式の交換機開発を始めたばかりだった。そのため、クロスバー方式ではなく、EMD方式の交換機の開発を優先した。しかし、気づいた頃には、他社はクロスバー交換機開発に一本化しており、電電公社は富士通以外の3社に試作機を発注していた。1954年11月、開発方針の責任を取って高純一社長が辞任し、富士電機の社長であった和田恒輔が富士通の社長を兼務する形で体制の立て直しが図られた。同年末、同社は1年以上遅れてクロスバー交換機の試作に着手した。山本は当時の交換機課長、小泉吉郎が技術選択に悩んでいたのを傍で見ていた。技術ライセンス料を払ったばかりのEMD方式の交換機を取りやめ、電電公社の調達方針に合わせて、クロスバー交換機の試作に乗り出すなど、想像を絶する状況にあったのだ（山本［1992］32-33頁、山本［1999］88-89頁）。

右往左往する富士通に追い討ちをかけたのが、1956年に電電公社が、全国の小さな電話局向けにクロスバー交換機を納入させ、実機で開発力をテストし始めたことだった。富士通以外の3社はクロスバー交換機の開発体制を整えていた。同社は、遅まきながら、1956年4月にクロスバー交換機の特別開発チームを結成し、責任者に入社6年目の山本が抜擢された。各部署から若手が集められ、突貫工事で開発が進み、同年12月、納入にまでこぎ着けた（山本［1992］32-35頁、山本［1999］90-93頁）。20代の山本は「小さなリーダー」として孤軍奮闘した。当時、富士通の現場のリーダーは、山本のような20代後半から30代前半の若手が務めていた。しかし、早くから会社の命運を握るプロジェクトを経験したことで、経営者や中間管理職の背中を間近に見ることができ、会社の方向性を直に感じられたのは、後に経営者になったときに大きな意味を持った。

課を跨いでコンピュータ開発を手伝う

山本が交換機課で奮闘している裏で、池田敏雄を中心にリレー素子を使っ

たコンピュータ開発が始まっていた。リレー式コンピュータ開発は、交換機に使われていたリレー素子を転用するとはいえ、コンピュータ用にカスタマイズせねばならず、相当な苦労があったが、1954（昭和29）年10月に「FACOM (Fuji Automatic COMputer) 100」として完成を見た。同機を商用化したものがFACOM 128で、1956年5月に文部省統計数理研究所に納品されたのを皮切りに、1958年5月にはレンズ計算プログラムを付してキャノンにも納品された。同機は総計20台ほど販売されたが、ここに同社のコンピュータの歴史が始まる（富士通株式会社［1978］、小林［1983］44-46頁）。

　富士通は、1956年末には技術部を交換技術部、電子技術部、無線伝送技術部の3部門に分け、電子技術部の中に電算機課を擁し、コンピュータ開発体制を固めていった。1958年6月には池田が電算機課長に就任、リレー式に加えトランジスタ式のコンピュータ「FACOM 222」の開発に着手し、同社のコンピュータ事業も熱を帯びてきた。その折、山本は取締役の清宮に「池田君の手伝いを頼む」（山本［1999］96頁）と言い渡され、交換機課にいながら、またもやコンピュータ開発に借りだされた。それは熱中すると徹夜で設計に没頭し、遅刻は当たり前で欠勤も多かった池田のお守り役に近かった。山本は、出社すると、まず電算機課に赴き、池田に代わって設計の手伝いをし、社内の稟議書まで起こした。しかし、それ以前に当のコンピュータ開発はカオスとも呼ぶべき状況にあった。課内ではリレー式からトランジスタ式まで何種類ものコンピュータ開発が同時進行し、職制上、開発、製造、販売もバラバラで統率がとれていなかった。見かねた山本は、入社3年目のプロジェクトで世話になった小林を大阪まで訪ね、助けを求めた。当時、小林は営業部の副部長で関西にいたが、事の大きさを理解し、和田恒輔社長に「新規事業であるコンピュータを軌道に乗せるには事業部制のような体系的な組織作りが欠かせない」（山本［1999］97-98頁）と直談判してくれた。

　ピンチヒッターとして富士通を手伝っていた和田社長は隠居していた古河鉱業の元社長、岡田完二郎を口説き、1959年11月、岡田の富士通第5代社長

就任が決定した。岡田社長は、他の役員のように電電公社の仕事だけで会社を維持できるとは考えず、社内のコンピュータ事業への情熱を躊躇なく拾い上げた。翌々年の1961（昭和36）年3月には、交換機など通信機器を扱う「通信工業部」とコンピュータを扱う「電子工業部」の2工業部体制に改め、コンピュータ事業への積極投資を促し、同年11月にはコンピュータ専用工場を竣工した。さらに、1962（昭和37）年の年頭訓示で「コンピュータに社運を賭ける」と宣言し、同年8月に電算機本部を設立、開発・製造・販売の三位一体のコンピュータ事業推進体制を整えた。本属が交換機課の山本は、トップが社運を賭けると宣言した熱気あふれるコンピュータ事業を傍から羨ましく見ていた。自分もいつかはコンピュータ開発に携わりたいと内心思っていた（宇田［2010］）。

3　エンジニアからプロジェクトリーダーへ

念願のコンピュータ開発を仕切る

山本は1962年5月より富士通研究所の交換研究部配属となり、他社との差を詰めるためクロスバー交換機の先にある電子交換機の研究に取り組んだ。試作機も2台ほど作り上げたが、電子交換の制御部分はコンピュータそのものであり、制御部分に使用する半導体など基礎技術の充実が必要で、商用化は時期尚早とされた。一仕事終えた山本は、1963年5月、研究所兼務という形で、古巣に新設された通信工業部データ通信部システム課課長になった。その折、日興証券の本支店間の株式売買伝票を処理するシステムの受注話が舞い込んできた。証券取引所で株の売買が成約し、取引所の近くにある営業部からテレタイプで出来値を入力すると、一旦、コンピュータに記憶され、適宜、発注元の支店宛に自動的にデータが送信されるシステムの開発依頼だった。従来、テレタイプで出来値を打ち込むと紙テープで出力され、改めて、その紙テープを機械にかけて送信する必要があったが、その手間が解消するという代物だった。当時、電算機本部では、データを回線を使って送信する

機能が付いたコンピュータまで作る余裕がなかった。そのため、山本のいたシステム課が半ば強引に引き取る形で、自ら責任者となって開発に着手した（山本［1999］108-109頁）。山本の心の中では、ついに念願のコンピュータ開発に携われるという気持ちだった。

「FACOM 323電子中継システム」という開発名称でスタートした日興証券のプロジェクトは、交換機というよりも、コンピュータが通信回線につながった「データ通信システム」そのものだった。コンピュータ開発を経験していない、交換機課から派生したデータ通信部システム課にとって荷の重いプロジェクトであった。データ通信部長を兼務していた上司の小泉は有能な人材をたくさんつけてくれた。とはいえ、ハードウェアだけでも難しい作業だった。さらに、入力したデータを自動的に捌くためのソフトウェアも書かねばならず、ソフトウェアのソの字もわからない山本は、ソフトウェアがわかる部下に任せることしかできなかった（山本［1999］110-112頁）。

懸命な取り組みの甲斐あって、1964（昭和39）年4月に無事「FACOM 323電子中継システム」を納入することができた。しかし、納品先の日興証券からは、動かないという苦情が頻繁に来た。ハードは問題なかったが、組んだプログラムにバグ（プログラムの間違い）が頻出した。とうとう、プロジェクト関係者全員を集めた対策会議が開かれることになった。岡田社長は、営業担当に、すぐさまお金を返してくるよう厳しい指示を飛ばす一方、プロジェクトリーダーの山本に対し、2週間ごとに進捗会議をやるので幹事を務めるよう言った。ソフトウェアの専門家ではない山本にとって毎回の進捗会議は修羅場であったが、岡田社長は感情的にならず、冷静に対処した。そして、会議に参加していた電算機本部の池田敏雄に対して、山本を手伝うよう指示する一幕もあった。本来は電算機本部のやる仕事をコンピュータ開発の本流ではないシステム課で強引に引き受けたのだから、手伝う筋合いはないのだが、池田は快く子飼いのスタッフをサポートにつけてくれた。その結果、同年12月に正式稼働までこぎ着けた。もっとも、プロジェクト単体では1億

2,000万円の赤字が出てしまったが、こうしたチャレンジが後に「データ通信は富士通」と呼ばれる技術基盤を構築した（山本［1992］46-48頁、56-57頁）。このプロジェクトを通じて山本が感じたことは、30代半ばの人間に会社の最重要プロジェクトの1つを信じて任せる岡田社長の姿勢であった。のちに山本も、岡田社長と同じ「信じて任せる」スタイルを踏襲していくことになる。

ソフトウェア部門のリーダーになる

富士通が日興証券の株式売買処理システムを開発していた1964年は、日本でデータ通信システムが花開いた時代でもあった。同年2月には、日立製作所が開発に携わった国鉄（現JR）の座席予約システム「MARS（マルス）」が稼働した。同年6月から7月にかけては日本航空や全日空の国内線座席予約システムが相次いで稼働した。これらの開発は、それぞれ日本電気、日立製作所が担当した。同年8月には日本IBMが手掛けた東京オリンピックの競技データの処理・表示を行う「東京オリンピック・システム」がお目見えした（武田［2011］68-70頁）。

山本のいたデータ通信部システム課でも、日興証券のプロジェクトに続く開発案件が検討された。三井銀行が日本IBMの「東京オリンピック・システム」を使ってオンライン預金システムの開発に着手していたことから、都市銀行へのオンライン・システム開発が筆頭候補に上がった。ただし、日興証券のときとは違って、都市銀のシステムは、コンピュータ開発の本丸、電算機本部と協力して進めることになった。山本が商談の責任者となり都市銀行を回ったが、ほとんど相手にされなかった。同社の主取引銀行の第一銀行（現・みずほ銀行）ですらIBMのシステムを入れる方向で、基本設計まで済んでいた。一介のエンジニアの山本には為す術がなかった。そのため、山本は岡田社長との会談で、この商談の成否が同社のデータ通信事業の天王山である気持ちを「社長、第一銀行に翻意してもらうしかありません。お願いし

ます」（山本［1999］114頁）という言葉に託した。それを受けて、岡田社長自らが第一銀行の長谷川重三郎頭取にトップセールスをかけ、契約先を切り替えてもらう一幕もあった。

　全社一丸のセールスが奏功し、1966（昭和41）年夏、第一銀行のオンライン預金システムを成功裏に受注できた。これを受けて、同年8月、ソフトウェア開発部を新設し、同システム用のOS開発に着手した。池田が部長、山本が次長となってスタートした同部は、コンピュータ開発の母体である電子工業部と交換機開発の母体である通信工業部の両部門に跨がる形で設置され、両部門のソフトウェア・エンジニアが集められた。池田はいつものように現場に現れなかったので、実質的な責任者は山本が担った。山本は、これまでの経験からソフトウェア開発には若い優秀な人材が大量に必要だと感じていた。そのため、岡田社長に対し、全社から大量にソフトウェア開発要員を集めたいと直訴し、許諾を得ることに成功、200人体制の部門となった（山本［1999］117-118頁）。

　山本がリーダーとなって開発が進められたオンライン預金システムのOS開発は、大規模なソフトウェア開発経験のなかった富士通にとってチャレンジングなものだったが、それ故に、その後の同社発展の基盤を築いた。なかでも、コンピュータが複数のタスク・スケジューリングをするのに必要な、オペレーティング・システム（OS）の開発が躍進した。OS自体は1964年4月にIBMがリリースした新しい設計思想を持つ大形コンピュータ「システム／360」に搭載されたばかりのソフトウェアだった。同社も1966年3月に大形コンピュータFACOM 230-50を制御するための同社初のOS、MONITOR Ⅱを完成させていた。ただし、オンライン預金システムは、コンピュータが通信回線につながっており、次々と新しいタスク（処理）が割り込んでくる。複数の処理を同時並行的に行うには、既存のOSにリアルタイム処理機能を付加する必要があった。また、ソフトウェア開発部とはいえ、その筋の専門家は少なく、他部門から集められた即席メンバーがOSの概念を学び、

地道に開発を進めていた。同部門の努力が実り、リアルタイム処理機能付きのOS, MONITOR Ⅳを完成させ、1968年11月には第一銀行にシステムを納品することができた（山本［1999］116頁）。山本はソフトウェア開発部の実質的なリーダーとして富士通の主要コンピュータ開発に携わってきた。それ故、その後の同社のグローバル展開に伴う戦略転換の大波に否応なしに飲み込まれていく。

アムダール・プロジェクトとグローバル展開

　富士通が第一銀行のオンライン預金システムを受注する少し前より、同社の中では大きな議論が巻き起こっていた。議論の発端は、確実視されていた1964年の東京大学大型計算機センターの商談が取れなかったことにある。RCA社と技術提携をし、IBMマシンと互換性のあるコンピュータを作っていた日立製作所に競り負けたのだ。開発のリーダー、池田敏雄は、富士通が外資系企業と提携せず、独自にコンピュータ開発を進めてきたことに誇りを持っていた。そして、富士通の純国産志向に共鳴してくれた人々が支援の手を差し伸べてくれていた。先の第一銀行頭取もその一人であった。しかし、東大側からは「これからはどうしても国際互換性を考慮しなければならない。大学の研究者が書くプログラムは……国境を超える。だから、その元になっているOSは……世界的に普及しているIBMとの互換性がないと困る、富士通のコンピュータはIBMとかけ離れ過ぎている」（山本［1992］66-67頁）との指摘を受けた。富士通の戦略選択が意図せず裏目に出たのが東大の大型計算機センターの商談であった。この指摘は富士通に2つの問題を突きつけた。まず、コンピュータは、ただ性能が良ければいいのではなく、「ユーザーの利用価値が高い提案がなされなければいけない」こと。そのためには、世界中で最も利用されている「IBMの設計思想に倣ったコンピュータを作る必要がある」ということであった。これを機に池田は国際互換性を持つコンピュータ開発に邁進することになる。

その戸口を拓いたのは、ジーン・アムダールというコンピュータ設計のトップエンジニアとの出会いだった。奇しくも第一銀行にシステムを納入した1968（昭和43）年11月に、富士通の技術畑全般を統括していた尾見半左右専務が、次世代コンピュータの開発方針の違いによりIBMを退社しようとしていたジーン・アムダールと会合を持った。好感触を得た尾見は、池田にアムダールに会うよう勧め、同年12月、最初のアムダール＝池田会談が持たれた。池田はアムダールに惚れ込み、その場で富士通への協力を求めたほどだった（山本［1992］68-69頁）。富士通は1970年10月に、IBMを退社し、アムダール社を立ち上げたばかりのアムダールを日本に招き、講演会を開催し、歓待した。そして同年末、池田は「アメリカでドクター・アムダールに会うから一緒に行かないか」（山本［1992］69頁）と山本を誘い、一緒に渡米し、アムダールから話を聞く機会を持った。アムダールは「高性能コンピュータ本体だけの製造に特化する」という事業方針を掲げ、①当代最速のコンピュータを製造すること、②そのために演算部分は全面的にLSI化すること、③基本ソフト（OS）は、ユーザーが使用しているIBMのものをそのまま使うことなどを説明してくれた。とくに最後の点に関して、アムダールは「IBMのOSはパブリックドメインにあり、すべてのユーザーに開かれた公共財」と考えることができ、これがIBMマシンとの互換性を担保する戦略の前提であると熱く語った（山本［1999］125頁）。

　池田は「IBMのOSは公共財である」という考え方に心酔し、彼の頭の中では、アムダール社を支援しながら、富士通の「IBM互換機戦略」を組み立てていくプランができあがっていた。一方の山本は、アムダールの説明で腹落ちした訳ではなかったが、翌1971年5月に池田とアムダール社を再訪する頃には、アムダールの掲げる「IBM互換機戦略」の意義を理解していた。とはいえ、当時、大形コンピュータを開発・製造するというベンチャー企業など聞いたことがなく、ベンチャーキャピタルが資金面で支援すると言われても、コンピュータ開発に苦労してきた山本にとって、果たして資金が続く

のか疑問だった。山本は池田に「アムダールさんは、すばらしい技術者ですが、経営者としてどうかな。惚れすぎてはいけませんよ」（山本［1999］128頁）と直言し、池田のひんしゅくを買う一幕もあった。

　5月の会談から富士通とアムダール社の間で、IBM 互換機開発に向けての戦略提携の具体的プランが築き上げられていった。1971年8月には、すでに開発がスタートしているアムダール社のマシンに加え、メモリの有効管理を可能にする仮想記憶の機能が搭載された富士通仕様のマシンも開発していくことが、両社のトップ会談で調印された。そして、同年10月、アムダール社への18億円もの出資を含む戦略提携の基本契約が結ばれ、共同開発プロジェクト、通称「アムダール・プロジェクト」がスタートした。1970年よりソフトウェア技術部長であった山本は、富士通仕様のマシン向けのソフトウェア開発に追われる毎日だった。

　しかし、1973年の秋口から、山本はこのプロジェクトの雲行きが怪しいと感じ始めていた。アムダール・マシンの開発工程が遅れ始めたのに加え、同年11月の株式公募が上手くいかず、代わりに富士通が資金援助していたからだった。また、半年前に競合の IBM が発表した次世代機システム/370にアムダール・マシンにはない仮想記憶機能が付いており、市場化が遅れると製品価値が下がる恐れもあった。そのため、1973年12月、副社長の清宮と池田が渡米し、アムダールと会談を持ち、これまでカネは出すが経営には口を出さない方針でいたが、今後は共同開発計画の根本的な見直しを含む経営介入を行う旨を伝えた。これに対しアムダールは断固反対した。1974年1月、アムダール社の株式公募が再び失敗したことで、富士通は、膨れ上がったアムダール社の従業員数の削減を要求した。また、富士通は大株主のベンチャーキャピタルのハイザー社と会談を持ち、アムダールに代わる CEO の招聘を決めた。

　これに対し、従業員の反発が起こり、代表団が東京に抗議に来た。代表団と面会したのは山本であった。代表団は富士通がアムダールを乗っ取るつも

りか、アムダール氏を退任させるなと激しい口調で迫ってきた。山本は、アムダールを退任させるのではなく、CEO から退いて、会長になって頂くだけだと何度説明しても埒が明かなかった。とうとう、山本も「日米間では不幸な戦争があったが、話を聞いていて、国と国の間に戦争が起こる理由がよくわかった。疑惑が誤解を呼び、この誤解がさらに疑惑を深めるんだ」（山本［1999］133-134頁）と言い放った。さすがの代表団も「私たちは、富士通と戦争するつもりで来たのではない」（山本［1999］134頁）と語り、静かに帰っていった。

富士通は、1974（昭和49）年3月、アムダール・プロジェクトを継続するために、当初、共同開発する予定だった仮想記憶装置の付いた富士通仕様のマシンを富士通が全面的に担当し、そのための LSI も同社が全面供給することを決定した。同年7月にはハイザーと池田両氏の説得により、アムダールは CEO の座から降りることに合意した。代わって、元 GE のユージン・ホワイトがアムダール社 CEO に着任し、富士通との関係はノーマライズしていった。そのような中、同年11月、欧米を股にかけたコンピュータの商談や、アムダール社との交渉で多忙を極めていた池田敏雄が急逝した。富士通のコンピュータ開発の中心的存在で、コンピュータに社運を賭けた同社の精神的支柱でもあった池田を失った悲しみは大きかったが、山本は、池田の電子事業本部長のポストを引き継ぐ形で、アムダール・プロジェクトを粛々と進めていった。同年12月、アムダール社は NASA より受注を獲得し、翌1975年6月、富士通仕様のマシン「470V/6」がアムダール1号機として NASA のエイムズ研究所に納入された（山本［1999］134-139頁）。

アムダール・プロジェクトと並行して、通産省主導で「コンピュータ業界の再編」が進んでいた。富士通は IBM 互換機路線を取ることで一致した日立製作所と提携することになった。1974年11月に両社で開発を進めていたコンピュータ「M シリーズ」が発表されたのを機に、富士通は「M シリーズ」を、オーストラリアを皮切りにスペイン、ブラジルなど世界中に売り込んで

いった。さらに、1978（昭和53）年4月にはシーメンス社と広範囲の提携を結び、ヨーロッパ大陸へ「Mシリーズ」を売込むための橋頭堡を築いた（富士通株式会社［1986］139-140頁）。しかし、富士通がIBM互換機を世界中に販売し、IBMのマーケットに食い込んだことで、IBMからの逆襲を受けることになる。

4　経営者として

社長就任と荒波の船出

山本は、1975（昭和50）年に取締役、1976年に常務、1979年に専務に昇進し、1981年6月の株主総会で正式に富士通社長となった。同年3月末の記者会見で「技術開発に注力する」「営業力を強化する」「健全な経営管理の徹底」を三大方針とする一方、70年代後半からのグローバル展開を一層推し進めた。とりわけ、IBMのソフトウェアが利用できるIBM互換機「Mシリーズ」の売上伸長は目覚ましく、富士通は70年代末に日本IBMを抜いて日本市場でトップシェアを獲得した勢いのまま、海外にも雄飛していった（山本［1999］154頁）。

ところが、山本の前には幾多の試練が待ちうけていた。最初の試練は「AT＆Tノースイースト・コリドー光プロジェクト」にまつわるものだった。AT＆T社はボストン～ワシントンDC～リッチモンドを結ぶ光ケーブル敷設の国際公開入札を実施した。社長就任直後の8月、山本は入札で1番低い価格を付けた富士通が落札したとの情報を得た。ところが、入札に参加した米国企業が、日本企業が米国の通信市場に入ってくるのは国防上問題であると当時のレーガン政権の高官に進言した。以降、政府関係者が異議を唱え始め、米連邦通信委員会（FCC）の委員の1人はダンピングだと決めつける始末で、富士通の正当な入札が政治問題と化した（山本［1999］156頁）。

1981年10月、AT＆T社は、傘下のウェスタンエレクトリック（WE）社から受注することを決定した。山本にとって、70年代に独占禁止法で、傘下

のWE社からの調達を制限されていたAT＆T社が、国益という名の下に
WE社から調達したことに納得できなかった。富士通は、電電公社と共同開
発した最新の光伝送技術を盛り込んだ高性能かつ低価格の製品を携えて入札
に臨み、いかなる瑕疵もなかった。政治問題に対し及び腰になる経営者が多
い中、山本は富士通の正当性を認めさせるために渡米し、AT＆T社に直接
抗議した。米国では特攻隊の生き残りが来たと揶揄されたが、毅然とした態
度で臨んだ結果、AT＆T社長は、富士通の提案が最低価格であり、技術的
にも優れていたことを認めた。しかし、WE社の受注は国益に適うという点
は譲らなかった。同時に抗議声明も発表し、FCCの委員には公開質問状を
送り、ダンピング発言は撤回させたが、入札結果は覆らなかった。公平性を
主張する山本には首肯しがたい出来事だったが、逆に、マスコミを通じて富
士通の技術の優秀性がアピールされ、AT＆T社の競争相手であるMCIコミ
ュニケーションズ社が、富士通の光伝送技術に注目し、積極的に調達してく
れた（藤崎［2008］4-5頁、山本［1999］157頁）。

米国IBMとの知的財産権紛争

　正当な立場を頑として主張し続ける山本の態度は、次なる試練、IBMと
の知的財産権紛争の中でも奏功した。事の発端は、1982（昭和57）年6月に
日立製作所と三菱電機の米国駐在員が米国IBMの機密情報を盗んだ件で逮
捕されたことにある。米連邦捜査局（FBI）がダミー会社を通して米国IBM
の技術を販売する「おとり捜査」の網に、日本企業が引っ掛かった、いわゆ
る「IBMスパイ事件」である。この一件は、1980年の米国著作権法改訂が
火元だった。同法改訂により、コンピュータのプログラムが著作権で保護さ
れるようになり、ソフトウェアの知的財産権侵害に関する紛争が頻出した。
とりわけ、IBMのソフトウェアとの互換性を担保したIBM互換機を開発・
製造していた日本企業に大きな影響を与えた。1982年10月、米国IBMが「富
士通はIBMのソフトを無断でコピーして使用しており、いますぐコンピ

ュータの販売をやめるべきだ」（山本［1999］160-161頁）と通告してきた。無断コピーに心当たりのない山本率いる富士通は、米国IBMにライセンス料を支払うのでソフトウェアを供与してくれるよう要請した。しかし、米国IBMがこれを拒否したため交渉は8カ月も続いた。

　1983年6月末、富士通はようやく米国IBMとの間で和解契約を取り付けることができた。和解契約では、和解金支払のほか、IBM互換機の製造に必要な接続情報の取り決めである「エクスターナル契約」が締結された。結果、指定のIBM互換プログラムはロイヤルティを払えば、富士通は自らの顧客に自由に販売できることが認められた。ただし、富士通が販売したIBM互換プログラムは、第三者組織にも同時に保存され、IBM側は、著作権法に違反していないか、いつでも自由に、そのプログラムを分析できるよう取り決められた（伊集院［2008］6頁）。

　しかし、米国IBMは1984年11月に富士通の互換プログラムの中に新しいコピーが発見されたので、再交渉したいと通告してきた。米国IBMは、1970年に発表したコンピュータ、システム/370のソースコードをパブリックドメインに置き、一般公開していた。アムダール社や富士通は、この情報を元に互換機を作り、世界中のIBM市場に乗り出した。そのため、IBMは1983年に発表された新型のマシン、システム/370-XA以降、ソースコードを著作権法で厳しく管理し、従来のマシンとアーキテクチャも変え、簡単にコピーできないようにした。ところが、富士通の最新の互換機用プログラム（MSP）は、IBMの新型のマシンにも対応していた。このことに米国IBMは疑念を持ち、さまざまな調査を経て、富士通側に通告してきたのだった。富士通側は70年代から互換機路線を追求し、米国IBMの次世代開発戦略を徹底的に調べ上げ、米国IBMの次世代機をほぼ予想した開発体制を整えていた。そのため、米国IBMの新型マシン発表から1年で、それに対応した互換機を市場化したのだが、逆に疑念を持たれてしまった。山本はこうした一連の法務処理を、常務の二宮昭一と海外事業本部長の鳴戸道郎の2人に全

権委任し、終始、信じて任せる態度を貫いた。もちろん、陸軍出身の山本流の規律の維持も忘れなかった（伊集院 [2008]）。山本は要所で「為さざると遅疑するとは指揮官の最も戒むべき所とす。これこの両者の軍を危殆に陥らしむること。その方法誤るよりも甚だしきものなし」（宇田 [2011]）と語り、士官学校で学んだ指揮官の心得を使って、何もしないでいると組織を危機に陥れると幹部を喝破したのだった。

　しかし、違法にコピーしたと考える米国 IBM と、合法的に開発したという富士通の話し合いは平行線を辿り、米国 IBM は1985（昭和60）年7月、和解契約規定に則り、米国仲裁委員会（AAA）に同案件を持ち込んできた。AAAのシステムは、双方の話をよく聞き妥協の道を探るが、控訴ができず一発勝負なので細心の注意が必要だった。最初の難関は仲裁人探しであった。富士通は幸運にも極めてフェアな精神を持つ大学教授を引き当てた。仲裁法廷で、米国 IBM は、富士通側に機密情報の不正入手があり、富士通の互換プログラムは著作権侵害に当たるという論陣を張ったが、選ばれた仲裁人たちは、プログラムの互換性に焦点を当てた。結局、コンピュータのユーザーにとって何が大切かという点で議論が重ねられ、ユーザーにとって IBM と富士通の2つの選択肢があるのは良いことだとの結論に至った。1988年11月の最終裁定で、富士通が開発した互換ソフトウェア開発にはコピーなどの不正は認められず、免責の対象となった。ただし、IBM 互換プログラムの開発に必要な情報利用は有償とされた。さらに、富士通に対して、米国 IBMへ310億円の和解金を支払うよう命じた。富士通は、1983（昭和58）年の和解契約から累積して1,000億円ほどを米国 IBM に支払ったが、互換機継続の正当性を手に入れた。山本が語っているように「大義名分は富士通が取ったけれども、金銭面では IBM が取った。結局よい別れであった」（宇田 [2010]）のだ。

ICL 出資合意調印式（富士通株式会社所蔵）

グローバル経営の展開

　山本の社長在任期間は、日米貿易摩擦の渦中で、企業防衛に掛かりっきりのように見えるが、実はそうではなく、グローバル戦略を二方面から、したたかに進めた。一方は、アムダール社、シーメンス社との提携強化である。富士通は1984年4月、ハイザー社からアムダール社の株式を譲り受け、筆頭株主になった。ただし、米国IBMとの知的財産権紛争の最中のため、完全子会社化は避け、出資比率を49.1%に留めた。シーメンス社とは株式持ち合いによる提携強化を狙ったが受理されなかった。もう一方は、英国のコンピュータ会社、ICL（International Computers Ltd.）の買収で、山本が最後に手掛けた案件である（実際の買収は退任後）。富士通とICLの付き合いは長く、山本の社長就任年の1981年にICLが資本参加を求めてきたことに始まる。グローバル戦略に着手し始めた富士通にとってICLへの出資まで手が回らず、同年12月、ひとまず技術供与を中心とする基本協力提携を結んだ。その後、米国IBMとの紛争に巻き込まれるが、AAA最終裁定で和解が成立した直後の1989（平成元）年、再びICLが資本参加を求めてきたことを契機に両

社の会談が進んだ。富士通は、米国IBMとの和解金支払いなど資金収支の目途が立ち、海外企業の買収を計画していたので、資本参加による単なる共同経営には関心がない旨を伝えると、ICLは80％以上の株式の単独買収案を提示してきた。山本は海外企業を買収できる希少なチャンスに懸けることを決めた。当時、富士通はグローバル戦略が奏功し、売上が２兆円を超え、経常収支も1,200億円を超え、追い風が吹いていたからだった。しかし経営会議では、1,800億円もの大型買収案件に対し、経理サイドから反対意見が飛ぶなど激しい議論を呼んだ。グローバル戦略をトップダウンで推し進めてきた山本だったが、自身が経験のない営業や経理分野の役員の意見には真摯に耳を傾けた。そして、結論が出るまで何度でも会議を開き、徹底的に議論した結果、買収が決議された。富士通は1991（平成２）年11月、ICLを傘下に収め、アムダール社、ICLを擁する日米欧三極体制を確立することになった（山本［1999］182-188頁）。

おわりに

　山本のキャリアを見ると営業や経理部門を全く経験せず、技術畑一筋で経営者に上り詰めた。一見、狭く見える彼のキャリアをつぶさに見ると違った様相が見えてくる。まず、大卒入社が少なかったため、20代は新規事業プロジェクトのメンバーとなり、知識の乏しいコンピュータ開発に放り込まれたり、クロスバー交換機の開発チームのリーダーを突如任されたり、濃密な経験を積んだ。30代から40代にかけては、課長や次長となり、会社の屋台骨を支える証券取引所のシステム開発プロジェクトのリーダーや、銀行オンライン・システムのソフトウェア開発のリーダーを務めた。山本は深い専門知識に通じていたわけではないが、やりながら学ぶことに終始し、仕事においては部下を「信じて任せる」ことを信条とした。さらに、当時、課長の上は部長、その上はすぐ役員という具合に階層が少なく、トップの息遣いが身近に感じられるなか、経営判断とは何かを学んだ。同時に、階層が多い現在と比

べると、一介の課長が相当スケールの大きな仕事を担い、予算折衝まで行っていた。山本が経験してきたプロジェクトは、すべて富士通の命運を握るものばかりだった。しかし、このことが、将来を見据える山本の洞察力を鍛え上げた。社長になってからのブレのない一貫したグローバル経営は、そうした経験の賜物だろう。また、政治的圧力に屈しない強靭な精神は陸軍士官学校で、戦闘的でありながらも狭隘な思考に陥らない柔軟な姿勢は、青年期の教育を通じて身に付けた教養の賜物であろう。「よく働き、よく遊べ」と部下を喝破した山本は、『孫子』を諳んじ、ピアノを嗜み、アユ釣りを愛する教養人でもあったのだ。

(参考文献)
伊集院丈［2008］『雲の果てに　秘録　富士通・IBM 訴訟』日本経済新聞社。
鵜飼直哉・宇田理・喜多千草・発田弘・松永俊雄・山田昭彦［2012］「古機巡礼／二進伝心：オーラルヒストリー：山本卓眞氏インタビュー」『情報処理』Vol. 54 No. 5、所。
宇田理［2010］「宇田理による山本卓眞氏へのインタビュー（2010年11月30日）」。
宇田理［2011］「第7章　山本卓眞と北城恪太郎──電子立国への歩みを支えたハイテク企業とそのリーダー」、佐々木聡編『日本の企業家群像Ⅲ』丸善出版所収。
遠藤諭［1996］『計算機屋かく戦えり』株式会社アスキー。
大河原克行［2010］「情報処理学会　創立50周年記念全国大会　私の詩と真実『先人に学ぶ』」（http://enterprise.watch.impress.co.jp/docs/news/354061.html：2016年10月30日）。
小林大祐［1983］『ともかくやってみろ』東洋経済新報社。
川島幸之助［2015］「公衆通信網における交換システムの系統化調査」『技術の系統化調査報告書』第22集。
川田恵三［1991］『富士通って誰？』にっかん書房。
武田晴人編［2011］『日本の情報通信産業史』有斐閣。
中川靖造［1990］『NTT技術水脈』東洋経済新報社。
中村裕一郎［2013］『アライアンス・イノベーション』白桃書房。
藤崎道雄［2008］「北米の光通信ビジネスへの参入と展開」『通信ソサエティマガジン』

No. 5、夏号。
富士通株式会社［1976］『社史Ⅱ』。
富士通株式会社［1978］『池田記念論文集　FACOM開発を中心として』。
富士通株式会社［1986］『社史Ⅲ』。
丸山武［2012］「名誉会員　山本卓眞を偲ぶ」『情報処理』Vol. 53 No. 4。
山本卓眞［1992］『夢をかたちに』東洋経済新報社。
山本卓眞［1999］『【私の履歴書】志を高く』日本経済新聞社。

13 大関・長部文治郎の系譜——伝統を醸す——

寺地　孝之

はじめに

　近年における若年層の清酒（日本酒）離れ、あるいはアルコール飲料離れの傾向は強く、清酒の消費量は減少の一途をたどっている。清酒生成数量は、2014（平成26）年現在でピーク時（1973〔昭和48〕年）の約30％、44万1,845kℓにまで落ち込んだ。いわゆる酒蔵（清酒製造免許場）も1959（昭和34）年の3,990蔵をピークとして、2014年現在で1,634蔵となり、半減以下の厳しい状況である。一部に「地酒ブーム」はあるものの、地酒は料飲店での清酒の単価を引き上げるため、結果として清酒全体の消費量増大にはあまり大きくは貢献していないのが現状である。

　こうした「清酒離れ」の傾向が続く中で、いわゆる「団塊の世代」もいよいよ定年を迎え、もはや昭和の銘品「ワンカップ大関」を日常的に愛飲する世代は少なくなってきた。それでもなお、全国の大規模小売店、あるいはコンビニエンスストアにおいてこの「ワンカップ大関」を店頭に並べていない店舗は今なおきわめてわずかである。本章では、創醸以来3世紀有余にわたる歴史を有し、つねに「魁（さきがけ）」の精神をもって市場に挑み続け、高度成長期の真っただ中で「ワンカップ大関」を世に問うた大関株式会社の経営者、長部文治郎の系譜をたど

ワンカップ大関（大関株式会社所蔵）

ってみよう。

1 大坂屋から大関へ

江戸期の大坂屋――「大坂屋」から「長部」へ――

　大関は、従来より今津村にあって廻船業のかたわら油屋と干鰯屋を兼営し、さらに酒の小売りも行っていたと想定される大坂屋をその祖とするが、その創醸年を1711（正徳元）年とすることについては、これを実証する資料は今日ほとんど残されていない。とりわけ、1945（昭和20）年8月の戦災においては「家財ノ共々全部灰燼ニ帰シ」たため、今日、長部家の歴史を遡るに当たっては、「僅ニ残存セシ仏事用の過去帖並ニ古老ノ口伝ヲ便リ再著」された『長部家経歴』以外には長部家自体に伝えられる資料は何も残されてはいない。したがって、これまで連綿と受け継がれてきた大関経営者としての「長部文治郎」ではあるが、その系譜を過去に遡って検証することは、今となってはほとんど不可能に近い作業である。そして、長部家内においてわずかに今日まで語り継がれているその歴代の系譜は、表1のとおりである。

　すなわち、大坂屋は元和年間（1615～24年）に豊臣氏に随身した長曽我部一族の後裔であって、豊臣、徳川の大坂の陣の後今津郷に移住し、1711年にはじめて酒造を業とする。大坂よりの移住ということで、今津に在っては家号を「大坂屋」と称し、呼名を「長兵衛」と名乗った。過去帳や墓碑によれば、初代大坂屋長兵衛が没したのは1727（享保12）年で、それに10年先立つ1717年にその妻が没しているから、それから推測するに長部家自体が興されたのは、創醸年とされる正徳元年よりも以前であったと考えられる。さらに、3代目までは大坂屋長兵衛を名乗り、3代大坂屋長兵衛は1765（明和2）年に没している。4代目は1737（元文2）年の生まれで、1765年に改名して大坂屋文次良を名乗った。1767年の「酒家銘々算用帳」（今津酒造組合文書）の中に今津村南組酒造家18人のうちの一人としてはじめて登場する「大坂屋文次良」とはこの4代文次良である。

その後、文化年間（1804〜18年）に至り、功ありとして名字帯刀を許されたため、長曽我部のうちの「曽我」の字句を除いて「長部」の姓を名乗るようになった。当時の5代目の家主より長部の姓を名乗り、5代目は長部長兵衛、6代目は長部文次郎と称した。7代目に至ってはじめて「長部文治郎」の名を用い、その長子、長部英三郎が8代文治郎を襲名した。爾来、長部恒三郎が9代文治郎、長部昇一が10代文治郎、長部恒雄（現名誉会長）が11代文治郎をそれぞれ襲名し、今日に至っている。

創業家の名を冠した「大坂屋長兵衛」
（大関株式会社所蔵）

　1805（文化2）年には、5代長兵衛が今津南組において庄屋を務めた。さらに1810年には、これを遡ること17年前の1793（寛政5）年にやはり今津郷の酒造家のひとりであった飯田彌右衛門の嗣子伊兵衛によって築かれていた今津港に、船の出入りに便を図るため私費を投じて港頭に灯台を建設することとし、大坂谷町奉行所に願い出て、同年4月にこれが許可された。この灯台には毎夕丁稚がかわるがわる油2合ずつを携えて点灯に向かったが、これは灯火が電灯に代わる大正初期に至るまで、どんな豪雨風雪の日でも途絶えることなく続けられた。その後、1968（昭和43）年には航路標識としての許可を受け、今日でも現役最古の灯台としてその役割を果たしている。なお、2010（平成22）年11月1日には、大関酒造今津灯台創建200周年記念式典が挙行された。

　5代長兵衛は病弱でもあったために、武庫郡武庫村守部（現・尼崎市）の東（あずま）半兵衛の次男為二郎を婿養子として迎えていたが、1814年の5代目死去

表1　長部文治郎の系譜

初代	大坂屋長兵衛	〈　？　～1727（享保12）年〉
2代	大坂屋長兵衛	〈1657（明暦3）年～1741（寛保元）年〉
3代	大坂屋長兵衛	〈　？　～1765（明和2）年〉
4代	大坂屋文次良	〈1737（元文2）年～1819（文政2）年〉
		・1765（明和2）年に4代目を継いで大坂屋文次良を名乗る
5代	大坂屋長兵衛 ＝ 長部長兵衛	〈1772（安永元）年～1814（文化11）年 【文化年間（1804～1817）における名字帯刀の許しによる】
6代	長部文次郎	〈1790（寛政2）年～1866（慶応2）年〉
		幼名：為二郎（婿養子）
		・1819（文政2）年に6代目を継いで長部文次郎を名乗る
7代	長部文治郎	〈1825（文政8）年～1895（明治28）年〉
		・幼名：辰次郎
		・1866（慶応2）年に7代目を継いで、初めて「文治郎」を名乗る
		・隠居〈1889（明治22）年〉後は文一
8代	長部文治郎	〈1851（嘉永4）年～1938（昭和13）年〉
		・幼名：英三郎
		・1889（明治22）年に襲名
		・隠居〈1905（明治38）年〉後は文一
9代	長部文治郎	〈1873（明治6）年～1962（昭和37）年〉
		・幼名：恒三郎
		・1905（明治38）年に襲名
		・隠居〈1937（昭和12）年〉後は文二
10代	長部文治郎	〈1899（明治32）年～1966（昭和41）年〉
		・幼名：昇一
		・1937（昭和12）年に襲名
11代	長部文治郎	〈1926（大正15）年生〉
		・幼名：恒雄
		1966（昭和41）年に襲名

注：本表は、長部家ならびに大関株式会社においてこれまでに作成された文書類を整理し、再構成したものであって、必ずしも確定的なものではない。

に伴い、1819（文政2）年、為二郎が6代目を継いで長部文次郎と名乗った。6代文次郎はもっぱら質素倹約を旨として無駄を省き、例えば家業の廃物の利用法にも意を注いだ。元来酒造業にあっては藁製品を大量に使用するが、6代文次郎はこれを拾い集めて一定の場所に蓄積し、酒造の閑散期となる毎年7、8月頃には家のものを使ってこれを整理し、普請用として蓄えるとともに、残りの藁屑で藁灰をつくり俵に詰めて近隣の農家に灰肥料として分譲

したという。なお、長部家の繁栄を祈念して、1835（天保6）年3月には自らの出身地である守部の神社の社頭に大きな石灯籠一対を奉納している。こうして6代文次郎は、義父5代長兵衛の期待に応え長部家に隆盛をもたらした。1858（安政5）年6月に今津灯台を修理再建したのはこの6代文次郎である。

明治期以降の大坂屋──「万両」から「大関」へ──

　6代文次郎の長男、辰次郎は1866（慶応2）年に家督を相続したとき、はじめて「文治郎」の名を用い、7代長部文治郎を名乗った。爾来7代文治郎は、1889（明治22）年に8代文治郎に家督を譲るまでの20年余り、東京市場の混乱、大坂廻着米の減少、米価の高騰という悪条件の連続の中にありながらも、堅実を旨としてもっぱら家業の酒造業に傾注した。また、町村制が実施される以前の1875年までは、今津南組戸長も務めた。

　さらに、1884年2月21日には、5代長兵衛による今津灯台の建設と6代文次郎によるその修理再建、並びにこれまでの看守が認められて、7代文治郎に対し藍綬褒章と銀盃が下賜された。その章記には、「文化七年祖父長兵衛航海ノ便ヲ計リ私費ヲ以テ居村海岸ニ灯台ヲ建設シ看守シ点灯七十余年ノ久シキ即チ公衆ニ利益ヲ与ヘシ成績著名ナリトス　依テ明治十四年十二月七日勅定ノ藍綬褒章ヲ賜ヒ其善行ヲ表彰ス」とある。

　同じく1884年には、わが国ではじめて「商標条例」が発令され、これに伴いあらためて各酒銘の整理登録がなされた。このとき7代文治郎はそれまで続いていた「万両」という酒銘を「大関」に改めた。「大関」という商標は東京北新川の酒問屋播磨屋中井新右衛門方の売手役をしていた山下政吉の考案によるもので、同酒問屋の支配人高木藤七と7代文治郎、並びにその長男英三郎とが相談、協議の結果、採用が決定された。

　当時の「大関」の二字は「大」の字を右上に「関」の字を左下に書くこととされた。「大関」が決まるまでに商標を「横綱」にしてはとの話もあったが、

横綱では出世の行き止まりになる、商売には行き止まりはいけない、伸びなければならないとの意見が出され、最終的に「大関」と決定した。また「大関」が「覇者」を意味し、また、「大出来」に通じるところも、当時の関係者たちの好むところであった。なお、商標登録時の「大関」の二文字は8代文治郎が揮毫し、これを東京の「大関」一手捌きの問屋となった中井商店に送ってヒゲなどをつけたものである。

　8代長部文治郎は、7代文治郎の長男として生まれ、幼名を英三郎と名乗り、1889（明治22）年に8代文治郎を襲名した。8代文治郎は家業に精励のかたわら1917（大正6）年に至るまで今津村の学務委員を永く務め、校舎の建築をはじめ学校教育に積極的に協力して今津小学校発展の基礎をつくった。とくに校舎の増改築に際しては自ら進んで工事を監督することもしばしばであったという。また、有為の苦学生に奨学金を支給するなど、教育には深い関心を払った。例えば灘中学校（現在の灘中・高等学校）が、「白鶴」の嘉納治兵衛、「菊正宗」の嘉納治郎右衛門、「櫻正宗」の山邑太左衛門らによって結成された灘育英会によって1927（昭和2）年に設立されたことは広く知られるところであるが、この8代文治郎を含めてこうした灘の酒造家達の教育に対する深い関心はこの頃より滔々と流れ続けてきたわけである。

　また、大正初期まで今津浜は美しい砂浜で、しかも遠浅であったために海水浴には好適であったが、8代文治郎は9代文治郎とも相談の上、私費で毎年、海辺によしず張りの屋根を持つ脱衣場を設置して、一般海水浴客の利用に開放した。企業における社会貢献活動の先駆であるといえよう。

2　長部文治郎の系譜——「大関」の経営者として——

人に資す——「技術の人」、9代長部文治郎——

　9代長部文治郎は、幼名を恒三郎といい、1873年11月19日、8代文治郎の長男として生まれた。母は津義（つぎ）といい、伊丹の渡辺家から嫁し長男恒三郎、長女うた、次男静三をもうけたが、1885年3月24日、三児を遺し33歳の若さ

で他界した。当時、恒三郎はまだ11歳であった。

　1880年、恒三郎は今津小学校に入学するが、当時はまだ校舎がなかったため、今津村常源寺の坊舎で教育を受けた。このような仮住まいの学舎であったとはいえ、この今津小学校の設立は1873年のことで、わが国で学制が発布された1872年のわずか8カ月後のことであった。なお、その後、今津村にはじめての校舎が現在の位置に建てられたのは1882年であって、その年の7月2日に落成したことから、現在ではこの日が同校の創立記念日に指定されている。

　恒三郎は、少年時代から非常に学問好きであり、今津小学校から神戸商業学校に進み、さらに1890年4月に市立大阪商業学校（のちの大阪高等商業学校、現在の大阪市立大学）に進学し、1893年3月に卒業した。恒三郎が在学中に同校の校長となった成瀬隆蔵は英国留学の経験を持ち、同校の教育の主眼を紳士紳商の養成に置いて徳育をとくに重視していた。しかし、当時はまだ一般には商売人に上級学校の教育は必要ではないと考えられていた時代であった。こうした時代にありながら、恒三郎は大阪の親戚の許へ寄宿して同校を立派に卒業した。

　恒三郎は学生時代から長男として大関の名声を保持し、さらにそれを高めてゆかねばならない立場にあることを自覚し、その責任の重さをしばしば口にしていたといわれる。とりわけ、学校を卒業するや酒造に関する知識と技能の修得に専念し、いずれは経営者という地位に就く立場にありながら、伝統的な技術を理解することに身を惜しまなかった。毎朝早く起きて、まだ暗いうちからきき酒などをしながら各蔵を廻るのが恒三郎の日課となっていた。

　恒三郎は1897年12月、今津村鷲尾政五郎の八女峯と結婚した。鷲尾家は昔は小豆嶋屋といい、今津郷において正徳期以来、着実に経営を拡大してきた大手酒造家であった。この峯との間に1899年4月8日出生したのが長部昇一、のちの10代文治郎である。そして、1905年2月3日、満32歳のときに恒三郎は、8代文治郎より家督を譲り受け、9代文治郎を襲名した。このとき8代

文治郎は名を文一と改め隠居した。

　文治郎を襲名して5年後の1910（明治43）年に、ロンドンで日英大博覧会が開催された。その博覧会見学を主たる目的として朝日新聞社が第2回世界一周旅行団を組織したが、9代文治郎は前述の高木藤七氏とともにこれに参加した。旅行団は約50名で組織され、同年4月6日、一行は横浜港から東洋汽船会社所属の地洋丸に乗船して出帆、ハワイを経てサンフランシスコに上陸、シカゴ等の諸都市を歴訪してワシントンに入った。ワシントンでは当時のタフト大統領（Taft, W. H.）に謁見し、その後ニューヨークから航路リバプールへ入った。

　リバプールに到着後、目的地ロンドンへ落ち着き、博覧会を見学するなどして一週間滞在の後は、フランス、ベルギー、スイス、イタリア、ドイツ等欧州諸国を歴訪した。そしてモスクワよりシベリア鉄道で大陸を横断、ウラジオストックから航路敦賀をめざし、7月17日、3カ月以上に及ぶ世界一周旅行は無事終了した。今津村では、9代文治郎が世界一周を果たした最初の村民であるということで、大阪から阪神電車で今津へ帰る際には、駅付近で花火が打ち上げられるなど、お祭り騒ぎの歓迎ぶりであったらしい。

　9代文治郎は家業に精励のかたわら、1916（大正5）年8月から1927（昭和2）年5月まで今津村酒造組合長を務めるなど、当地の清酒業界の発展にも尽力した。また、1920年4月には大恐慌の影響で清酒業界においても倒産が相次ぐ中、灘五郷酒造組合連合会会長に就任し、1922年3月までその職にあった。さらに同年5月には全国酒造組合副会長となり、1928年5月、全国酒造組合が日本酒造組合中央会に改組されることになってからも引き続きその副会長の職に就いた。1933年にはこれを辞して同会相談役となり、1946年5月までその職にあった。

　こうした清酒業界への献身のみならず、9代文治郎は、灘酒造家の伝統にもれることなく郷土の自治と教育にも貢献した。9代文治郎は1920年7月13日、今津村第4代の村長となった。この年は、前述のとおり、9代文治郎が

清酒業界において灘五郷酒造組合連合会会長に就任すると同時に全国酒造組合副会長の要職に就いた年でもある。9代文治郎は当時47歳の働き盛りであった。村長在任当時の1921年には、経営者として、業界人として多忙な身でありながら、当時の村民が待望していた今津村の町制への昇格を実現し、今津町の初代町長に就任した。町長在任当時の今津町は人口が増大したにもかかわらず公設市場がなく、町民の日常生活に不便をきたしていたため、9代文治郎は町民の要望に応えてその生活改善に資すべく、公設市場建設用地として自ら230坪（760m^2）の土地を町に寄贈した。その後、2年10カ月の間町長を務め、1924年7月14日に退任した。

　父、8代文治郎の影響もあって、9代文治郎もまた教育への情熱にはひとかたならぬものがあった。8代文治郎の後を継いで、1917年から今津村の学務委員に選ばれていたが、1920年から1924年までの村長と町長の期間を終えると、再度、同委員の職に就いた。この間、校舎の増築、運動設備の改善、同窓会の発足等に尽力するなど町の教育行政に貢献した。

　さらに、1933年4月1日、今津町が西宮市に合併して後も、引き続き西宮市の学務委員を務めた。9代文治郎の没後に彼の人となりを偲んで出版された『長部文二翁』によれば、「世間には役所の事情を解せずにただお役所仕事をとやかく批判するだけの人が多い中にあって、翁は理解と同情をもって行政に協力した。私利私欲も野心もなく信念と熱意をもって奉仕した。そして常に市当局の職員に感謝の念を持ち課長以上の人々を招いてその労をねぎらったことが度々あった」（長部文二翁追憶録編集委員会編［1963］146-147頁）という。また、小学校や神社寺院へもしばしば寄贈、寄進を行った。こうした、郷土の公共福祉や学校教育への献身が認められ、1929年3月23日には紺綬褒章が下賜された。

　1937年3月25日には、長男昇一が家業を相続して10代長部文治郎を襲名し、9代文治郎は、当時8代文治郎が存命で長部文一を名乗っていたがために自らを文二と改名した。10代文治郎が社長の任に就いた後は取締役として引き

続き社業の発展に協力したが、1945（昭和20）年に取締役を辞任し、以後は会長となった。

1956年5月3日には、永年にわたる清酒業界への貢献が認められ、祖父7代文治郎に同じく藍綬褒章を下賜された。その褒章の記には「早くから酒造業に従事し常に経営の刷新と酒質の向上に努め又同業の団体の要職を歴任し業界の発展に寄与した。まことに公衆の利益を興し成績著名である。よって褒章条例により藍綬褒章を賜って表彰せられた」とある。

経営者としての9代文治郎は、ときに消極的と評されることがある8代文治郎に比べると積極的ではあったが（長部文二翁追憶録編集委員会編［1963］126頁、149頁）、その経営は堅実第一であった。また、前述のとおり市立大阪商業学校を卒業するや酒造技術の修得に熱心であったことからもわかるように、堅実な経営者であると同時に、伝統ある酒造の技術者でもあろうとしたようである。

例えば、大関が大正年間に清酒用の冷凍設備を大正蔵に導入し、さらに全蒸気動力式の瓶詰工場をつくったのは、技術を重視し、技術を理解しようとした9代文治郎の下においてであった。また、家業を10代文治郎に譲って後も、自分自身で酒造蔵や精米所をまめに巡回し、しばしば得意のきき酒をすることは以前と同様であった。かつてこの9代文治郎を直接知る数少ない大関関係者の中にも、9代文治郎のことを長い間技術系の学校の出身であると思っていたと述べるものがあったほどである。9代文治郎の酒造技術に関する知識が並大抵のものではなかったことの証左といえよう。

また、6代文次郎のときより記録にとどめられるところの長部家における質素倹約の心がけは、9代文治郎においても同様であり、それだけに1945年の戦災による生産設備における甚大な被害は、当時すでに経営の第一線を退いていたとはいえ、質素倹約を旨とする「技術の人」9代文治郎にとって非常に遺憾な出来事であったろう。さらに、9代文治郎は極めて責任感が強く几帳面な性格であったという。その性格の一端を示すように、9代文治郎は

永年欠かさず毛筆で日記をつけ、学務委員の会議等に欠席したときには、この理由を日記に書き留め、さらに当日の議案等は翌日必ず役所から取り寄せた。そして、この責任感の強さはまた一面で頑固に通じ、一旦口にしたことは容易に曲げないところもあった。しかしながら、時代の変化を敏感に悟り、晩年は後継経営者達を信頼し、自ら経営に口出しすることは次第に控えていった。

　1962年1月1日、のちに長部家中興の人といわれた9代文治郎は、数え年でいえばちょうど90歳の元旦を迎えて天寿を全うした。政府は葬儀に先立ち、生前の功績を讃えて正六位勲五等瑞宝章を贈った。本葬儀は1月12日、大関本社静和会館で社葬をもって執行された。10代文治郎は、父9代文治郎の遺志を活かし、満中陰にあたって香料全額を西宮市に対し同市教育施設の建設資金として寄付することとした。市当局ではこの寄付金で西宮市立養護学校の講堂兼体育館を建設することとしたが、見積の段階で資金の不足が明らかとなった。このため10代文治郎はさらに追加の寄付を申し出、これによってようやく講堂は着工の運びとなった。竣工後、同講堂は「長部講堂」と名付けられ、永く9代文治郎の遺志にそうこととなった。

夢を描く──「販売の人」、10代長部文治郎──

　10代長部文治郎は幼名を昇一といい、日本が日清戦争後の三国干渉の時代にあった1899（明治32）年に、父恒三郎（9代文治郎）と母峯の長男として生まれた。昇一は今津小学校を終えた後、大阪の大倉商業学校に進学した。同校では、学業とともに相撲に励んだ。ある時相撲をとっていて右腕を骨折し、そのため同校を一年間休学せざるを得なくなったこともあったが、1918（大正7）年3月には同校を卒業し、同年4月より、父恒三郎が学んだ大阪市立商業学校の後身である大阪市立高等商業学校（現在の大阪市立大学）に入学した。同校ではボート部に籍を置いていた。さらに、1922年3月、大阪市立高等商業学校を終えると同時に京都大学経済専攻科へ進学した。この時

代の学生生活については、のちに10代文治郎自身が、自らの還暦に際して以下のように回想を記している。

　京大におりました時代の想い出として忘れることの出来ないことは、父が私のために最高級の下宿をあてがってくれたこと、その下宿料が1カ月八十円也、四十年も前の時代の八十円といえばそれこそ大変なもので学生には過ぎた下宿生活をおくることが出来ました。下宿はそのように学友も羨む贅沢なもので何一つ不足はありませんでしたが、ひとつだけ弱ったものがありました。それは父が私のために監督の意味でつけたお目付け役というのが、何と福田さんという京都検事局の検事正でした。これにはさすがの私も大いに弱りました。今から考えても父が人一倍子供の躾に気を配っていたかが想像されます。
　このようにして京大の経済専攻に籍をおいて勉強いたしておりましたが、何も学者になるわけでもない、いずれ家業の造り酒屋をつがねばならないのだから早く苦労せよと言うわけで、一年程在学しておりましたが途中で止めまして、いよいよ酒造家としての第一歩に踏み切ったのです（十代長部文治郎［1961］）。

　こうして昇一は、1923（大正12）年7月、25歳のときに今津に戻り、家業に入った。そして、ちょうどその直後の同年9月に関東大震災が起こった。父を助けて家業に励んでいた昇一は、この関東大震災の一報が入るや陣頭に立って店員達を指揮し、復興資材の木材、トタン板、釘、毛布などの必需物資とともに「大関」を機帆船「グアム丸」に満載し、これを東京北新川町の中井酒店はじめ関係各店へ急送した。こうして、関東大震災後の灘酒一番乗りは大関が果たすこととなったが、これらの物資は烈震と大火に疲弊した東京の人々を慰め、その再起を大いに鼓舞した。
　1925年11月14日、昇一は旧播州龍野城主の後裔、脇坂安之の長女、万千子

と結婚した。翌1926（大正15）年10月29日には、長男恒雄（のちの11代長部文治郎）が、また1928（昭和3）年9月13日には、次男二郎が生まれた。その後、昭和初頭の不況を克服しながら、1935年10月1日、9代文治郎とともに株式会社長部文治郎商店を設立し、自らは副社長の職に就いた。そして、翌1936年には、明治、大正、昭和の3代にわたって使われてきた商標の一新を企画して新商標の懸賞募集を実施し、それによって現在の大関における商品デザインの基礎をつくった。

その後の10代文治郎については、彼自身が次のように述べている。

　四二歳（厄年）になるまではこれといった業績も残さず、父の手助けとなったことはなかったようでありました。昭和一二年四月に父が、少し早かったのでありますが引退をいたしまして私が社長に就任をいたしました。私が社長になりました頃の社の販売方針といったものが東京中心でありましたのを、一大飛躍をはかるべく遠く北京に、満州に、ビルマに、事業をひろめて行ったのであります。第二次世界大戦に不幸日本は敗けましたが、万一これが勝ってでもいたら今頃はどうなっていたことだろうと感慨無量なものがあります。

　以来今日まで会社の発展のために尽くされた功労者は幾人もおられますが、現在専務をしておられる西田君が私の片腕となりまして、前に申したような東京重点主義を改めまして京阪神地区の開拓をするべく苦労をいたしました。おかげで今日全国に販路をひろげ益々発展の一路を進んでいるのでありますが、想い起こせば私が社長になりましてからは、戦争、罹災、敗戦、そして復興と、皆様もご存知のように言葉や文字ではとうてい表現することの出来ない未曾有の苦難に遭遇して参ったのであります。しかし現在に至りまして又、会社の隆盛を見るにつけて思われることは、これもひとえに父をはじめかげの力となって働いて下さった従業員各位のおかげだと深く感謝いたしております（十代長部文治郎

［1961］213頁）。

　清酒業界をはじめとする財界に対する10代文治郎の貢献にも大きなものがあった。その主なものを列挙すると以下のとおりである。戦前の1941（昭和16）年には今津酒造組合組合長に就任した。また、戦後まもなく1946年6月1日には、灘五郷酒造組合理事長に就任した。関西行幸中の昭和天皇が兵庫県酒造組合連合会を視察された際に、その説明役を務めたのはこのときである。そして、1948年3月25日には兵庫県酒造協会理事長となった。その後、1953年11月16日には日本酒造組合中央会副会長の要職に就き、1955年同副会長を辞して顧問となった。また、1957年以降は、灘五郷酒造組合、及び兵庫県酒造組合連合会顧問などの職にあった。
　一方、1942年に西宮商工会議所副会頭となり、1943年には兵庫県商工経済会理事となった。そして、1946年からは、第2代西宮商工会議所会頭の職に就き、その後20年にも及ぶ在任期間において戦後の西宮市の商工業界復興に尽力した。このような10代文治郎の社会的貢献が評価されるところとなり、1962年5月、藍綬褒章が下賜された。7代文治郎、9代文治郎に続く栄誉であった。
　8代、9代と並んで、10代文治郎もまた教育に対してひとかたならぬ情熱を注いだ。とくに終戦後は戦災のために適当な下宿先もなく、地方から出てきて大阪、神戸の大学に学ぶ学生が宿舎に困っていたが、10代文治郎は、そうした学生十数名を自宅から通学させ、自分も学生達と同じ食卓につき、若い学生達との生活を楽しんでいた。彼らは卒業まで悠々と長部家に起居した。
　のちに長男の恒雄（11代文治郎）は、ある雑誌のインタビュー記事で、「社長は大関の11代目のボンボンとして、子供時代特別な教育を受けられましたか」との質問を受けて次のように答えている。「私は人間教育をさせてもらったと思っています。私は終戦の年の一九四五年に神戸大学に入りました。これはオヤジの教育方法なんですが、その神戸大学の学生を家に連れて来い

というわけで、家中私と同年代の学生だらけでした。それも頭のいい奴ばかり。食事もただ、下宿代も取らないがオヤジの気に入らない奴は追い出すという形でね。子供の教育ということをちゃんと考えていたオヤジは偉かったと思いますね。……優秀な学生が五、六人もいるなかで私はイモの子を洗うように教育されたわけですが、あれはよかったと思いますね、オヤジにはボンボンを大事に育てるという考えはなかったようですね」[1]。

10代文治郎は、青年時代からおっとりとしている反面、相当なせっかちで癇癪もちであったらしい。そして、9代文治郎の人柄がしばしば頑固と評されることがあったのに対して、10代文治郎は自分の意志を押し通す上で決して意固地にはならず、従って頑固ではなかったが、逆にものごとを諦めてしまう面があった。そのため社内ではそれがもの足らないといった印象を与えてしまうこともあったようである。とはいえ、社内ではワンマンといわれ、自らもそれをもって任じ、それだけの覇気と闘志を示した。しかし、一歩大関を出て対外的には、取引先に対しても業界に対しても柔軟な姿勢を示し、常に進歩的な考え方をもって対処した。

こうした10代文治郎の人柄については、妻万千子が次のような回想を書き残している。「若いときは大変癇癪もちでしたが、年齢をとって来てからというものは、そうゆうカドは取れて来まして、店のことでも何でも私に相談して、「どう思う」というから私が「あかん」というと、「あかんか」——といった調子でした。気が短く癇癪もちであったことは、以前は百貨店などに行ってエレベーターに乗っても、エレベーターガールの客扱いが悪いとよく怒ったものらしく、母などは「あんたについて行くと、よう怒るので気まずい」と心配しておられたほどでした」（大関株式会社編［1967］327-328頁）。

癇癪もちといわれ、自らワンマンを任じた10代文治郎であったからこそ、人との「和」には人一倍の心がけを示した。1945年8月に第二次世界大戦が終結したとき、大関は本社の生産設備のほとんどと海外の資産のすべてを失っていた。当時すでに70歳を超えていた父文二（9代文治郎）と10代文治郎

は、数日間黙って顔を見合わせていたという。しかしその後、自らも含めて役員、社員が一丸となって働き大関が戦後の復興を成し遂げてゆく姿を目にして、9代文治郎はその献身的な一致和合に心から感銘を受けた。そして、その「和」のこころはその後の大関における社是[2]の基本精神となり、平和蔵や和光蔵をはじめとして酒造蔵や寮などの建物の命名にあたっても「和」の字が多く用いられるようになったのである。

先に引用した10代文治郎自身の回想からもわかるように、大関の経営者として9代文治郎が「技術の人」であったとすれば、10代文治郎は「販売の人」であったということができよう。1932（昭和7）年発売の冷用酒「コールド大関」はアイデアの勝利が販売の拡大をもたらした商品であったが、これは10代文治郎が考案し、命名している。また、この「コールド大関」の発売にあたっては、大関の手によって各小売店に冷蔵庫が配置された。このときの10代文治郎の関心は、もはや生産現場としての大関を出て小売店から消費者へと至る流通経路の上にあった。また、戦後における10代文治郎会心の作、1964年、東京オリンピック開催と同時に発売された「ワンカップ大関」もやはり、新しい清酒消費のあり方を追求したアイデアが経営の成長へと繋がった。

そして、戦前戦後を通じて、社長就任後の10代文治郎が国内はもとより国外にまで大関の販路拡大に一身を捧げたことは、やがて1979年からのアメリカでの現地生産の開始へと結実していったのである。戦後の復興期という苦しい時代に巡りあってしまったがために、経営者としての10代文治郎は、その生来の負けん気の強さも手伝って拡大一途の「販売の人」となることを迫られたが、その足跡は見事に今日における大関の発展の基礎となっているといえよう。

10代文治郎は、自ら陣頭に立ってきた大関の海外進出を自分の目で確かめるために、1965年4月末から6月にかけて、アメリカ、ヨーロッパの各国を視察してきた。そして、これが10代文治郎の大関における最後の仕事となっ

た。その後、10月に開催された会社創立30周年記念の祝賀行事などにもいつもどおりに出席していたが、翌1966年2月に体調を崩し大阪大学付属病院へ入院し、その後病状は一進一退の後、4月15日午前2時59分、10代文治郎はその生涯を閉じた。享年67歳はまだ早すぎる他界であった。

　　白一色に蔽われた仏室、白木の祭壇には西本願寺より贈られた「彰真院釈常昇」の戒名の下、故十代文治郎一代の傑作といわれる「ワンカップ大関」が一個、そして壁間には海清禅寺春見文勝師筆の色紙「夢」、表千家家元、千宗左氏筆の紺地に金文字の「夢」の布軸が掲げられ、供花も丈短く部屋の一隅に匂っているという清寂さで、四月の半、桜の花とともに散った十代文治郎の古武士らしい一面と、飾りっ気を嫌った清廉実直な人柄をひしひしと偲ばせていた（大関株式会社編［1967］330頁）。

葬儀は4月21日、大関酒造本社「寿蔵」に特設された式場において執り行われた。政府は10代文治郎の生前の功労に対して従五位勲四等旭日小綬章を贈った。そして10代文治郎が描いた「夢」の数々は、長男長部恒雄と次男長部二郎に託されることとなった。

3　21世紀の大関のために──11代長部文治郎の経営──

和を尊ぶ──11代長部文治郎と「バランス経営」──

松下幸之助や本田宗一郎の例をまつまでもなく、企業においてはその経営者の人となりが、その企業の経営理念へと転化して、その企業が持つ組織や制度以上に、その企業の方向性やそれを構成する人々の行動様式などに大きな影響を及ぼす場合がある。そして、例えば、カリスマ的性格を有し一代で世界的な企業をつくりあげた松下幸之助や本田宗一郎の経営者像をそれぞれの「時代が生みだした経営者」であると評するならば、大関における長部文治郎という経営者像は、3世紀にも及ぶ長い歴史と伝統のなかで醸成されて

11代長部文治郎（大関株式会社所蔵）

きたものであって、いわば「歴史が生みだした経営者」として理解することができるであろう。

　10代文治郎の後を継いで大関の経営者となった長部恒雄は、1966（昭和41）年4月15日に社長就任の後、その長い歴史に倣って5月4日11代長部文治郎を襲名した。社長就任後の1967年、11代文治郎は「社長としての初年度にあり、それにふさわしい新進気鋭の気迫と効果を上げ、積極政策をとるという反面、社是のもとに、世のため、人のための酒づくりに徹して、明るく頼もしい大関酒造の建設を目指す」という新社長としてはじめての経営方針を表明した。

　しかしながら、「明るく頼もしい大関酒造」を謳いながらも、11代長部文治郎の社長としてのスタートは決して前途洋々たるものではなかった。というのも、10代文治郎が他界した後、1967年から68年にかけて「大関はつぶれる」とか、同業他社によっていよいよ買収されるという噂が清酒業界を中心に流れ始めたのである。たしかにその当時の大関は資金的には決して楽な状態ではなかった。「販売の人」10代文治郎による戦後の復興期以来の積極的な拡大政策のつけが、その死後にまわってきたわけである。また、まだ40歳を過ぎたばかりの若手経営者に対して、その手腕を疑う向きもあったのかも知れない。

　当時の大関における営業の現場では、資金繰りが苦しい中、厳しい販売目標を達成するために卸売店に過剰な商品を押し込み、手形を集めては銀行に走り込んで借金の返済に充てるという状態が続いていた。収益の8割近くは借金返済に充当されていたのである。しかし、このとき11代文治郎は結局は

自転車操業に近い大関の現況を見据えて、堅実な経営への回復を決意する。1967年における経営方針の表明にあたって、「積極政策をとりつつ」とは言わず「積極政策をとるという反面」と表現したのは、そのような思いの表れであろう。

11代文治郎はこのとき営業の第一線に対して、「とにかく無理をするな。自分の実力の範囲内で売れ。売上げは二割程度まで減らしてもかまわない」という一見無謀とも思える指示を与えた。しかしながら、多年にわたる拡大路線を短期間で収束することは難しく、経営方針の転換後もなかなかその効果は表れてこなかった。当時のこうした危機的状況の中にあって11代文治郎は心労が重なり、1968年には約2カ月半の入院生活を送っている。ところが、この10代文治郎がまわしてきたつけを、払ってくれたのもまた10代文治郎であった。発売後数年間の不振が嘘であったかのように、1968年の入院生活の前後から「ワンカップ大関」が急成長をはじめたのである。前年比200％増の勢いで売れ始めた「ワンカップ大関」は、昭和40年代の終わりまでに大関全体の販売数量の約4分の1を占めるところまで成長した。こうした運にも恵まれて、11代文治郎は社長就任直後の苦難を乗り越え、それ以来今日まで経営者としての力量をいかんなく発揮し、大関を今の姿にまで導いてきたのである。

「ワッカップ大関」が急激に売上げを伸ばし始めた頃、すでにその将来を見据えて後に続く商品の不在を認識していた11代文治郎は、消費者の多様な需要に対応できる技術力の必要性を痛感し、1980年、自らの手で清酒業界としては日本ではじめての本格的な独立研究施設「大関総合研究所」を開設した。その後約30年以上にわたって人件費だけでも数十億円の投資を続けてきたこの総合研究所が、その後、バイオテクノロジーなどの領域で徐々に成果を出すようになっていった。残念ながらいまだに大関の経営や商品を根幹から革新するような発明や開発に到達したわけではないが、それでもこれまでの地道な研究成果のいくつかについて、それをわが子の成長をよろこぶかの

ように語るときの11代文治郎は、「技術の人」9代文治郎を彷彿とさせるものがある。

　しかしながら一方で、11代文治郎は、「どうもノレンに頼り過ぎている風潮がある。せっかく新製品を研究開発しても、営業力や宣伝のうまい後発他社にアイデアを取られる例もある。これではいくら伝統があっても将来は安定とは言えない」と自社の将来を案じた。そして、「大関にいれば飯が食える、という考えが一番良くない。スーパーでもデパートでも片っぱしから飛び込んで新商品を売れ」と檄を飛ばし、「清酒だけにこだわる必要はない。極端な言い方をすれば、石炭でも石油でも、売れるものは何でも売るくらいの姿勢がほしい」と、大関の意識改革の必要性を訴えるときの11代文治郎は、「販売の人」10代文治郎そのものであった[3]。

　自ら語る11代文治郎の個人としての生活信条は「不易流行」（基本を守って常に新しいものを開発する、芭蕉の思想）、「日々是努力」（失敗しても常に反省し次の目標に向かって絶えざる努力をする）、「漸入佳境」（一度に成功を求めず、努力を積み上げて、より大きな成功を得る）の三カ条にあり、「要するにあせらず、一枚一枚レンガを積み上げて一つずつ目標を達成することです。そのためには、国際的な観点から地域社会を観る「バランス感覚」が大切であると信じます」と語っている[4]。また、座右の銘としてあげるのは「金を残して死するは下なり、事業を残すは中なり、人を残すは上なり」との維新の志士江藤新平の一節である[5]。自らの経営の目標を「人を残す」ことに定めようとするとき、その背景には、8代文治郎をはじめとする歴代長部家当主が示してきた人を育むことへの伝統が根付いているのであろう。

　かつて11代文治郎は、自らもその歴史の流れの中にある灘五郷の企業家精神について次のように規定している。すなわち「大坂の酒屋は、……知恵を出し、工夫を出して大坂商人の伝統的経営原理ともいえる（一）才覚、（二）始末、（三）算用の三要素を守り続けてきたのである。そこで、この大坂商人の三特性を端的にいえば、「才覚」は知恵をきかせて独創的アイデアを考え

出す判断とか、気配りという意味であり、これが企業家精神の最も重要な柱だといえよう。つぎに「始末」は節約という意味以上に経済的合理性という解釈が正しいとされている。「算用」は、計算の意味だから、経営でいえば損益計算とでもいえるだろう。この頃からすでに江戸の人は「宵越しの金は持たぬ」のに対して、大坂は「ケチ精神」に徹する気風が商家の商法の基本になっていたということができる。単に「ケチ」ということではなく、始末をして、算用した資産を才覚をもって運営するのが難波商人の真骨頂なのであり、灘五郷の企業家精神もこの影響を十二分に受けている」（十一代長部文治郎［1983］123頁）と。

このとき、10代文治郎を才覚の人、9代文治郎を始末と算用の人と読み取るならば、11代文治郎は、「才覚」を企業家精神の重要な柱に据えつつも、やはり「始末をして、算用した資産を才覚をもって運営する」ことを真骨頂であると評価するわけで、まさに「バランス感覚」が重視されるわけである。これこそ「歴史が生みだした経営者」としての11代文治郎における経営理念の根幹であるといえよう。

人を残す──創醸290年の決断──

創醸290年を迎える2001（平成13）年度のはじめに11代文次郎が掲げた社長方針は、過去4年間掲げてきた「変革自強」を踏まえた「変革飛翔」であった。創醸290年という大関の長い歴史を記念すべき年にあたって文治郎はあえて次のように述べている。「歴史も大事ですが、歴史があるが故に昨今の社会情勢の変化の早さに、柔軟性をもって対応できないとも言えます。どちらかと言えば、歴史と伝統では「めし」は食えなくなります」[6]。かつてダーウィン（Darwin, C.）は、その著『進化論』において「最強の種が生き残るのではなく、知性の高い種が生き残るのでもない。最も変化に適応し続ける種が生き残るのである」と述べたが、文治郎の「歴史があるが故に社会情勢の変化に柔軟性をもって対応できない」との言葉は、この『進化論』に

相通じるものがある。変化への柔軟な対応力こそが、大関が生き残っていくためのもっとも重要な要素であった。

　ところがこの新たな決意の下にスタートした創醸290年という年は、11代長部文治郎にとっては試練の年ともなった。2001（平成13）年8月に文治郎は病に倒れ、その後車いすでの生活を余儀なくされることとなった。しかしながら、その闘病生活からも無事に立ち直り、2002年1月には、社内報『魁』誌上で、次のように述べている。「昨年1年間は私の病気によるロスが生じました。今まで、私は商工会議所をはじめ、いろいろな公職に就いていましたが、それらを全て辞め、新年度は、そのロスを取り戻すつもりで、会社の仕事に専念したいと思います。……創醸300年に向かって飛翔しましょう」[7]。11代文治郎の300周年を見据えた復活宣言であった。

　そして11代文治郎は、2002年4月、この復活宣言どおり創醸300年を見据えた新しい大関の創造に着手する。いよいよ11代文治郎は、その座右の銘に従って「人を残す」ことに着手し、まさに「変化への柔軟な対応力」を示してみせたのである。すなわち自らはそれまで務めた代表取締役社長を離れ、代表取締役会長に就任し、また文治郎の弟、長部二郎は代表取締役副社長から代表取締役副会長に就任した。そして、当時代表取締役専務を務めていた長部家縁戚の橋本康男が代表取締役社長に就任した。それまで3世紀近くにわたって長部家による同族経営を続けてきた大関であったが、縁戚であるとはいえ直系ではない、長部を姓に持たない橋本康男の社長就任によって、大関はそれまでの経営のあり方から大きく舵を切ることとなった。11代文治郎は、長部家の外に「人を残す」ことを決断したのである。

　このときの経営刷新を11代文治郎は次のように述べている。「私は1926年（大正15年）生まれの76歳。明らかに20世紀の人間だと、認めざるを得ません。21世紀迎えた今、20世紀の人間が21世紀の会社を経営するのは、土台無理だと考え、若い人にバトンタッチすることにしました。選手交代です。……昭和41年に父がこの世を去り、社長を引き継ぎました。当時14万石だった売り

上げは35年後の現在、30万石に増えました。社長として会社を大きくした功績はあると言えますが、それだけで良しと満足している状況ではありません。難しい時に社長を退くのは少し残念ですが、21世紀が始まり、いいタイミングだと確信しています」[8]。

　20世紀から21世紀への転換点と創醸290年、そして自らの闘病生活が重なった2001年という1年間が、11代文治郎に大関における経営刷新という「大転換」を決断させたのであろう。「大転換」はさらに続き、その後、2010年2月に大関は、西川定良副社長を同年3月1日付で社長に昇格する人事を発表した。この人事は11代文治郎と橋本康男社長の判断によるものであり、創業家一族以外からの経営トップ就任は、大関の長い歴史の中ではじめてのことであった。そのことについて11代文治郎は、「会社のスケールが大きくなり、それを統括する人が創業家であるのは理想であって、これからの世の中では通用しない。大関の経営はやはり有能な人材に任せたい。生き残るという最終目的を成し遂げるためには、そうしないといけない」（大関株式会社編［2011］11頁）と述べている。それはくしくも創醸300年の前年、299年目のときのことであり、大関が21世紀において「4世紀企業」として成長を続けるための決意表明であった。

　11代文治郎は、2002年に代表取締役社長を退任したとき、自身の経営観について次のように述べている。「私たちの商売に限らず、相手かまわず売りまくる、もうけまくるという発想の商売は、21世紀には通用しません。全世界的に「環境」「安全」「健康」の立場から、規律を守って、会社を経営することが、すべての経営者に求められて然るべきです」[9]。かつて50代のときに「才覚」、「始末」、「算用」の三要素に基づいてバランス経営を説いた11代文治郎であったが、齢70歳を超えてその経営観は大きく拡がりを見せ、今や「環境」、「安全」、「健康」の三要素の下での「バランス経営」へと昇華したのである。

おわりに

　こうして大関における、まさに「時代を超えた」経営者としての長部文治郎は、11代文治郎をもっていったん幕を閉じることとなった。創業家である長部家が経営の現場から離れることについては、社内的には自然の流れとして受け取られた。灘の清酒メーカーでは、大手であっても依然として創業家が資本と経営の両方を握っているところが多い。むしろこのときの大関における社長交代は、酒造業界の中では例外的であった。大関は、「4世紀企業」の経営者の選任にあたっても、清酒メーカーのさきがけになったといえよう。

　『聖書』の中に「新しい酒を古い革袋に入れるな」という言葉ある。発酵の進んでいる新しい酒を古い革袋に詰めると破裂してしまい、酒も袋も失うことになるという意味から転じて、一般に新しい思想や計画を受け入れるためには、新しくて柔軟な基盤や組織が必要であると解釈されている。西川定良新社長のもとで4世紀目へと向かう大関の「新しい経営」を「古い大関」の袋の中に入れないためにも、あらためて大関が300年にわたって培ってきた「さきがけ」の力が問われることになった。

　「大関」は横綱に次ぐ地位である。あえてこの最高を意味しない社名を名乗る裏には、横綱になったらその先はどん詰まり、常に将来への可能性を孕んでおきたいという願いが込められている。この万年大関は、2011（平成23）年に創醸300周年を迎えた。そして4世紀目に入ってもなお、柔軟な心と身体を持つ限り、常に一歩先を、一見軽やかに、しかししたたかに歩み続けていくことであろう[10]。

注
1）「日本の酒造業界はこれからどうなる——創業二百八十年を迎えた「大関」十一代目社長に聞く——」*U. S. Japan Business NEWS*、1991年9月1日号、24頁。
2）　大関は、1961年にはじめて「誠心誠意　明朗融和　共存共栄」という社是を制定した。その後、創醸280周年を迎えた1991年に「楽しい暮らしの大関」を企

業理念として定めた。
3）「ロビー」『神戸新聞』1990年11月9日。
4）『コンタツだより』152号、1992年1月。
5）「トップの肖像」『神戸新聞』1991年4月25日。
6）『魁』161号（2001年4月）、2頁。なお、以下で引用する『魁』は、大関株式会社の社内報である。
7）『魁』164号（2002年1月）、8頁。
8）『魁』165号（2002年4月）、2-4頁。
9）『魁』165号（2002年4月）、4頁。
10）本章は、拙稿「長部文治郎とその理念」、大関株式会社［1996］第12章第1節、および拙稿「伝統を醸す――大関の経営者像――」、大関株式会社［2014］第18章をもとに起稿した。

（参考文献）
大関株式会社編［1967］『酒さけ酒』毎日新聞社。
大関株式会社編［1991］『魁――昨日・今日・明日――大関280年小史』大関株式会社。
大関株式会社編［1996］『大関二百八十年史』大関株式会社。
大関株式会社編［2011］『さきがけて三百年――大関300年史』大関株式会社。
大関株式会社編［2014］『大関三百年正史』大関株式会社。
長部文二翁追憶録編集委員会編［1963］『長部文二翁』大関株式会社。
十代長部文治郎［1961］「還暦に想う」、『酒林』（株式会社長部文治郎商店社内報）第5号、1961年12月。
十一代長部文治郎［1983］「灘の企業家精神」『灘の酒博物館』講談社。

14 セーレンの経営革命・川田達男
―― 繊維産業の「非常識」への挑戦 ――

橋野知子・中村尚史

はじめに

　読者にもなじみの深い『日本経済新聞』の社説に、「産業革命4.0が拓く未来　サービスで稼ぐ製造業へ進化を」という記事が掲載された（2016年8月17日・朝刊）。「産業革命4.0が拓く未来」とは、どのような世界だろうか。読者は、「サービスで稼ぐ製造業」という言葉から、どのような産業を思い浮かべるだろうか。

　この社説に大きな可能性を持つ産業の一つとして繊維産業が紹介されたことは、読者にとって意外かもしれない。なぜなら繊維産業は経済発展の初期に成長し、経済が成熟すると途上国に押され「斜陽産業」化することは、日本のみならず多くの先進国が歴史的に経験してきたからである。しかし、従来型の大量生産のものづくりの欠点を克服し改善するためにITを活用し、消費者一人一人の需要に応じた衣料生産を始めた企業として、セーレン株式会社が以下のように紹介されている。

　　色、柄、形などの組み合わせで47万通りから選べるオーダーメード衣料を販売する。消費者は選んだ組み合わせを端末画面に映し出し、自分の姿と重ねて『試着』、ネットを通じて福井県の工場に発注する。いまセーレンは都内の百貨店などで受注しているが、9月からは消費者が自分の端末からも注文できる仕組みにする。一人ひとりの消費者ニーズに応えることは需要の創造につながる。

川田達男（セーレン株式会社所蔵）

　自分の端末を用いて「試着」し、インターネットで注文する。これにはいかにも近未来的な響きがあり、新しい時代の息吹を感じる。しかしこれは、本章が紹介する川田達男（現CEO）が入社以来挑んできた、セーレンの企業改革、言い換えるならば革命のほんの一面である。なぜなら川田は、のちに詳しく触れるように委託加工が本業であったセーレンの「常識」を覆し、原料糸から最終製品の生産ならびに企画から販売までの一貫生産という繊維産業の「非常識」を実現すべく、闘い続けてきたのだから。

　セーレン株式会社は、福井市に拠点を置き約125年の歴史を持つ「名門企業」である。しかし1987（昭和62）年、企業存亡の危機に瀕し、川田達男社長（当時）は次の100年に起こりうる変化を念頭においた経営戦略を策定した。それは後述するように、あくまでも繊維技術をベースとした、IT化・流通ダイレクト化、非衣料化、グローバル化、経営改革などの積極的な推進である。その結果、1987年度の売上高504億円、資本金20億円（自己資本比率24.0％）、従業員2,493人から、2015年3月期には、売上高1,037億円、資本金175億円（自己資本比率60.2％）、従業員5,802人の企業へとめざましく成長した[1]。もともとセーレンは、福井県精練株式会社（のちに福井精練加工株式会社）という絹織物の精練や染色の委託加工を専門とする会社であり、その社名も、絹織物からタンパク質や不純物を取り除き絹独特の艶と風合いを出すための「精練」という工程に由来する。しかし、2014年3月時点では

衣料（ハイファッション）は売り上げの28％に過ぎず、自動車内装材が50％を占めるに至り、その他エレクトロニクス、ハウジング、バイオ・メディカルなど繊維をベースに蓄積してきた技術を生かして多様な分野へと事業を展開させている（中村［2016］20頁）。

　委託加工から製品開発・販売への転換には、まったく新たな革新的発想が必要だった。1962年、大学卒業直後の川田が入社して驚いたことは、「まず、物を自分で作っていない、売っていないという」点だったという[2]。入社して6カ月間の実習の中でこのことを危機的に感じ、このままでは会社の将来はない、と実習日誌に書き続けた。それは、後述するように、当時のそして現在まで続く日本の繊維産業の構造的な問題と深く関わっていた。しかし彼の真摯な態度はむしろ経営陣の逆鱗に触れ、本来なら大卒が乗るべきエリートコースから完全に外され、高卒と一緒に支工場へと配属された。それはホワイトカラーとしてのサラリーマン人生の終わりとさえ言われた。川田はそこからどのようにして這い上がり、繊維産業の先端を走る今日のセーレンを築き上げてきたのだろうか。

　本章では、川田がセーレンという「名門企業」をどのようにとらえ、それを先進的な企業へと変貌させたのかを明らかにすることによって、彼の企業家としての軌跡を描きたい。川田は1981（昭和56）年に41歳の若さで取締役に抜擢され、47歳で代表取締役社長となり、2014（平成26）年から代表取締役会長兼最高経営責任者を務めている。また現在では、福井商工会議所会頭、福井県経済団体連合会会長、福井県労働基準協会会長、福井県貿易振興協議会会長をはじめ、福井県や北陸地方の経済界における要職を担っている。このような川田の経歴は、一見華々しいサクセス・ストーリーのように映るかもしれない。しかし彼は、「内なるアウトサイダー」として、「名門企業」や繊維産業における固有の問題に挑戦し、仲間とともに企業を変えてきたのである[3]。

　本章における川田の軌跡から学ぼうとする読者——おそらくは大学生——

へのメッセージを先取りすると、以下の3点に集約されよう。①大学での教育は必ず役に立ち意味があるから、社会に出る前に徹底的に勉強し、物事を見る視点や枠組みを自ら形成すべきである。②野球はツーアウトから始まる。同じように苦しいとき、困ったときこそがチャンスである。そして③希望と信念があり、それを共有する仲間がいれば問題は必ず解決可能である。それでは、読者を川田ワールドに誘（いざな）いたい。

1　企業文化への疑問

受け身の企業文化

　創業以来からの「本業」である委託加工を「オールドビジネス」、それ以外の製品開発・販売を「ニュービジネス」と呼ぶならば、後者を伸ばし企業成長を遂げてきたことが、ここ半世紀のセーレンの最大の特徴である。そこで、売上高に占めるオールドビジネスとニュービジネスの割合の変化を見てみよう。1972年度には、オールドビジネスが97.3％、ニュービジネスが2.7％であったが、1987年度には拮抗しそれぞれ51.0％、44.5％、そして2015年にはニュービジネスが実に91.2％を占めている[4]。

　それでは川田が入社（1962年）当初から闘い続けた相手とは、何だったのだろうか。それは、「名門企業」において長年培われてきた企業文化である。セーレンの企業文化は、繊維産業特有の分業構造とそこにおける精練・染色加工の位置づけと大きな関係がある。繊維産業は、原料から製品までのプロセスがしばしば川の流れに例えられる。そこでは川上部門（原料糸の生産）、川中部門（糸加工、織物・編物、精練、染色・整理）、川下部門（アパレルや流通）と表現される厳然たる分業構造が形成されてきた。その分業構造を前提として、繊維産業政策は展開されてきた（松島［2012］）。川中部門にはしばしば織物産地が形成され、セーレンが生まれた福井もその好例であった[5]。第二次大戦前、福井で絹織物や人絹（レーヨン）織物生産が盛んな頃、セーレン（福井県精練（株））は織物工場から委託を受け、精練や染色工程

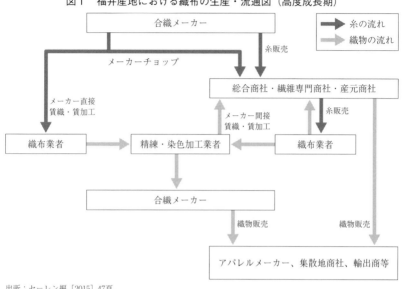

図1 福井産地における織布の生産・流通図(高度成長期)

出所:セーレン編[2015]47頁。

を担い、その対価として加工賃を受け取っていた。不況期には、客すなわち織物工場からの工賃引下げの圧力にしばしば泣かされた。戦後、原料が人絹から合繊に転換する過程で、合繊メーカー(原料糸のメーカー)は福井産地の織物工場を系列化した。つまり、織物工場は市場から切り離され、合繊メーカーや商社の設計書に従って織物を生産し、織賃を受け取る賃加工を担うことになったのである。そこで生産された織物はセーレンのような加工場で染色・仕上さらには機能付加加工され、合繊メーカー、総合商社・繊維専門商社・産元商社を通じて、輸出あるいは国内のアパレルメーカーに販売された。当時の生産・流通の構造を表すと、図1のようになる。

合繊メーカーによる織物工場の系列化と同様に、染色加工工場の系列化も進んだ。セーレンは、帝人、旭化成工業(現・旭化成)、倉敷レイヨン(現・クラレ)との間で、チョップ製品(合繊メーカーの商標の織物)の共同研究・

生産の体制を構築した。そこでセーレンは、合繊メーカーの成長に自らの企業成長を委ね、大量発注による安定的な収益を見込んで、設備投資や研究開発に力を注いだのである。言い換えれば、他企業の製品の生産に貢献すべく、染色・加工の技を磨いていたのだ。そのようななかで、「川上が拡大していれば、川中も安泰である。受注が増えることが企業拡大に繋がる」という「常識」が企業文化として培われていった（セーレン編［2015］63頁）。繊維産業が成長し続けることを前提とし、市場情報を直接把握する必要も感じないまま、セーレンは下請生産加工のみに専念してきた。すなわち、受け身の姿勢である。上記の図1にあるように、繊維産業における各工程は分業化され、最終的な需要の変化を見ることなく各々の工程にのみ専念することが、繊維産業における「常識」だった。

福井一の優良企業

　繊維産業全盛の頃、セーレン（当時は福井精練加工株式会社）は福井一の優良企業と呼ばれ、技術系の人材としては福井大学で金時計・銀時計をもらった優秀な学生が入社していた。また文系の学生にとっても人気があり、競争率も高かったという。川田の記憶によると、彼が入社した1962（昭和37）年、同社には500人くらいの応募があり、筆記試験を受けに来たのは文系だけで150人、そこを通ったのは自分を含め、たったの3人だったという。1940年1月、福井のサラリーマンの家庭に生まれた川田は、進学校である県立高志高校卒業後、明治大学経営学部に進学した。高校時代は野球に打ち込み、一年生から野球部でレギュラーを務め、3年生の夏まで続けた。そこで1試合1試合、1球1球がドラマであることを学び、成長のためには地道に練習を積むことの重要性を学んだ。それと同時に、気合や運という、勝負の世界には努力だけでは割り切れない何かがあることも感じた。

　川田が経営学部を選んだのは、将来サラリーマンになるために「企業」に関する学問を専門的に、そして体系的に学ぼうと思ったからである。一生に

一度は勉強をしっかりしなければならないと川田は思い、4年間でオール優を取ろうという意気込みで臨んだ。3年目から土屋喬雄ゼミで経営史を学んだことは、川田が企業というものがどのような機能を持った存在であるかを考える上で大きな影響を与えた。土屋ゼミでは、代表的な企業の経営史が議論され、盛んに工場見学も行われ、企業とは何かを徹底的にたたき込まれた。卒業論文では、一つの企業を例にしたケース・スタディとして東レについて論じた。

入社すると、川田を含む大卒6名、高卒約70名のセーレンの新入社員は6つの班に分かれて、入社から6カ月の実習期間に入った。それは1班ずつ現場を回り、現場にいる教育係から教えられて、実際にできる仕事を実習したりするというものだった。1工程を3日から1週間で勉強し、集中講義も受けた。精練や染色とはどのような仕事なのかを教わりはじめてすぐに、川田に驚きともいうべきある疑問が生じた。それは、セーレンが本当の意味ではモノを作っていない、モノを売っていない会社なのではないかという点だった。この会社にはマーケティング機能も含めて、会社の機能というものがそろっていないと川田の目には映った。セーレンの本業は、いわゆる委託加工である。客は大手の合繊メーカーや商社であり、そこから染色という工程を任されている限りにおいては、マーケティング機能は必要ない。ものづくりの一部を担ってはいるものの、実は客の作った織物を預かり、言うとおりに染めているだけで何もクリエイトしていない。しかも、セーレンがあたかも世界の中心にあるかのような発想すら、社内にはあった。そのため、マーケティングや製品開発の重要性という、川田が大学で学んだ企業のあり方とは、大きく異なっていたのである。

「内なるアウトサイダー」へ

当時のセーレンは、繊維産業の成長にともなって企業規模を拡大し、利益も出していた。一割五分配当を続けていた、超優良企業でもあった。当時は、

繊維産業における細分化された分業構造の中で、最終需要を気にせずに、それぞれが自分の工程だけを全うしていれば、それで十分だったのである。しかし、考える機能のない企業が生み出した利益は、本物の利益ではないと川田は感じた。営業があり、マーケティングがあり、客のニーズにきちんと応えて、そこから利益を出すのが本物の利益だと思ったのである。そこで川田は、実習中に率直な感想を教育係に伝えた。すなわち「物を作っていない、売っていないという会社はおかしい。企業として体をなしていないのではないか。これから発展しようと思うなら、当然自分で物を作って売らなければならないのではないだろうか」と。

そのことで、川田は実習中から徹底的にマークされることとなった。彼には、「程度が悪い」というレッテルが貼られた。程度が悪いとは、福井弁で出来も態度も含めてすべて悪いことを指すという。川田の「悪評」はすぐに知れ渡り、実習の行く先々で話題となり、最後の工程では「生意気なことを言うな」と課長に殴られた。川田が揺るぎのない強固な企業観を有するに至ったのは、大学時代における勉強の蓄積にあった。しかし、当時のセーレンは非常に保守的な名門企業であり、これまでやってきたことの積み重ね、すなわちセーレンの「常識」に対して疑問を呈するようなことが少しでもあれば、問題視されてしまうだけであった。

このようにセーレンの「常識」を「非常識」と感じ、そのことを周囲に素直に表明した川田が配属されたのは、現場であった。大卒のキャリアが配属されるのは、通常は本社であったが、川田は勝見工場という支工場に高卒社員と一緒に配属され、ここで5年半を過ごすことになる。同期生には「もうお前のサラリーマン人生は終わったな」とも言われたという。しかし、川田は「この5年半が自分の原点だった」と言い切る。それでは、川田はそこで何を得、どのような挑戦をしたのだろうか。

2　セーレンの「常識」への挑戦

現場こそがすべて

　配属された勝見工場で、最初の半年は調達の仕事をした。調達は本社で決めるため、調達そのものは、搬入の手続きに過ぎなかった。支工場に大卒社員が来ることはきわめて珍しく、一目置かれた扱いを受けた。配属されて6カ月後に、工場の生産計画の責任者がやめてしまったため、工場長からその仕事を引き継ぐように命じられた。大卒だからできるだろう、ということだった。生産計画は、工場のことが全部わかっていないとできない仕事である。客が染色加工して欲しい品物が、工場に入ってくる。その生地を精練・染色の前に準備し、染色・加工し、仕上げを施し、検査するという工程の生産日程計画をするのが、彼の仕事となった。工場の能力、工程ごとの能力に合わせて、人員を組み合わせて配置した。これは、通常、現場のたたき上げの人が務める難しい仕事であった。川田は、前任者の残した資料を見ながら、試行錯誤で生産計画を組んだ。夕方3時頃まで発注書を見ながらギリギリまで待って、それから翌日の生産計画を組み始めなければならない。現場で菜っ葉服を着て走り回るためには、夜は早く寝て、きちんと体調を整えておかなければならなかった。酒も飲まず、絶えず仕事のために生活があった5年間半だったという。

　工場長は仕事熱心な人物で、仕事を一緒にするうちにお互いに気心もわかるようになった。しかし、工場の中を仕掛品でいっぱいにしておかなければ気にいらない人だった。仕掛品が前工程にたくさん置いてあると、仕事が沢山ある気がして安心するというのが当時のセーレンの文化だった。のちに述べるように、仕掛品すなわち在庫をいかに減らすかという発想に基づく経営改革である「整流」生産管理は、まさにその反面教師として登場した。当時の工場は、積んである仕掛品を精神論で片付けるようなものだった。仕掛品つまり在庫が悪だと言い始めたのは、川田が初めてであった。川田は支工場

で、現場とは付加価値を生むところであり、そこでしっかり付加価値を生むようなシステムや働き方が構築されていることが、企業にとって不可欠であると身をもって学んだ。そして川田は、企業経営にとって現場こそがすべてであると「社員失格」の原体験からから強く認識した。

大阪営業本部での仕事

　勝見工場に赴任して4年半が経ったとき、工場長が変わった。新しい工場長と川田との間には、工場経営や工場管理の方針に大きなギャップがあった。1967（昭和42）年9月、川田は大阪の営業本部への転勤を命じられた。大阪に行くことが決まったとき、川田は大阪では本当の営業をぜひやりたい、営業的な視点からぜひ会社を変えたいという思いを持っていたという。

　その期待は、見事に裏切られた。なぜなら、セーレンにとって営業の仕事とはマーケティングや新規開拓ではなく、合繊メーカーや商社からの指図書を受け取るだけの単なる「メッセンジャーボーイ」だったからである。指図書とは生機（未加工の織物）を何反、どのような色に染めるのかという、いわば客からの指示書である。これらの合繊メーカーの賃機となっている織物工場や編物工場も、このような指図書に従って織物や編物を生産した。彼が以前勤めていた勝見工場では、生機をいつ染め、いつ仕上げ、いつ出荷するかという計画を組み、「生産」することが仕事だった。そのための指図書を工場に送るのが、営業の仕事だったのである。客からもらうのはお駄賃であり、納期通りに行かない、不良反も出る。営業とは、とにかく済みませんと言って謝るのが仕事であり、後輩にこんな仕事を引き継ぎたくないとすら川田は思った。

　また営業の仕事を通して、繊維産業において、合繊メーカー、機屋や編屋、染工場、縫製屋、と販売と川上から川下まで工程ごとに分断的な分業構造が構築されているなかで、染工場の立場が一番下であることも身に沁みた。当時の営業とは、マーケットのニーズや世の中のニーズを調べて企画・開発し

てモノを売ろうという発想がなく、委託のための注文を受ける仕事だった。川田は、この点について、これではおかしい、本当の営業をしなければならないし、会社を変えないとこのままでは絶対ダメである、と営業本部での約5年間、上司に向かって言い続けた。その結果、彼は営業本部から外され、「製品開発グループ」へと異動になるのである。

左遷──製品開発グループ係長からの再出発──

同期入社の人たちがそろそろ課長になる1972年、川田は32歳で製品開発グループの係長となった。これは、主流の仕事はもういいという会社からの宣告であり、「製品開発」というと聞こえは良いが事実上の窓際だった。当時のセーレンでは、繊維産業を取り巻く環境の変化から、委託加工一辺倒からの脱却を目指して企画製造販売への挑戦が始まっており、このグループに課された任務は、編物(ニット)を使った非衣料分野での企画製造販売だった。しかし、衣料の企画製造販売の経験すらないセーレン経営部にとって、製品開発グループへの指示は漠然としたものにならざるを得なかった(セーレン編［2015］122頁)。

そこでも、川田の目から見るとおかしな事業が展開されていた。そもそも委託が本業の会社なので、客の品物を預かり注文通り染めて返せば、そこにリスクはほとんどない。ところが、商品開発グループは、商社からわざわざ品物を買い、それを染めてまたそこに売るという、大きなリスクを取る「新規」事業をしていた。品物を買い取ることで金利負担のリスクが発生するという発想も全くなく、売れた、売ったと喜んでいるように見えた。モノを売るという意味がわからず、本質を離れたところで仕事をしているようだった。ここで川田の部下になる3人は、川田と同様にセーレンの主流からは評価されなかった人たちだった。そこに配属されたときの川田の気持ちは、ショックではあったが、勝手にやれというのだから勝手にやろうかという感じだったという。

川田がここで最初に取り組んだのは、かねがね考えていた、自分でモノを作って自分で売るというビジネスだった。とはいえ、すぐに何かできるわけでもないので、知り合いのところにいって情報やニーズを得ながら挑戦を始めた。川田は部下の3人と一緒に靴の中敷き、傘の布地、乳母車の生地など、さまざまな製品開発に挑戦した。しかし、自分たちが何かを作ろうと思って生地を買いに行っても、「何で染工場に売らなければいけないのだ。そんなところには売れない」と言われてしまう。そのようななかで、唯一、松屋ニットが協力してくれることになった。それは、繊維産業の分業構造への挑戦の開始であり、のちに「川田軍団」と呼ばれる産業資材部門の端緒となった[6]。

1973（昭和48）年の組織改正にともない製品営業部が設置されると、製品開発グループは産業用繊維資材の企画販売を担当する第三販売課に所属するようになり、自動車内装材の製品開発の拠点となった。ここから、自動車内装材の製品開発が本格化していく。翌年には、最初の自社企画製品であるナイロンジャガード・ジャージー「雅」が、いすゞ・ジェミニの天井材に採用された。これは、自動車メーカーへの納入業者が指定した生地を染色し、裏地を貼り付けるという仕事だった。同時期、帝人からの委託染色加工で生産した「帝人ナイロントリコット・ハーフ」が、日産・サニーに採用された。1975年からその製造業務を産業資材部門第一営業部第三課が管理代行することとなり、川田はその課長を務めた。

この頃、ナイロンを素材とした自動車内装材が産業資材部門の中心的事業となっていたが、それには日光堅牢度の問題があり、天井材などにしか使われないという問題点があった。この分野で突破口となったのが、ポリエステル資材のカーシートへの活用であり、これは従来他社が製品化できていないという点で画期的だった。当時の自動車産業は、カーシートの素材として、塩化ビニールより付加価値の高い内装材を模索していた。川田は、自動車メーカーの開発部門との雑談の中でこの話を聞き、合成繊維を使ってみてはどうかと考えついたという。天然繊維では10年保たない、という懸念がもた

れていた。そこでセーレンの産業資材チームは、ポリエステルとナイロンの交編素材を用いたカーシートの提案を行い、その試作が始まった。ナイロンとポリエステルを同時に染めることは、セーレンの技術をもってしても難しかった。また、当時の技術本部長からも、そういうものをセーレンで作って売ることに対し反対を受けた。試作品を作ることさえ、させてもらえなかった。川田は、かつて5年半で築いた工場での人間関係をもとに、夜中に試作品を作ってもらって朝担いで客の元に届けるなど、社内の反対勢力への対応に大変苦労した。

1976年、ナイロンエステル交編トリコットのセミカット起毛加工に成功し、自動車メーカーの開発担当者に製品が認められた。ところが、カーシート量産化の運びとなる矢先で大きな問題が起こった。自動車メーカーの工程監査が行われ、トヨタの品質保証部の部長が工場を一目見た瞬間、帰ると言い出したのである。彼は、ここは工場なのか倉庫なのかと疑ったという。ジャスト・イン・タイムを理想とする自動車メーカーにとって、先述の通り仕掛品の山に象徴される染色加工の現場は大変に非効率に映ったのである。当時産業資材営業課長だった川田は直ちに自動車メーカーに謝罪するが、相手はかたくなであった。そこで川田は当時のセーレン社長を説得し、自動車メーカーを訪問して、ジャスト・イン・タイムに耐えられる生産管理体制の構築を約束した。このことは、のちの「整流」に繋がっている。セーレンのカーシート材は、トヨタのコロナ・マークⅡをはじめ、日産自動車や三菱自動車の高級車種にも用いられることとなった。さらにポリエステル繊維のみで生産したカーシート材「バレリーナ」が、新型マークⅡ（1980年）に搭載され、大ヒットした。自動車内装材の売上高は1979年度〜80年度にかけて33億円から66億円へと倍増したのみならず、営業利益は3億3,700万円から9億4,000万円へと約3倍となった。その後も産業資材部門は、スエード調起毛品「セレーヌ」（1982年）を開発し、成長に貢献した。川田は、このような自動車内装事業の成功によって1979年製品営業部長となり衣料部門の製品営業も統

括するようになり、1981（昭和56）年には、取締役兼製品営業部長に就任した。製品開発グループ配属から、約10年が経っていた。

3　繊維産業の「非常識」への挑戦

KP（Knitting Plant）プロジェクトによる一貫体制の確立

当時、川田は、自動車内装素材で生き残るためには、染色加工業者のセーレンが生地そのものの生産に関与し、原糸・編立・染色加工の一貫体制を構築することが必要だと考えていた。それは、原糸・編立・染色加工の分業という繊維産業の「常識」を大きく超えた構想であった。1981年頃、自動車メーカーとの情報交換を通じ、セーレンの産業資材部門は、アメリカ製の自動車のシートに使われていたポリエステル・ダブルラッセル素材に着目した。当時の日本ではこの素材の編機が数台しかなかったばかりでなく、それらはカーシート用でもなかった。そのため生地の確保が問題となり、試作段階ではアメリカから生地を輸入して染色加工をし、外部ニッターの協力を得て商品開発を進めた。その結果、1983（昭和58）年8月、トヨタの新型マークⅡのカーシートとして、セーレンのダブルラッセル素材「サントノーレ」の採用が決定した。ところが、納入開始時期が4カ月後に迫った1984年3月、トヨタから発注量を3倍に拡大変更したいという連絡があった。これは、従来の繊維産業の分業構造に依存していては不可能な生産量だった。新たな編機輸入が必要であり、企業規模の小さい外注先のニッターに急にその設備投資をさせるのは無理だったのである。そこで担当者は、アメリカに出張中の川田に電話をして、他の素材での代替をトヨタに申し入れると提案した。連絡を受けた川田は一晩考えた上で、担当者に全部うちでやると返事をさせ、急遽帰国した。

帰国後、川田は自動車内装材部門の担当者とともに、ダブルラッセルの自社生産体制を構築すべく、経営陣の説得に挑んだ。そして1984年3月の常務会で、高級車のカーシート増産のため自社に編機を導入して一貫生産体制を

確立し、開発の迅速化、一貫体制による合理化を推進することで、シェア拡大と利益追求を図りたいと提案した。垂直統合や新規事業の開始・拡大への役員の理解は得られず常務会は紛糾した。しかし川田らの必死の説得の結果、ようやく社

ダブルラッセル素材のカーシート（セーレン株式会社所蔵）

長・副社長がこれを了承する。KPプロジェクトの発足である。

　新型マークⅡのカーシート納入までの4カ月間で、生産体制、労務体制、必要な技術を構築し、ダブルラッセル生地の生産を可能にするのは、文字通り命懸けだった。新工場をわずか3カ月で竣工し、諸機械を輸入・設置し、生産・納入しなければならなかった。しかしこれは、川田にとっては一貫体制構築のための絶好の機会だった。急ピッチで準備を進めた結果、1984（昭和59）年9月、無事に「サンノトーレ」のトヨタへの納入を果たしたのみならず、同製品は三菱自動車工業や日産自動車の高級車種にも用いられるようになった。

　このプロジェクトは発足から半年で事業が軌道に乗ったのみならず、さらなる増産が課題となった。そこで、ダブルラッセル増産のために設備を1.5倍に増強し、分社化を図ることにした。分社化のねらいは、いくつかあった。一つには、セーレン本体と外部ニッターとの人件費の格差が存在し、本体から人員を調達した場合、採算がとれないという問題があった。二つ目は、外部からの低利資金導入・早期償却が可能となる点だった。結果的に取引先からの低利融資は合計6億3,000万円に上り、セーレンとしては画期的な資金調達だった。三つ目は、分社化することによって編立事業の採算が明確化されるという点だった。そして何よりも、本社では染色加工と全く違った仕事

はすべきではない、という役員の反対の意向が大きかった。また繊維業界の「常識」から逸脱する一貫体制構築に対する社内の抵抗は、筆舌に尽くしがたい壮絶なものだった、と川田は言う。ローリターン・ノーリスクの下請加工業で培われてきた企業文化を変えること自体が、「常識」を逸した行為と見なされ、社内各部署から猛烈な抵抗を受けたのである。しかし、川田は、絶対成功すると確信して社内外の説得・協力・支援を求めた。

1985（昭和60）年4月、セーレンケーピー株式会社が、資本金9,800万円、従業員数50人で設立され、川田が代表取締役に就任した。セーレンケーピーは、ダブルラッセルだけでなく総合編立メーカーへと成長し、またダブルラッセルを自動車内装材だけでなく他の用途にも拡大させていった。繊維産業の分業構造を打破し、また自動車メーカーへの納入にあたって商社を介さず直接取引する。需要情報を入手し、自らリスクを負ってモノを作って売るというのが本物の企業という、川田の強固な信念を体現したのがKP（カワダ・プラント）だったといえる。

経営危機からの脱却

成長する自動車産業を主なマーケットとして着実に成長を遂げていた企画製造販売＝ニュービジネスに対して、1970年代後半から1980年代前半のセーレンは、オイルショック以降、委託加工＝オールドビジネスの業績不振から、不安定な経営状況が続いた（セーレン編［2015］161-164頁）。委託加工部門の経常赤字やブラジルなどへの無計画な海外直接投資の撤収で生じた巨額の損失は、「名門企業」として保有してきた多くの不動産や有価証券の売却によって処理された。

このような経営危機のなか、1987年8月、川田は47歳で代表取締役社長に就任した。自動車内装部門の企画製造販売というニュービジネスを構築し、軌道に乗せたという実績が評価されてのことだった。川田は、「繊維業界の常識は非常識、セーレンの常識も非常識」といい、セーレンがこれまで蓄積

してきた基礎技術を加工技術に応用し、その技術力を生かしつつ、業態を賃加工から企画製造販売に転換するため、全社的な取り組みを展開することを宣言した。いわば、受け身のビジネスから攻めのビジネスへの転換である。そのためには、社員一人ひとりの意識改革が不可欠であると考えた。

　川田が掲げた経営戦略は、大きく①非衣料・非繊維化、②流通ダイレクト化、③グローバル化の３つである。①非衣料化・非繊維化は、経営の多角化を目指したものである。オートモーティブ、ハイファッション、エレクトロニクス、バイオ・メディカル、インテリア・ハウジングの５つの事業を積極的に推進する方針を掲げ、これらの事業を通じて成長を目指すセーレンを「付加価値創造企業」と呼んだ。そのためには、市場のニーズを的確に捉え、従来から蓄積されてきた技術をもとに研究開発を進め、顧客に製品の企画提案をし、品質・納期・価格の保証を徹底するという総合的な経営能力の構築・向上に努める必要があるとした。川田は自らの経験から、繊維産業を衣料産業としてとらえる「常識」に対して批判的であり、セーレンの基礎技術は幅広い分野に応用可能と看破したのである。

　②の流通ダイレクト化は、繊維産業の分業構造を打破し、自動車内装材を含むすべての商流をダイレクト化しようとする挑戦である。具体的には自動車メーカーやアパレルメーカー、小売店と直接取引するビジネスの構築に取りくむものだった。流通ダイレクト化は、小ロットや短納期という、繊維産業における分業構造の欠点を克服するものであり、これにIT技術を駆使すると本章の冒頭で紹介した消費者一人ひとりのオーダーメードすら可能となるのである。そのような問題意識の中で生まれた技術が、ビスコテックスであり、それは染色加工ロットの規模を劇的に縮小するものであった[7]。これは、白生地にインクジェット方式で染色するという革新的技術である。もともと、製版工程を必要としない生地見本の作成方法として提案されたものだったが、川田は「繊維業界においての産業革命に匹敵する、非常に素晴らしい技術」と評価し事業化を進めた。紙と異なり厚みのある生地にインクジェ

ビスコテックス染色機が並ぶセーレン TPF 工場内部（セーレン株式会社所蔵）

ットで染色するためのインクジェットプリンターの自主開発・内製化は、技術部門の粘り強い試行錯誤・格闘の末成功した。

　本当に良い製品は、問屋や商社に任せて取引するものではない。一貫体制に基づく流通ダイレクト化は、生地問屋や商社を省いて自動車メーカーやアパレル企業と直接取引することを目指すのであるから、現在の客と競争関係に入ることを意味する。この点について特に問題だったのは社内の営業部門からの反対であり、摩擦を起こさないため、少なくとも声高に宣言したりしないで欲しいと言われたという。業界からは袋だたきに遭い、新聞でもたたかれた。しかし川田は、社員にこの夢や希望を共有してもらうために、中途半端なやり方をせず堂々とこれを掲げ続けた。

　③のグローバル化は、1980年代後半に進んだ円高への対応として掲げられた。これは、委託や賃加工の生産拠点を単に海外に移すという従来型のビジネスではなく、自動車内装材のような企画製造販売に基づく事業を海外で本格展開させようというものであった。川田は、製品事業部長のときに自動車内装材の北米進出を推進した経験から、卓越したマーケティングの重要性、

すなわち流通と連携したものづくりの必要性を実感していた。つまり言われたとおりに作るだけではなく、需要を十分に把握した上でのグローバル展開が不可欠だと考えたのである。本格的な北米進出や韓国での合弁事業に加えて、多くの外国企業（ベルギー、インドネシア、イタリア、台湾）と技術提携を結び、川田は自動車内装材のグローバル展開およびビスコテックス事業の国際化を目指した。その後海外事業は、セーレンの持ち分を増加させたSeiren Produtos Automotivos Ltda.（74％ブラジル）、Saha Seiren Co., Ltd.（90％タイ）、そして100％出資のViscotec U. S. A. LLC、Viscotec Automotive Products, LLC（アメリカ合衆国）、世聯汽車内飾（蘇州）有限公司（中国）、Seiren India（インド）、PT. Seiren Indonesia（インドネシア）へと本格的に展開した。そして2016年にはViscotec México S.A. de CV.（メキシコ）でも生産がはじまった。

理念とシステム──5ゲン主義と整流活動──

　川田は、オールドビジネスからニュービジネスへの転換を図る中で、それを強力に推進するために重要なのは、仕事のやり方を変えることだと考えていた。これは、仕事とは付加価値を作り出す場所であるという、左遷された現場で実感してきたことだった。そこで1995年、川田は、「五ゲン主義」を提示し、仕事とは何かを明確化することにより、従業員の意識改革を図ろうとした。「五ゲン主義」とは、現場、現物、現実の従来の三ゲン主義に原理、原則をつけ加えたものである。「仕事をするにあたっては原理（使命・役割）を正しく理解し、原則（行動指針、上司指示、各種の規定・規則、ルール）に則って、現物主義（現場、現物、現実）で行動すること」と定義される（セーレン編［2015］286頁）。なかでも、自らの仕事の使命・役割を理解する原理を重視し、これをしっかり理解することが仕事に対する責任を生み、成果に繋がると考えた。加えて、現場とは工場のような生産プロセスだけではなく、付加価値を生み出している営業の現場も指す。図2で示した逆ピラ

図2　セーレンの五ゲン主義
五ゲン主義（原理、原則、現場、現物、現実）

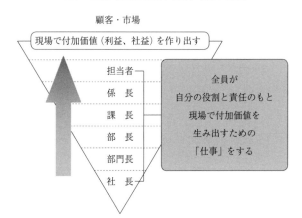

出所：セーレン編［2015］286頁。

ミッドは、五ゲン主義に基づくセーレンの組織の特色を表している。

現場は付加価値を生み出す場であり、管理者・経営者の役割は現場とともに付加価値を生み出すことにある。かつて管理者・経営者はその役割と責任とを十分に認識することなく、現場で起こった問題を担当者の責任としていた。しかし、管理者が担当者をきちんと教育し、マニュアル等をしっかりと整備し、問題の発生を防ぐような仕組みがあったかというと、そうではなかった。現場で発生する問題の原因を実際に究明したところ、実に90％が管理側による問題だったという。そこで川田は、あらゆる機会において五ゲン主義の理念を説明し、その実践を促してきた。しかし、5年経っても従業員の態度に変化は見られなかった。

このように困難を極めた企業文化・従業員意識の改革は、仕事の仕組みを変えることによってはじめて実践が可能になった。セーレンは品質管理については、オールドビジネスの時代から業界で抜きんでていたが、工場における生産管理は確立されていなかった。川田は、工場現場に配属され5年間生

産計画を作成してきた経験から、生産管理について具体的な構想を持っていた。製造工程の流れに応じて製品別に機械装置を並べ替えて生産ラインを作るトヨタ生産方式に対して、染色加工のような装置産業では機械を並べ替えることができない。そこでコンピューターを活用したシステムを開発し、ネックとなりやすい染色・捺染工程の能力をフル活用するような日程計画を組み、その前工程の計画を立てる。これらがうまく完了することを念頭に後工程の作業を指示する。これを「整流生産管理」と呼んだ。すなわち、ジャスト・イン・タイムに表現される生産方式を川田はソフト面で実現しようとしたのである。現場はこれらの指示に従い作業し、問題が発生した場合、一つ一つ原因を究明し対策を立て、再発の防止に努めるのである。営業、事務、設計、技術、機械メンテナンス、生産現場のどこで問題が発生したのかを究明することは、問題の所在を明確化させる。そのことは、五ゲン主義の実践・定着を通して実現された。これにより、①仕掛在庫削減と納期短縮効果、②品質不良発生の抑制、③計画達成率の向上による進捗管理精度の向上、④顧客満足度の向上、⑤要員の多能工化への展開といった効果がみられた。オールドビジネスである委託生産部門の工場においても、改善が見られ、受注減で生産が減少しても工場利益を確保できるようになっていったのである[8]。

4　Do or Die

　セーレンの経営理念は「のびのび　いきいき　ぴちぴち」である。「のびのび」は自主性、「いきいき」は責任感、「ぴちぴち」は使命感をそれぞれ指す。さらにセーレンの七つの行動指針は、①新たな発想、果敢な挑戦、②不可能を可能に、③五ゲン主義、④３Ｓ（シンプル・スピード・執念）、⑤私が主役！仕事はYES指向で結果は私の責任、⑥やらないのか、できないのか、そして⑦Do or Dieである。これらは、「常識」や「非常識」に挑んできた川田の軌跡から生まれた言葉である。川田が追求した一貫生産体制の実現は、繊維業界の「非常識」だった。2005年7月にはカネボウの繊維部門を買収す

ることによって(現KBセーレン北陸合繊工場、同長浜工場)、原糸製造から縫製・小売に至る繊維産業の全工程を備え、企画・製造・販売を担う一貫生産体制を世界で初めて実現したのである。

　川田は自らの企業人生を振り返り、経営の本質は「経営学の論理は2割、8割は気合、運、直感、出会い、勇気、度胸、人間性である」という(川田[2016] 25頁)。これは論理で解けない部分が多いと解釈するのではなく、運を味方にし、夢を共有し実現する仲間を得るためには、十分な勉強や問題意識が必要だと解釈すべきであろう。川田がオールドビジネスに触れた際に感じた違和感は、大学時代の勉強の蓄積から得られた強固な企業観にあった。しかも彼が半世紀前に抱いたこの問題意識は、経済学的な観点からもきわめて時代を先取りしたものだといえる。それは、現在、グローバル・バリュー・チェーン(GVCs)の展開について盛んに議論されている点と関わる。すなわち、国際的分業体制において途上国企業が担うのは、先進国の下請工程であることが多いが、マーケットと分断され親企業の言われた通りに生産のみに専念している限り、途上国企業のさらなる発展は望めないという点が指摘されている[9]。これは、市場情報を的確にとらえ、そのニーズに合わせ企画・開発し生産・販売することにこだわってきた川田の軌跡と重なり、彼の絶え間ない挑戦が時代を超えた卓越的な企業家の普遍的な姿であることが理解されるのである。

　注
1) 川田[2015]報告資料。
2) 中村・青木・中島編[2011] 6頁。以下、特に断りのない限り、本章はこのオーラルヒストリーと、セーレン編[2015]に大きく依拠する。また、川田達男の企業者活動については、中村[2014] 105-120頁も参照のこと。
3) 「内なるアウトサイダー」とは、「うちの常識は世間の非常識」という複眼的な思考ができる異端者的な従業員=社員を指す。企業の本流の人々が伝統的な行動様式と文化を重視するのに対して、本流からはずれた「内なるアウトサイダー」は、それらの呪縛から自由である。また、外部から招かれた経営者と違い、

組織内部の情報に通じているため、伝統的な「型」からはずれた社内の遊休資源を発掘し、活用することができる（中村［2014］105頁）。
4）　川田［2015］報告資料。
5）　福井産地の歴史的発展については、セーレン編［2015］第1章、ならびに橋野［2016］26-31頁を参照のこと。
6）　セーレン編［2015］123頁。以下、自動車内装材の事業化についてはセーレン編［2015］第2章による。
7）　ビスコテックスの技術開発については、セーレン編［2015］第3章ならびに中島［2016］32-37頁を参照のこと。
8）　整流に関わる組織・経営改革については、セーレン編［2015］第4章ならびに青木［2016］38-42頁を参照のこと。
9）　例えば、Gereffi［2005］pp. 78-104を参照のこと。

（参照文献）

青木宏之［2016］「生産システムの戦略適応――『整流生産管理』の導入過程――」『企業家研究』第13号。

川田達男［2015］「企業は変われるか――セーレン企業改革の原点」（企業家研究フォーラム2015年度年次大会共通論題「地域名門企業の経営革新」報告資料）。

川田達男［2016］「基調講演：企業は変わることができるか――セーレン企業改革の原点――」『企業家研究』第13号。

Gereffi, Gary; Humphrey, John; and Sturgeon, Timothy［2005］"Governance of Global Value Chain", *Review of International Political Economy* 12（1）.

中島裕喜［2016］「経営改革が導いた技術革新――新技術ビスコテックスの事業化過程――」『企業家研究』第13号。

中村尚史・青木宏之・中島裕喜編［2011］「川田達男オーラルヒストリー」ISS Discussion Paper Series, J-196（東京大学社会科学研究所）。

セーレン編［2015］『希望の共有をめざして――セーレン経営史――』セーレン株式会社。

中村尚史［2014］「内なるアウトサイダーによる企業革新――川田達男とセーレン――」『企業家学のすすめ』有斐閣。

中村尚史［2016］「問題提起：『内なるアウトサイダー』をもとめて」『企業家研究』第13号。

橋野知子［2016］「名門企業の形成と『発展』――福井県精練加工からセーレンへ

────」『企業家研究』第13号。
松島茂［2012］『通商産業政策史 8　生活産業政策』経済産業調査会。

執筆者紹介（執筆順）

井奥成彦（いおく　しげひこ）[序・1章]
1957年生まれ
明治大学大学院文学研究科博士後期課程単位取得退学　博士（史学）
慶應義塾大学文学部教授・慶應義塾福澤研究センター所長
『19世紀日本の商品生産と流通』（日本経済評論社、2006年）、『近代日本の地方事業家』（共編著、日本経済評論社、2015年）、『醬油醸造業と地域の工業化』（共編著、慶應義塾大学出版会、2016年）

伊藤敏雄（いとう　としお）[2章]
1972年生まれ
関西学院大学大学院経済学研究科博士課程後期課程単位取得退学　博士（経済学）
大阪大学日本語日本文化教育センター非常勤講師
『近代日本の地方事業家――萬三商店小栗家と地域の工業化――』（共著、日本経済評論社、2015年）

山田雄久（やまだ　たけひさ）[3章]
1967年生まれ
大阪大学大学院経済学研究科前期課程修了
近畿大学経営学部教授
『日本をつくった企業家』（共著、新書館、2002年）

中西　聡（なかにし　さとる）[4章]
1962年生まれ
東京大学大学院経済学研究科博士課程単位取得退学　博士（経済学）
慶應義塾大学経済学部教授
『旅文化と物流――近代日本の輸送体系と空間認識――』（日本経済評論社、2016年）

橋口勝利（はしぐち　かつとし）[5章]
1975年生まれ
京都大学大学院経済学研究科博士後期課程修了　経済学博士（京都大学）
関西大学政策創造学部准教授
『近代日本の地域工業化と下請制』（京都大学学術出版会、2017年）

石井里枝（いしい　りえ）[6章]
1977年生まれ
東京大学大学院経済学研究科博士課程修了　博士（経済学）
國學院大學経済学部准教授
『戦前期日本の地方企業――地域における産業化と近代経営――』（日本経済評論社、2013年）

中村宗悦（なかむら　むねよし）[7章]
1961年生まれ
早稲田大学大学院経済学研究科博士後期課程単位取得満期退学
大東文化大学経済学部教授
『「週刊ダイヤモンド」で読む　日本経済100年』（ダイヤモンド社、2014年）

島田昌和（しまだ　まさかず）[8章]
1961年生まれ
明治大学大学院経営学研究科博士課程単位取得満期中退　博士（経営学）
文京学院大学経営学部教授・学校法人文京学園理事長
『渋沢栄一の企業者活動の研究――戦前期企業システムの創出と出資者経営者の役割――』（日本経済評論社、2007年）

四宮正親（しのみや　まさちか）[9章]
1958年生まれ
西南学院大学大学院経営学研究科博士後期課程単位取得退学　博士（経営学）
関東学院大学経営学部教授
『日本の自動車産業――企業者活動と競争力1918～70――』（日本経済評論社、1998年）

中島裕喜（なかじま　ゆうき）[10章]
1971年生まれ
大阪大学大学院経済学研究科博士後期課程退学
南山大学経営学部准教授
「PBレポートに関する一考察――第二次世界大戦後におけるドイツ技術情報の接収と日本におけるその活用――」『大阪大学経済学』第64巻第2号、2014年9月）

牛島利明（うしじま　としあき）[11章]
1964年生まれ
慶應義塾大学商学研究科博士課程単位取得退学
慶應義塾大学商学部教授
『日本石炭産業の衰退』（共編著、慶應義塾大学出版会、2012年）

宇田　理（うだ　おさむ）[12章]
1969年生まれ
早稲田大学大学院商学研究科博士後期課程単位取得退学

日本大学商学部准教授
「ヤマト運輸の情報化　1968～93年」（武田晴人編『日本の情報通信産業史』有斐閣、2011年）

寺地孝之（てらち　たかし）[13章]
1959年生まれ
関西学院大学大学院商学研究科博士課程後期課程単位取得退学　博士（商学）
関西学院大学商学部教授
『近代金融システム論』（有斐閣、1998年）

橋野知子（はしの　ともこ）[14章]
1968年生まれ
一橋大学大学院博士後期課程単位修得退学　博士（経済学）
神戸大学大学院経済学研究科教授
Tomoko Hashino and Keijiro Otsuka eds. *Industrial Districts in History and the Developing World* (Springer, 2016)

中村尚史（なかむら　なおふみ）[14章]
1966年生まれ
九州大学大学院文学研究科史学専攻博士後期課程単位取得退学　博士（文学）
東京大学社会科学研究所教授
『海をわたる機関車――近代日本の鉄道発展とグローバル化――』（吉川弘文館、2016年）

時代を超えた経営者たち

| 2017年3月13日 | 第1刷発行 | 定価（本体2800円+税） |

編著者　井　奥　成　彦
発行者　柿　﨑　　　均
発行所　株式会社　日本経済評論社
〒101-0051　東京都千代田区神田神保町3-2
電話　03-3230-1661　FAX　03-3265-2993
E-mail：info8188@nikkeihyo.co.jp
URL：http://www.nikkeihyo.co.jp/

装幀＊渡辺美知子　　　印刷＊文昇堂・製本＊誠製本

乱丁落丁はお取替えいたします。　　Printed in Japan
Ⓒ IOKU Shigehiko 2017　　ISBN978-4-8188-2462-1

・本書の複製権・翻訳権・上映権・譲渡権・公衆送信権（送信可能化権を含む）は㈱日本経済評論社が保有します。

・JCOPY〈㈳出版者著作権管理機構　委託出版物〉
本書の無断複写は著作権法上での例外を除き禁じられています。複写される場合は、そのつど事前に、㈳出版者著作権管理機構（電話03-3513-6969、FAX03-3513-6979、e-mail: info@jcopy.or.jp）の許諾を得てください。

好評発売中

井奥成彦	『19世紀日本の商品生産と流通』	5,800円
中西聡・井奥成彦（編著）	『近代日本の地方事業家―萬三商店小栗家と地域の工業化―』	8,500円
中西聡	『旅文化と物流―近代日本の輸送体系と空間認識―』	8,400円
石井里枝	『戦前期日本の地方企業―地域における産業化と近代経営―』	4,800円
島田昌和	『渋沢栄一の企業者活動の研究―戦前期企業システムの創出と出資者経営者の役割―』	6,500円
四宮正親	『日本の自動車産業―企業者活動と競争力1918～70―』	6,000円
中村宗悦	『後藤文夫』	2,500円
中村尚史	『日本鉄道の形成』	5,700円

（価格は税別）